U0112475

THE HISTORY OF WORLD

万 国 通 史

THE HISTORY OF MYANMAR

缅甸通史

张伟玉　宋清润／著

上海社会科学院出版社
SHANGHAI ACADEMY OF SOCIAL SCIENCES PRESS

国家出版基金项目
NATIONAL PUBLICATION FOUNDATION

基金项目：本书受对外经济贸易大学中央高校基本科研业务费专项资金资助（批准号 20JX03）

中缅两国山水相连、世代友好。缅甸与中国在政治、经济、人文等方面交往密切。早在唐朝时期,中国就与古骠国(今缅甸)建立了贸易联系,骠国乐团在唐都长安城进献了精湛的《骠国乐》,这一盛大的文化交流活动成为早期中缅外交史上的标志性事件。

近现代以来,缅甸对中国的重要性不言而喻。抗日战争时期,在日本切断中国东部和南部的物资运输渠道后,滇缅公路就成了中国西南方补给抗战和国家运转的"生命线"。中华人民共和国在成立初期受到西方国家及其盟友的外交封锁。而缅甸奉行对华友好的外交政策,给予中国政治支持,中国领导人出国访问时经常经停仰光。"仰光空中走廊"就是中国外交打破西方封锁的一条重要通道。周恩来总理共九次访缅,奈温将军共十二次访华,成为中缅关系史上的佳话。

中国作为缅甸最大的邻国在不同时期给予缅甸各种帮助和支持。20世纪50年代,中国在自身大米供应充足的情况下,有时还进口缅甸大米,以帮助缅甸发展经济和改善民生。此后,中国持续向缅甸经济社会发展和民生领域提供力所能及的帮助。例如,援助缅甸建设工程项目,向缅甸留学生提供奖学金,在缅甸发生洪灾、风灾时雪中送炭,为缅甸建设医院,进行医疗援助,等等。

今天,缅甸正在经历复杂而深刻的全方位转型。作为邻居,我们应从多个维度去了解缅甸,认识缅甸。

缅甸是个"坐在聚宝盆上的国家"。它不仅玉石资源丰富,其他资源也很充足,可耕地面积约1 800万公顷,尚有400多万公顷的空闲地待开发。缅甸在殖民地时期曾经是举世闻名的粮仓和世界最大的大米出口国，近年来年均大米出口量也在一两百万吨，出口潜力巨大。其柚木、锡、钨、锌、铝、锑、锰、金、银、水、天然气、海产品等资源也十分丰富。

缅甸还属于"地区大国"。其国土面积 67 万多平方千米，人口五千多万，是中南半岛国土面积第一大国家，比泰国还多16 万平方千米；是东南亚国土面积第二大国家，仅次于印度尼西亚，分别是越南、马来西亚、菲律宾国土面积的两倍多，相对而言"地广人稀"。放在世界其他地区，从国土面积看，缅甸也并非小国，它比曾经殖民过缅甸的日本多 30 万平方千米，比曾经殖民过缅甸的英国国土面积多 43 万平方千米，也比法国国土面积大，比英国和德国国土面积总和还要大。

从地缘政治来看，缅甸还是地区枢纽国家之一，长期受到诸多大国的"青睐"。它是个陆海兼备的国家，国土广阔，位置重要。它西南临安达曼海（印度洋），西北与印度和孟加拉国为邻，东南接泰国与老挝，东北靠中国。优越的地理位置使缅甸成为大国侵略和争夺的对象，曾惨遭战争蹂躏。比如，英缅战争时期和"二战"时期缅甸遭遇亡国之痛，生灵涂炭。不过如今，在和平与发展年代，缅甸因为重要的地理位置和巨大发展潜力而成为各国争相合作的对象。缅甸也顺势积极参与多个双边、多边合作机制：包括"一带一路"倡议（中缅经济走廊、孟中印缅经济走廊等）和澜沧江—湄公河合作机制、日本与湄公河流域国家首脑峰会、环孟加拉湾多领域经济技术合作倡议，等等。

封建时期，缅甸曾历经蒲甘王朝、东吁王朝、贡榜王朝的辉煌岁月，曾灭掉泰国阿瑜陀耶王朝，是中南半岛强国之一。自 19 世纪英缅战争到"二战"结束，缅甸沦为殖民地。1948 年独立后的 70 多年里，缅甸人民一直苦苦探索符合本国国情的发展道路，其间有和平年代，也曾经长期动荡。1962 年至 2011

年,缅甸经历了长期的军人统治。1987 年,缅甸从独立初期的亚洲发展水平较高的国家,沦为"世界最不发达国家之一",需要大量接受国际援助。这对资源丰富的缅甸来说,是一个可悲的局面。而今,缅甸处于政治转型与发展时期,国家迎来了新的希望。然而,缅甸民间俗语常说,缅甸是个有着"16 000 个矛盾"的国家,尤其是民族武装冲突和宗教冲突仍在拖累缅甸发展步伐。缅甸营商环境较差,仍是东南亚发展水平较低的国家之一。

新时代,中缅的交往合作蒸蒸日上,高层互访不断,双方在"一带一路"框架之下合作成果丰硕。如今中国成为缅甸重要的外资来源国、贸易伙伴国和游客来源国,中缅关系更为密切。当然,双方关系也遇到过一些新问题、新挑战。中缅两国互为友邻,合则两利,斗则两伤,两国关系的友好发展需要彼此更全方位的了解。本书在充分尊重缅甸历史的前提下,力图用生动的语言向读者展现缅甸的历史脉络,使纷繁复杂的缅甸历史读起来简单化、趣味化。希望本书能帮助读者更多地了解缅甸,为增进两国全方位交流与合作、推动两国民间传统"胞波"情谊、构建更为紧密的人类命运共同体而尽绵薄之力。

目录

第一章 原始社会的漫长演变

缅甸自然环境优越,水系纵横交错,森林植被茂密,自然资源丰富。良好的自然环境和气候条件为缅甸早期的人类活动提供了赖以生存的物质基础和生态环境,伊洛瓦底江流域成为孕育缅甸文明的"摇篮"。经过漫长的原始社会发展和演变,缅甸逐渐从旧石器时代过渡到新石器时代。

一、自然环境与气候条件

缅甸位于亚洲东南部、中南半岛西部,国土面积为 676 578 平方千米,是中南半岛上面积最大的国家,在东南亚各国面积中仅次于印度尼西亚,位居第二位。缅甸北部和东北部同中国相接,东部与老挝和泰国毗邻,西部与印度、孟加拉国接壤。缅甸南临安达曼海,西南濒孟加拉湾。海岸线长 3 200 千米。缅甸从南到北长约 2 090 千米,东西最宽处约 925千米。

缅甸地势北高南低,山脉河流均成南北走向,北、西、东为山脉环绕。东部高原以掸邦高原为主体;中部平原地处东部高地和西部山地之间,是由伊洛瓦底江和锡唐河冲积而成的平原和三角洲,地势低平;西部山地又称印缅山脉,由那加山脉、雷塔山脉、钦山、若开山脉等组成,若开山脉西部是由诸多狭小的河流冲积平原和海蚀平原构成的若开海岸平原。缅甸水系由伊洛瓦底江水系、萨尔温江水系、沿海水系和湖泊组成。

伊洛瓦底江流域——缅甸文明的"摇篮" 伊洛瓦底江是缅甸的"母亲河",也是缅甸第一大河,它由恩梅开江与迈立开江汇流形成,纵贯缅甸中部,全长约 2 170 千米,是缅甸文明的发祥地和摇篮,伊洛瓦底江流域也催生了缅甸辉煌的文明和文化,目睹了缅甸历史的亘古变迁和盛衰起落。伊洛瓦底江流域总面积约 411 000 平方千米,年均径流量约 4 860 亿立方米。河谷是缅甸历史、文化与经济的中心地带。伊洛瓦底江是缅甸内河运输的大动脉,自密支那以下 1 730 千米间皆可通航。河谷平原为缅甸最重要的农业区,中游地区有油田,下游三角洲中盛产稻谷。伊洛瓦底江从北至南的主要港口有密支那、八莫、杰沙、曼德勒、敏建、稍埠、仁安羌、敏巫、马圭、德耶谬、卑谬、兴实达与央冬。伊洛瓦底江中下游谷地是缅甸石油的主要产地,全国油田和炼油厂几乎都分布在伊洛瓦底江沿岸。伊洛瓦底江及其支流还是运送木材的重要水路,沿岸的山区森林茂密,树木品种繁多,其中以柚木最为名贵。缅甸是世界柚木的主要输出国,素有"柚木之国"的美称,它蕴藏了世界上 75% 的柚木资源。砍伐后的柚木先用大象运送到附近的河边,雨季时结筏放流直至仰光,而后运往世界各地。

缅甸大部分地区都在北回归线以南,属于热带季风气候,小部分在北回归线以北,处于亚热带。缅甸全国分为海岸型、内陆型、平原型三种气候类型。环绕缅甸东、北、西三面的群山和高原宛如一道道屏障,阻挡了冬季亚洲大陆寒冷空气的南下,而南部由于没有山脉的阻挡,来自印度洋的暖湿气流可畅通无阻。缅甸生态环境良好,自然资源丰富,矿产蕴藏量大,水资源充沛,森林覆盖面积高,自然灾害总体较少。

全国全年气温变化不大,最冷月(1 月)的平均气温为 20 ℃—25 ℃;最热月(4 月、5 月间)的平均气温为 25 ℃—30 ℃。各地气温年较差也不大。降雨多集中在西南季风盛行的 6 月、7 月、8 月三个月,其次为 5 月、9 月、10 月,雨量丰沛,大部分地区年降雨量达 4 000 毫米以上。中部为雨影区,年降雨量不足 1 000 毫米,是缅甸的干燥地带。5 月—10 月各地的降雨量占全年降雨量的 90%—95%。由于受季风的影响,缅甸全年可分为热季(3 月至 5 月中旬)、雨季(5 月中旬至 10 月)、凉季(11 月至次年 2 月)。

二、早期的人类活动足迹

古猿化石被发现 缅甸历史源远流长,大约在 4 000 万年前,在缅甸中部曼德勒以西的崩当山区就已经有古猿活动的足迹。1979 年,缅甸曼德勒大学人类学家与美国人类学家在崩当山区首次发现了古猿化石,这些古猿化石主要包括古猿的下颌化石 4 件和一些骨骼化石碎片。①据考古学家分析,这些古猿化石距今已有 4 000 万年历史,这些化石甚至比腊玛古猿化石的年代更为久远。在崩当山区还发现了 4 000 万年以前的河马、犀牛、鳄鱼等脊椎动物化石。②这一发现有利于对缅人早期活动的溯源,对于研究古缅人的生息繁衍和发展具有十分深远的意义。

旧石器时代 到了 40 万—50 万年前,在缅甸中部地区才有猿人的活动。③这里从猿到人的进化发展经历了数万年。20 世纪 80 年代初,缅甸考古学家在望濑镇区与昌乌镇区之间的瑞明丁山峦奎村附近最早发现了人类的上颌骨化石,上面还有臼齿和前臼齿,缅甸考古学家将此定名为"巴玛人"。④同时期,还发现了狗的臼齿化石和鹿、牛等动物的骨骼化石。巴玛人就是迄今发现的缅甸最早的直立人。巴玛人的出现标志着缅甸原始社会旧石器时代的开端。中部的伊洛瓦底江沿岸的干燥地区和南掸邦发现有大量的旧石器,而在仁安羌附近发现的旧石器工具尤其多。这一时代的直立人主要采用砂质岩和木化石的砾石作为石器原料,制成手镐、砍砸器和砍削器,这些比较粗糙的石器是他们日常生产和生活工具,他们以渔猎和采集为生,沿河流两岸过着群居和流动的生活。考古学家把缅甸旧石器文化的遗留称为"安雅特文化"("安雅特"缅语意为"上缅甸人")。⑤

三、从旧石器到新石器时代

新石器时代 在距今大约 1 万年前的全新世,缅甸开始迈入新石器时代。⑥经过漫长的演变,缅甸的原始社会逐渐发展,开始从旧石器时代过渡到新石器时代。在新石器时代,原始人类的活动范围逐渐扩大,生产和生活工具也从原先粗糙的打制石器发展到较为精细的磨制石器,后来原始的制陶业也开始发展。在远古时代,缅甸的原始居民在山林河流间

①③ 贺圣达:《缅甸史》,云南人民出版社暨云南大学出版社 2015 年版,第 1 页。

②④ [缅]吴巴莫:《缅人的起源》,《蔚达侬》1985 年第 2 期。中译文见《东南亚》1987 年第 1 期。

⑤ 贺圣达:《缅甸史》,云南人民出版社暨云南大学出版社 2015 年版,第 2 页。

⑥ 林锡星:《缅甸历史分期探析》,《东南亚研究》2002 年第 5 期,第 69 页。

过着游猎和采集的生活,但到了游猎生活的后半段,由于生产生活工具的发展和进步,以及获取生活资料的方法大大改进,他们开始有了定居的习惯。在4 000多年前缅甸已有人类定居。在游猎生活和定居生活长期发展的过程中,缅甸之外的许多其他民族也陆续迁徙到了此地。[1]在缅甸广袤的土地上,陆续发现了很多新石器时代的文化遗址,其中最具代表性的有帕达林文化遗址、勒班奇波文化遗址和陶马贡文化遗址。[2]

金石并用时代 公元元年前后,缅甸新石器文化历经数千年发展演变,开始从石器时代过渡到金石并用的时代。铜器代替石器开始成为社会生产生活的主要工具。铜器的使用使得生产力快速提高,不仅节省了不少劳动力,提高了劳动效率,也使更多的剩余产品被创造出来;同时,铜器相比石器可铸性强,使得武器样式增加,其锋利程度也远胜石器,也直接提升了部落首领对外征服和对内控制的能力。可以说,铜器的使用对缅甸早期阶级社会和早期国家的形成起到了至关重要的作用。在缅甸的掸邦、克钦邦、勃固山区、望濑等地区,都有这一时期的铜器出土。

作者点评:

缅甸的原始社会经历了十分漫长的历史演变,从旧石器时代到新时期时代,再到金石并用时代历经千万年。伊洛瓦底江的江水和河谷平原地带的沃土孕育了缅人早期的生命,缅甸的自然环境和气候条件也使得广袤的土地上出现了巨大的南北差异和东西不平衡发展形态。缅甸的原始居民在美丽富饶的山林河流间过着或游猎或采集的生活,并随着历史发展的长河从原始社会进入早期的阶级社会。

---

[1] [缅]波巴信:《缅甸史》,商务印书馆1965年版,第7页。
[2] 贺圣达:《缅甸史》,云南人民出版社暨云南大学出版社2015年版,第3页。

第二章 文明的起源与古骠国

　　缅甸开始从原始社会过渡到早期阶级社会是在约 2 000 年前(公元 1 世纪前后),社会生产的发展使得社会阶级分化日益明显,缅甸境内开始陆续产生一些奴隶制小国。地理环境的复杂多样和地域的幅员辽阔对缅甸历史发展的不平衡性有较大影响。这一时期有的地方已经出现国家,尤其是在自然环境优越的河流沿岸和河谷地带,已经出现较为完全意义的国家,而有的地区还处在原始社会,还存在一些原始部落和氏族。公元1 世纪到 10 世纪之间,缅甸境内的骠、掸、孟、若开等各种不同的民族建立了各自的国家政权或氏族部落。它们包括伊洛瓦底江流域的骠国、南部的孟人国家、北部的掸国、西部阿拉干若开人国家、太公古国等,在克钦邦地区还存在一些原始的部落和氏族。一些小国如今仅存国名,其族属性质、历史文化、发展情况等均难以考证。在这些古缅甸国家中,最为繁荣、影响力最为突出的当属骠人建立的骠国。

一、骠国历史发展的三阶段

　　古骠国　骠国是古代缅甸发展程度较高的早期文明国家,是骠人在伊洛瓦底江流域建立的佛教古国。据考证,骠人很可能源于中国西北氐羌人,属藏缅语族系。他们可能在很早的时候从氐羌中分离出来,经青藏高原和云南进入缅甸后繁衍生息并建国。骠国在公元 1 世纪时已经出现,到公元 7 世纪时,骠国已经发展成一个幅员辽阔的国家。其国境东邻真腊国(今柬埔寨),西接东天竺(今孟加拉国),北通南诏些乐城(又称乐城、磨些乐城,在今中国云南省德宏傣族景颇族自治州境内),控制着缅甸整个伊洛瓦底江流域的广袤地区。从缅甸考古发掘看,骠文化还传播到今缅甸南端的丹那沙林和西部的阿拉干地区,在这两个地方都发现了骠文化遗址,在阿拉干还发现了骠文碑铭。①《新唐书·礼乐志·骠国传》记载:"骠国之名著于唐代,惟唐以前已有知者。"《唐会要》卷九十九记载:"永昌,古哀牢国也,传闻永昌西南三千里有骠国,君臣、父子、长幼有序,然无见史传者。亦见寰宇记及御览。"

骠国建设了城市,并创造了从中心城市向外扩展的城市格局,这种格局对之后的东南亚地区城市化建设产生了不小影响。

近几十年来,随着缅甸考古工作的发展,不断有骠国遗址被发现,越来越多的骠国古城被人们所认识。目前,缅甸考古学家发掘了骠国的三座古城遗址,即毗湿奴(Beikthano,位于今缅甸马圭省)、汗林(Halin,位于今缅甸实皆省)和室利差呾罗(Sri Ksetra,位于今缅甸勃固省)三座古城。据古文献记载,骠国古城群的城墙多为圆形、椭圆形或四边形,城墙上有 12 个城门,城门外宽内窄。古城用砖石建造,外围被城墙和护城河环绕,皇宫坐落于城市的中央。

迄今为止,骠国古城遗址的三处古城只有部分经过了考古勘探,古城的遗迹主要包括宫殿城堡、墓葬、手工业作坊遗存以及巨大的砖砌佛塔、部分完整的城墙和排水设施,一些水道今天依然可以用于精耕细作,它们分布在伊洛瓦底江流域干旱区域内的广大灌溉体系之中,骠国的灌溉系统对现在缅甸农村生活依然有着重要影响。这些遗迹见证了骠国的辉煌历史。

骠国的经济以农业为主,还发展了手工业和商业贸易,建立了阶级社会的统治制度。在骠国发展的历史进程中,上述三个中心城市分别代表了不同的发展阶段:毗湿奴时期(骠国早期)、汗林时期(骠国中期)、室利差呾罗时期(骠国晚期)。

毗湿奴时期 骠国早期大约在公元 1 世纪—5 世纪,即毗湿奴时期,毗湿奴城位于伊洛瓦底江流域的英昌平原,早期骠国主要以毗湿奴城为核心,它是最原始的城市类型。据考证这可能也是东南亚极古老的城市之一。遗址在今马圭东敦枝镇西约 20 千米处。毗湿奴城的城墙用砖和泥土建造,尚未发现明显的护城河遗迹。早期的骠国还未最后脱离原始部落联盟阶段。考古工作者在毗湿奴遗址发现了少量的生产工具,说明毗湿

---

① 贺圣达:《缅甸史》,云南人民出版社暨云南大学出版社 2015 年版,第 18 页。

奴时期处于农业发展的初级阶段。该时期已经开始使用货币。制陶业在这一时期也开始发展。在毗湿奴城发现了大量的骨灰瓮、罐。这也说明早期的骠人已开始盛行瓮葬:人死后将尸体火化,将骨灰装入瓮或罐中。毗湿奴城时期骠人的墓葬习俗,与后来汗林时期和室利差呾罗时期的骠人习俗完全相同。

汗林时期 中期的骠国主要以汗林城(遗址在今实皆省的瑞波县委勒镇区)为中心,位于毗湿奴北约 500 千米处的穆河河谷,其分布范围大致从汗林东边越过伊洛瓦底江到达新因、马达牙一带,西边越过钦敦江到阿亚多镇区,南边到达伊洛瓦底江与穆河汇流之处的敏巫镇区。汗林时期,骠国的生产力进一步发展,从出土的文物可见,汗林时期的工具除了新石器时代的石器外,铁器也被广泛使用于生产生活中,还有一些铜器出现。在汗林遗址发掘出许多新石器时代的石制工具,有石斧、石环等。出土的铁具也非常多,大致有两类:一类是铁制工具,如铁凿子、扁斧、钳子、刮刀、铁铲、铁链和铁钉等;另一类是武器,如刀、剑、矛头、斧头、箭等。也出土了部分铜器,有铜镜、铜匕首等。汗林时期的商业,比毗湿奴时期更加发达,出土的货币比毗湿奴时期更多。在汗林周边和室利差呾罗一带,还发现了对方的钱币,表明在两个时期更迭之际,两地有较多的商贸往来。作为毗湿奴和室利差呾罗时期的过渡时期,汗林时期的骠国文化,与毗湿奴时期和室利差呾罗时期文化多有相近或联系。

室利差呾罗时期 骠国晚期约在公元 6 世纪—9 世纪,是整个骠国的全盛时期。骠国晚期主要以室利差呾罗城(今勃固省卑谬东南 8 千米处)为国都,室利差呾罗城是当时骠国最大的城市,位于伊洛瓦底江流域的纳温河谷平原,骠国以此为据点不断向外拓展,最终建立起疆域辽阔的国家。室利差呾罗城是骠国的政治中心、宗教中心和贸易集散地。室利差呾罗这一名称,始见于中国唐代玄奘的《大唐西域记》,该书第十卷"三摩呾吒国"条说:"从此东北大海滨山谷中有室利差呾罗。"室利差呾罗时期,骠国的政治制度还比较原始和简单,但也已有世袭的国王治理,国王是最高统治者,社会井然有序。[①]据说骠王外出近则坐金绳床由奴隶抬着行走,远则乘坐大象,还有妃嫔宫女数百人随行。根据《旧唐书·骠国传》记载,大概在公元 8 世纪时,骠国已建立起阶级社会,形成了"君臣父子

---

① [缅]波巴信:《缅甸史》,商务印书馆 1965 年版,第 14 页。

长幼有序"的社会形态。其中后期就已开始成为"杂有奴隶制的封建社会"，①但还不是一个统一的中央集权国家，而可能是以室利差呾罗为中心霸主的包括各属国和臣族部落的松散国家。②《新唐书·骠国传》就记载了骠国有 298 个部落和 18 个属国。当时骠国已经开始使用原始的刑法。《新唐书·骠国传》对骠国的刑法有确切记载，"有罪者束五竹捶背，重者五，轻者三，杀人者死"，但此时的刑法还未形成系统完整的法律制度。

骠国衰落　公元 832 年（南诏保和九年），随着南诏的势力不断向南扩张，南诏攻陷骠国都城室利差呾罗，掳掠 3 000 名骠人至拓东城（今中国昆明）。波巴信、貌丁昂等缅甸历史学家多认为南诏发动的这次战争是骠国走向灭亡的主要原因。③此后，随着南方缅人势力的崛起，骠人也逐渐与一些民族融合，骠国日趋衰落，直到完全从缅甸历史舞台的中央退出。在 13 世纪，虽然中国史书中还陆续有关于骠人的记载，但对骠国的进一步记载却已鲜见。

2014 年 6 月 22 日，在卡塔尔首都多哈举行的第 38 届世界遗产大会，批准通过了缅甸古骠国三座古城遗址的世界遗产名录申请。骠国古城遗址被正式列入世界遗产名录，这也是缅甸首个被列入世界遗产名录的文化项目。古骠国城是缅甸最早的城市文化发源地、南传上座部佛教最早传入地。其创造的文化奠定了蒲甘王朝文化的基础，是缅甸文化中不可忽视的重要部分。这些古城也是约 2 000 年前佛教传入东南亚的有力证据，它同时也见证了此后缅甸在经济、政治、社会和文化上的历史变迁，堪称 9 世纪最伟大也是持续时间最长的城市文明，代表了古骠国王朝的文化发展成就。

二、经济与对外关系

经济基础　农业是毗湿奴、汗林、室利差呾罗的经济基础。骠国由于

---

① 缅甸社会主义纲领党中央委员会编：《缅甸基础政治史》（第 1 册），仰光文学宫出版社 1978 年版，第 229 页。

② 贺圣达：《缅甸史》，云南人民出版社暨云南大学出版社 2015 年版，第 18 页。

③ ［缅］波巴信：《缅甸史》，商务印书馆 1965 年版，第 21 页。

地处缅甸中部的干燥地区,于是兴修水利设施,建立了一系列综合的农业灌溉系统,一些水道至今仍在使用,水利灌溉技术对骠国的农业发展和生产力的提高至关重要,骠人赖以生存的是以人工灌溉为基础的农业经济。骠国种植水稻、甘蔗等粮食作物和经济作物,稻米是骠国的主要农产品,伊洛瓦底江流域的广大地区是稻米的主要产区。

在毗湿奴时期,骠国就开始出现专门从事陶制品生产的工种,到骠国后期陶制品非常丰富,主要有骨灰瓷、盆、锅、碗、大肚短颈瓶、串珠、高脚油灯、长颈水壶、佛像等,制陶业较为发达。毗湿奴时期,骠人已开始使用铁器,但器物还较简单,而到了汗林时期,铁器的生产更多,种类也较毗湿奴时期更广泛,结构也更为复杂。室利差呾罗时期的骠国,手工业已基本从农业中脱离出来,社会分工进一步细化,此时的骠人已有能力生产出富余粮食供养更多的非农业生产者。手工业在骠国也取得了长足的发展。骠国的手工业总体上可分为制陶业、纺织业和金属制造业。据缅甸考古和中国史料记载,骠国出产许多手工制品,例如陶器、金银器、铜器、石像、纺织品等。纺织业是骠国的主要手工业之一,中国古籍中对此多有记载。金属制造业也是骠国重要的手工业之一,骠国工匠金银雕镂水平极高,擅长制作精美的小型塑像,比如小佛像等。

骠国发达的灌溉农业和手工业也促进了商业贸易的发展,加上其城市位于伊洛瓦底江的河谷平原地带,交通便利,为商业贸易的发展提供了有利的条件。毗湿奴城、汗林城、室利差呾罗城都先后发展成为古骠国重要的贸易集散地。古骠国在商品交易中已开始使用名为"登伽陀"的金银钱币。

对外关系 随着经济的进一步发展,骠国还分别与中国、印度建立了对外贸易关系。与中国和印度的贸易往来得益于两条古道,即"南方丝绸之路"和"海上丝绸之路"。无论是中国商人通过"南方丝绸之路"去印度,还是印度商人通过它到中国,都要经过古骠国。因此,骠国的政治经济中心也发展成为当时陆路的商业贸易枢纽。在室利差呾罗时期,骠国与中国、印度的海上贸易也很频繁,往来的船只可直达伊洛瓦底江的出海口,独特的地理位置使得骠国成为"海上丝绸之路"的重要中转站。

骠国不仅与中国、印度建立了贸易关系,而且与东南亚其他文明中心以及波斯也有商贸和往来。骠国钱币在泰国北部、越南南部和柬埔寨都有被考古发现。室利差呾罗城遗址还发掘出了波斯男子的雕像。

三、创造了缅甸最早的文字

骠人开创性的文化成就奠定了蒲甘王朝的文化基础,甚至对整个缅甸文化的影响都非常深远。从骠国先进的农业灌溉系统到造诣颇高的钱币铸造技术、精美的瓷器和金属器皿制作工艺,再到诸多佛教寺院的建立和独特的丧葬制度,都彰显着古骠国的文明程度。而骠文是古骠国文明最重要的象征和符号,它的创造和出现使骠族成为缅甸境内第一个创制了属于自己的文字的民族。

创制文字——骠文 早在汗林时期,骠人就已开始使用文字。骠人对印度文化的传入显示出了惊人的吸收能力和创新能力,他们迅速地将其本土化,创制了属于自己的文字——骠文。骠文约产生于公元 4 世纪,略早于藏文,是根据南印度伽檀婆字母创造的,属于藏缅语族,它也是缅甸境内出现的最早的文字。1904 年,在汗林古城墙外东南角遗址发现一块石碑,上面是用骠文和梵文两种文字书写的两行碑文,其中骠文的文字形状与室利差咀罗石质骨灰罐上的骠文字母形状相似,骠文下又有梵文刻字,说明当时骠人也使用自印度传入的梵文。据缅甸考古学家考证,碑文年代大约在 4 世纪,是迄今为止发现的最早的骠文之一。1912 年,考古学家在缅甸蒲甘的库耶齐提佛塔发现刻有巴利文、孟文、缅文和骠文四种文字的石柱,即"摩耶石刻",说明骠国衰亡后,骠文仍在继续使用。[①]1929 年,在汗林古城墙外又发掘到第二块石碑,碑文共八行字,缅甸考古学家认为,其年代在公元 7 世纪—8 世纪。[②]在汗林和室利差咀罗,还陆续发现了许多刻在大砖、大陶罐、石板和神像底座四周的骠文和梵文,但骠文的瓮铭、石刻皆只有寥寥几行,迄今还未发现古骠国时代的长篇纪事短文碑铭或骠文文学作品。

古骠国时期,佛教或印度教很可能已经传入缅甸。不过在汗林遗址,还没有发现能够确凿证明当时居民宗教信仰的出土文物。只有一块出土的碑铭,上下两端有浮雕人像,中间刻有骠文,上端雕刻的似乎是神像。一些佛教史论提及,在今缅甸卑谬(古骠国室利差咀罗城)附近,发现了一

---

① 贺圣达:《缅甸史》,云南人民出版社暨云南大学出版社,2015 年版,第 23 页。
② 同上书,第 17 页。

些薄金片上的刻文,为南印度的巴利文字体,所记之事皆为上座部佛教习俗,这类佛教习俗与今东南亚和傣族南传佛教几近一致。时至今日缅甸多数人仍信奉佛教。据《旧唐书》记载:"骠国……城内有居人数万家,佛寺百余区……男女七岁则落发,止寺舍,依桑门,至二十不悟佛理,乃复长发为居人。"现在,缅甸仍然保留着男性从小入寺为沙弥的习俗,到了二十岁左右,多数僧侣陆续还俗,极少数青年僧侣志在佛学,因此继续驻寺为僧修行。同时,由于僧侣人数众多,对寺庙数量的需求亦大,以至像骠国"居人数万家,佛寺百余区"的情况十分常见。

四、遣使团访唐献《骠国乐》

骠国经济较为发达,文化成就突出,其音乐也颇有建树,已达很高水平。公元 7—9 世纪,中国正处于唐朝,当时缅甸的骠国处于全盛时期。唐德宗贞元年间(785—804 年),经由南诏和唐代地方官吏引荐,骠国国王雍羌派遣舒难陀离开王都(今卑谬)远赴大唐献乐。舒难陀一行带领骠国使团沿古代西南丝道历经瑞丽、永昌、成都等地,最后抵达唐朝首都长安。随使团来唐的还有一个庞大的歌舞乐团。骠国乐团在长安城进献了精湛的乐舞——《骠国乐》,这一盛大的献乐表演活动成为中缅外交史上的标志性事件,为中缅的世代友好留下了浓墨重彩的一笔,它在唐朝与东南亚的文化艺术交流中也具有重要地位。

轰动长安城的《骠国乐》 《骠国乐》作为唐代自云南边疆引荐而来的异域乐舞,到长安演出后,其精彩的编排、演绎和新颖的乐器、乐曲等轰动了整个长安城,受到了唐朝宫廷和当时文人学士的热烈欢迎。唐德宗也对骠国乐赏赐有加,还令白居易写信给骠王,称赞骠与唐的友好邦交,并封雍羌为检校太常卿,舒难陀为太仆卿,随行的两位大臣也授了官职。《新唐书·骠国传》有明确记载:"贞元中……异牟寻遣使杨加明诣剑南,西川节度使韦皋请献夷中歌曲,且令骠国进乐人。""骠国王雍羌亦遣悉利移城主舒难陀献其国乐,至成都,韦皋复谱次其声,以其舞容,乐器异常,乃图画以献。"

唐代有关骠国乐的史料记载非常丰富。一方面,唐朝史官根据当时的各种文书材料和见闻写成的史料,被纳入官方正史。比如,在《旧唐书》的《德宗本纪》《顺宗本纪》《音乐志》《骠国传》,《新唐书》的《礼乐志》和《骠国传》(《南蛮传》），以及王溥的《唐会要》、刘恂的《岭表录异》等皆有记载。另一方面，乐队在长安演出后，也深受宫廷官吏和文士的喜欢。唐朝的文人学士观乐后也有感而发大兴诗赋，这两类文字成为记述骠国献乐这一历史和外交事件的重要史料，两者互为补充和印证。骠国乐团在成都演出时，西川节度使韦皋对《骠国乐》的"舞容乐器异常"深为赞赏，还绘制《骠乐图》，亲自敬献唐德宗（《新唐书·骠国传》）。唐代著名诗人白居易为此专门题诗《骠国乐》，诗中描述和赞叹了这一盛事。

骠国乐

〔唐〕白居易

骠国乐，骠国乐，出自大海西南角。

雍羌之子舒难陀，来献南音奉正朔。

德宗立仗御紫庭，黈纩不塞为尔听。

玉螺一吹椎髻耸，铜鼓千击文身踊。

珠缨炫转星宿摇，花鬘抖擞龙蛇动。

曲终王子启圣人，臣父愿为唐外臣。

左右欢呼何翕习，至尊德广之所及。

须臾百辟诣阁门，俯伏拜表贺至尊。

伏见骠人献新乐，请书国史传子孙。

时有击壤老农父，暗测君心闲独语。

闻君政化甚圣明，欲感人心致太平。

感人在近不在远，太平由实非由声。

观身理国国可济，君如心兮民如体。

体生疾苦心惨凄，民得和平君恺悌。

贞元之民若未安，骠乐虽闻君不欢。

贞元之民苟无病，骠乐不来君亦圣。

骠乐骠乐徒喧喧，不如闻此刍荛言。

骠国乐团是一个乐器较多、队伍庞大的演奏乐队，其乐器的种类、乐曲的构成、乐队的组成情况都在《旧唐书·德宗纪》中有详细的记载。据称，乐队带来22种乐器和12首乐曲，伴奏的乐工有35人。关于《骠国乐》的乐曲，《唐会要》记载："骠国在云南西，与天竺国相近，故乐多演释氏之词。每为曲皆齐声唱,各以两手十指,齐开齐敛,为赴节之状,一低一昂,未尝不相对,有类中国柘枝舞。其西别有弥臣国,乐舞亦与骠国同,多习此伎以乐。后勅使袁滋、郗士美至南诏,并皆见此乐。"《骠国乐》为印度佛曲系统,这12首乐曲为《佛印》《禅定》《涤烦》等,内容几乎都与佛教有关,带有浓郁的佛教色彩。

《骠国乐》也流行于唐南诏的永昌地区。《蛮书》卷十《南蛮疆界接连诸蕃夷国名》记载:"骠国,在蛮永昌城南七十五日程,阁罗凤所通也。"当时,属永昌节度所辖领域疆界邻国,与南诏国关系极为密切。《旧唐书·本纪》记载:唐"贞元十八年(802)春正月乙丑,骠国王遣使悉利移来朝贡,并献其国乐十二曲,与乐工三十五人"。其首先踏上的中国土地就是永昌地区。在今云南保山市坝东大官庙大殿壁上画有《骠国乐》演奏图,写有白居易《骠国乐》赞美诗,这说明《骠国乐》在永昌地区十分流行。

骠国献乐的影响　骠国献乐不仅密切了骠国与唐朝的关系,而且推动了骠国周边国家与唐朝的交往。骠国献乐后,与骠国接近的弥臣、昆仑等孟族国家也随着骠国遣使至唐,开始与唐朝发生联系。《册府元龟》卷972记载有"贞元二十年(804)十二月,南诏蛮弥臣国、日本国、吐蕃并遣使来朝贡",同书卷965记载有贞元二十一年(805)"四月封弥臣国嗣王乐道勿礼为弥臣国王焉"。由此可见,骠国献乐扩大了唐朝在东南亚的影响。骠国献乐也通过文化艺术交流的形式,在政治上达到了睦邦的良好效果。骠国乐对于中国古代音乐史、缅甸音乐史、佛教音乐史乃至整个东南亚历史的研究来说弥足珍贵。

骠国也借助此次访问改善了自身的地缘政治环境。8世纪以后,中国云南地方政权南诏的势力向南发展。由于骠国长期受制于南诏,而凭借骠国自身的实力又不能与南诏抗衡,必须借助于第三方的力量,故骠国向唐朝献乐不仅仅是听命于南诏而做出的举动,其中也暗含借助唐朝势力影响和制衡南诏的意味,从而使自己摆脱南诏控制的政治意图,骠国这次遣使来访在一定程度上解除了南诏对骠国的军事威胁,改善了自身处境。在此后一段时间内,骠国也改善了与南诏的关系,双方维持了相对友好的关系。但9世纪以后,南诏势力强盛,开始对外扩张,周边的东南亚国家成为其重要目标,骠国首当其冲。在这一时期,南诏势力如日中天,而当时骠国势力日下,长期受到南诏庇护,并沦为南诏的附庸国。公元

832 年(南诏保和九年),南诏攻伐骠国,掠其民 3 000 余人,迁到拓东(今中国云南昆明)。公元 835 年,南诏军队又攻入骠国的属国弥臣。①《云南志》中对此有记载:"(唐文宗)太和六年(832),(南诏)劫掠骠国,掳其众三千余人,隶配拓东(今云南昆明),令之自给。"②波巴信、貌丁昂等缅甸历史学家多认为南诏发动的这次战争是导致骠国灭亡的主要原因。③

五、印度佛教开始影响缅甸

与印度的交往　缅甸是东西交通的一个重要枢纽,缅甸早期的国家和部落除与中国互动外,还与印度有交往。缅甸受印度文化的影响很大。由于缅甸是东南亚地区最靠近印度的地方,无论从陆路还是海路到印度都非常便捷,因此早从公元前 3 世纪起,印度和缅甸就有了文化上的往来。缅甸南部的孟人国家直通最早开始与印度交往,中部的骠人国家也通过西南丝绸之路与北印度有往来,西部的阿拉干地区也是有史籍记载的明显受到印度文化影响的缅甸沿海地区。印度通过派出宗教使团,或通过商贸活动和移民活动,不断向缅甸境内传播文化,其对后来缅甸文化的发展和演进产生了深远影响。

佛教的传播　缅甸多数学者认为,佛教最早在公元前 3 世纪左右通过缅甸南部的孟人地区传入缅甸内地。锡兰的《大史》《岛史》记载,公元前 3 世纪在进行佛教教义第三次结集后,印度阿育王派遣 9 组高僧到世界各地弘扬佛法,他们所到之处,无不留下印度文化的印迹。据缅甸孟族编年史记载,阿育王曾经派以僧苏摩和郁多罗为首的传教使团前往缅甸的孟人国家直通苏瓦布米(在今下缅甸④,意为"黄金地")传播佛教,因帝王的大力倡导和民众的积极响应,佛教在下缅甸孟人地区盛行。孟人皈依佛教后,从国王到平民都严守佛规戒律,广建佛塔,非常虔诚。佛教对孟人社会生活的影响加大,孟人建立的佛塔、塑造的佛像对后来缅甸佛教建筑和造像有较大影响。

公元 4 世纪佛教沿伊洛瓦底江北上传至骠人地区,尔后又传至若开

---

① 贺圣达:《缅甸史》,云南人民出版社暨云南大学出版社 2015 年版,第 18 页。
② 熊元正:《南诏史通论》,云南民族出版社 2007 年版,第 197 页。
③ [缅]波巴信:《缅甸史》,商务印书馆 1965 年版,第 21 页。
④ 伊洛瓦底江中上游为上缅甸,中下游为下缅甸。

等地区。如前所述,缅甸最早的文字骠文也是受印度文字影响,根据印度文字而创造。在婆罗门教、佛教传入后,出于宗教活动需要,梵文、巴利文也开始在骠人国家流行。20世纪20年代在骠国古城室利差呾罗城的钦跋拱遗址发现了20张金贝叶,贝叶上抄有用骠文拼写的巴利文三藏经。从这些骠文的字体上看,其源头为印度的婆罗米文字(伽檀婆字母即来自婆罗米文字)。直至今日,包括缅语在内的缅甸许多民族语言和文字仍可见印度宗教文化的痕迹,印度的巴利语成为许多缅甸语词汇的来源,缅甸许多语言文字与印度宗教文化都有深厚的渊源。此后,印度对缅甸的影响进一步增强,印度移民和商人大量到达缅甸,来自印度的印度教(特别是湿婆崇拜)、大乘佛教、南传上座部佛教在孟人、骠人、若开人国家得到广泛传播。来自印度的宗教、文化和哲学思想在孟族、骠族、缅族等缅甸主体民族中产生了较大的影响。印度文化中的价值规范通过佛教渗透和影响缅甸人的日常生活和思维形态,逐渐转化成为缅甸人的价值观念和道德规范,并传承至今。

作者点评:

公元元年前后,缅甸开始从原始社会过渡到早期阶级社会,缅甸境内的骠、掸、孟、若开等民族建立了各自的国家政权或氏族部落,如伊洛瓦底江流域的古骠国、南部的孟人国家、北部的掸国、西部阿拉干若开人国家、太公古国等,在克钦地区还存在一些原始的部落和氏族。在诸多国家中,古骠国文明程度最高,当仁不让地成为缅甸早期国家中最亮眼的"巨星"。骠国文化艺术成就突出,它不仅奠定了蒲甘王朝的文化基础,更是成为缅甸文化的开创者和奠基者。骠国不仅创造了缅甸境内最早的文字——"骠文",还派遣使团远赴唐都长安向唐朝献出精湛的乐舞——《骠国乐》,成为中缅友好交往的一段佳话。

第三章 蒲甘王朝的兴替

骠国灭亡之后,由缅族建立的蒲甘王朝兴起。关于缅族的起源,史学家仍各执一词。"缅人是外来民族""缅人起源于太公""缅人起源于皎克栖"等说法流传至今。有学者认为缅族就是原来的骠人,有学者认为缅族是从古印度人演变而来,也有学者认为缅族来自中国西北甘肃一带的羌人或是来自中国云南的蒲人,还有学者认为缅族是来源于缅甸的原始部落。蒲甘王国定都蒲甘,立国于钦敦江与伊洛瓦底江汇合处以东的广袤区域。蒲甘王朝历经阿努律陀、江喜陀和阿隆悉都等贤明君主的励精图治,逐渐建立起了缅甸历史上第一个中央集权的封建王朝。①

一、阿努律陀首次统一全缅

蒲甘王国的建立　在骠国瓦解后,缅甸的中心逐渐转移到了蒲甘王国和孟人建立的直通王国。蒲甘王国由蒲甘诸多小国发展演变而来,建国之初赢弱,动荡不堪,政权交替十分频繁。据缅甸史书称,849 年,以批因比亚为首领的缅族人在缅甸中部建立城市,命名为蒲甘,并以蒲甘城为中心,建立起属于缅人自己的国家。据说蒲甘原是一个小村,位于钦敦江与伊洛瓦底江汇合地向南不远之地,即今敏建县境内。初期人烟稀少,后来凭借优越的地理位置和便利的交通,人口逐渐增多,逐步发展成为王都。931 年,蒲甘国王梯因屈外出时,因饥饿在田里摘胡瓜充饥时被不明其身份的瓜农修罗汉乱锄打死,国王的扈从恐惧不已,于是将错就错地拥立修罗汉为国王。10 世纪末,王族混修恭骠杀了修罗汉自立为王,不久,

---

① 何平:《缅甸历史上的封建制与奴隶制》,《世界历史》2005 年第 1 期,第 69 页。

修罗汉之子须迦帝就逼迫其退位。最终在 1044 年,混修恭骠之子阿努律陀又杀死须迦帝,登基为王。

蒲甘王国初期之所以王位更迭频繁,是因为当时蒲甘王国的王位世袭意识淡薄,国王和王权的威慑力也不足。当时缅人还没有自己的文字,甚至礼仪、官僚制度和行政单位也尚未建立起来,整体实力弱小,远不及周边其他王国,统治的疆域也并不辽阔,主要位于钦敦江与伊洛瓦底江汇合处以东的地区,包括钦敦江上游一带的高原地区(密支那、八莫、杰沙、克钦地区及大部分掸邦地区)和钦敦江下游的干燥地带(曼德勒、皎克西、蒲甘等地)。①蒲甘周边地区土壤肥沃,物产丰饶,富泽一方,被称为"大泽之乡",皎克西和密铁拉等地区是著名的"粮仓",也是蒲甘的战略要地。当时,在今缅甸中部,还存有一些骠人部落活动;在南部,是孟族集居地,而孟族是缅甸各民族中文化水平最高、历史最悠久的民族,也是最早接受印度佛教影响的地区,在人口、文化、生产力等诸方面都远超同时期的其他民族;在西部沿海地区,则是若开族,诸多大小城镇逐渐发展起来,此时的阿拉干王国仍然是独立的国家;北部和东北部的高原地带则正处在掸族封建土司的统治之下。②强邻环伺的蒲甘王朝,在阿努律陀、江喜陀和阿隆悉都等几代贤君的治理下,在不断地对外扩张和征战中,最终建立起了缅甸第一个统一上缅甸和下缅甸大部分区域的封建王朝,结束了长期以来各民族分散统治的局面,缅族也成为缅甸居于主导和统治地位的主体民族,对后世影响深远。

阿努律陀励精图治 阿努律陀(Anawratha,1044—1077 年在位)是蒲甘王朝的奠基者,被称为"缅甸第一大帝"。蒲甘王国在历经约 200 年的缓慢发展后,终于迎来了"圣主"。在他登基为王之前,缅甸境内多个王国各自为政,还不是一个统一的国家。阿努律陀志存高远,雄心勃勃,他即位后励精图治,奋发图强。为快速提高国力,他在军队、行政、经济和宗教等方面采取了一系列的改革措施。经过阿努律陀十年的苦心经营,蒲甘王国的综合国力得到了极大提升,终于从一个弱小的王国成长为上缅甸第一强国。这为阿努律陀后期横扫全缅的宏图伟业创造了充分的条件和基础。

---

① 许清章:《试论缅甸蒲甘王朝的兴衰》,《东南亚》1984 年第 3 期,第 3 页。
② 同上书,第 2 页。

在经济方面,阿努律陀兴修水利,广疏河道,大建运河。蒲甘王国境内的河流疏通使得干燥地带的贫瘠土地得到了充分灌溉,阿努律陀把农民转移到这些地区从事农业生产,蒲甘王国的粮食产量便从此年年翻番,国力也迅速上涨。湿润的沃土使得该地成为产量颇丰的产粮区,其中最有名的区域便是皎克西地区,是缅甸最重要的"粮仓",皎克西地区后来也是整个缅甸的经济中心和兵家必争之地。此后横扫天下的帝王们无一不是占据此粮仓才得以傲视群雄、争得帝位的。这些灌溉系统,工程浩大,有的甚至沿用至今。阿努律陀创下的此项不世之功,足以使他被缅人尊为先祖,奉若神明,名副其实地成为缅甸"第一大帝"。

在军事方面,阿努律陀凭借强大的经济力量和军事力量,积极对外扩张,南征直通王国、西伐阿拉干地区。[①]阿努律陀是一位军事家,他不仅治军有术,还根据不同用途建立了不同的兵种。尤其是他创新性地大规模运用大象进行战争,同时还充分利用缅人善于骑术的特点,大力发展骑兵部队。不仅如此,他又借鉴了当时南诏训练军队和作战的方法来提高军队的战斗力。阿努律陀还按照乡村、市镇、县城的人力情况,从各县抽取壮丁作为士兵,建立了按比例征兵的兵役制度。[②]他对这些士兵进行十分严苛的训练,违抗军令者可直接处死。这些士兵经过长时间的专业训练后,成为蒲甘王朝战斗力十足的"雄狮",为国家提供了强大的军事力量,在蒲甘王国的南征西伐中起到关键作用。

阿努律陀开启统一战争　1057年,阿努律陀开始了统一缅甸的战争。他遣使至直通王国,要求直通王国献出被视为祥瑞和佛教圣物的珍贵佛牙(象牙),但被直通王国国王摩奴诃(Manuha)断然拒绝。摩奴诃还侮辱了使臣。阿努律陀以此为借口向直通王国宣战。他亲自率领大军南下,其中一位智勇双全的猛将就是江喜陀(Kyanzirtha),蒲甘大军从水陆两路进军,以强势围攻坚固的直通城,让其城内断绝粮草。三个月后,摩奴诃难以支撑,不得不示弱投降,宫廷成员、众多高僧和多位能工巧匠等约三万人以及诸多南传上座部佛教经典被俘获后迁至蒲甘。至此直通王国并入蒲甘王朝版图。对南方广大地区的征服使得蒲甘王国占据了南方有利的地理位置,取得了南向的出海通道和对外贸易港口,俘获的大量孟

---

① ［缅］貌昂丁:《缅甸史》,贺圣达译,云南省东南亚研究所1983年版,第27页。
② ［缅］波巴信:《缅甸史》,陈炎译,商务印书馆1965年版,第26页。

人能工巧匠进一步促进了蒲甘的手工业和商业发展,为蒲甘王朝的进一步强大和繁荣奠定了基础。由于直通王国是南方孟人国家中最强大的国家,一旦它被阿努律陀灭掉,附近的各部落酋长、小国国王都纷纷表示愿意归附。就连直通西部的孟人国家勃固也同意与阿努律陀结盟。阿努律陀几乎兵不血刃地征服了大部分南方地区。

事实上,缅甸南方地区只是雄心勃勃的阿努律陀征服的起点而非终点。阿努律陀征服直通王国不久,又向西翻越阿拉干山脉,出兵征服阿拉干北部地区。阿拉干王国是由阿拉干人建立的一个小国,文明程度不如南方孟人,但由于阿拉干地区与其隔着一座高海拔的阿拉干山脉,因此征服此国困难重重。然而,高山阻挡不了阿努律陀征服的决心,在江喜陀从直通南征归来不久,他便再次派遣江喜陀率领大军从蒲甘出发,一路跋山涉水,蒲甘军不动声色地跨过阿拉干山脉,直捣阿拉干王国的首都。当蒲甘军兵临城下时,阿拉干人毫无防备,惊慌失措,于是蒲甘军轻松地占领了它的首都。至此,阿拉干王国成为蒲甘王朝统治下的一个属国。

通过南征直通和西进阿拉干,蒲甘王国成为一个庞大的国家。阿努律陀开始将目光对准长期侵占掠夺蒲甘边境的北部掸人。掸人在缅北有许多部落国家,过着半游牧状态的原始生活,由于北方的气候条件和生活条件恶劣,因此掸人逐渐迁徙南移,并常有骚扰蒲甘边境的举动。阿努律陀完成对孟人和阿拉干人的征服之后终于有精力对付掸人了。在掸人地区,他改变征服策略,睿智地以非军事战争的方式降服了掸人。在东部掸族山区边沿地区,他构筑了由43个前哨站组成的防御线,[①]这43个前哨站的名字,至今仍有多个保存在当地的村落。他还亲率雄师北上,沿着各个掸族部落巡游,以震慑掸人,其军队越过八莫(Bhamo),甚至逼近了中国云南大理。这一举措不仅使得蒲甘王国对掸人的控制力大大增强,也使得掸族人慢慢从半游牧生活走向农耕生活。在蒲甘王朝强大的军事压力下,北部掸人纷纷向蒲甘称臣纳贡,东部各掸族的首领也前来归附,阿努律陀于是将其统治扩大到今天的掸邦地区边界。

蒲甘王朝势力还南达丹那沙林地区(Tenasserim,又译为德林达依)。就在阿努律陀率军巡游各掸族部落归来后不久,柬埔寨吴哥王朝率领军队西侵丹那沙林地区,其国王急忙遣使向蒲甘求援,并承诺只要阿努律陀

---

① 桂光华:《试论缅甸建立的第一个统一王朝》,《南洋问题研究》1986年第2期,第15页。

助丹那沙林驱逐吴哥王朝的侵略军,就臣服于他。阿努律陀欣然答应,派出精锐部队驰援丹那沙林。吴哥王朝自恃清高,目空一切,疏于防备,部队首领江喜陀趁机率军劫营,吴哥军队狼狈逃窜,只得仓皇逃回本国。丹那沙林从此向蒲甘称臣,国王还把自己的女儿金乌(Hkinu)献给阿努律陀为妃,随江喜陀大军回蒲甘城。

阿努律陀的军事扩张节节胜利,缅甸南北东西各地区都尽收蒲甘王朝旗下,蒲甘王朝的版图迅速扩大。至此,阿努律陀的统一大业也正式宣告完成,缅甸出现了一个前所未有的强大封建王朝。著名学者戈·埃·哈威在其所著《缅甸史》中清晰地描述了蒲甘王朝的疆域:"其疆界在伊江流域,北起蛮莫,以达于海,河边两旁邻近诸掸族均在治下,而北阿拉干与北顿逊地,盖亦在其版图之内焉。"[1]

阿努律陀数次联姻 阿努律陀为了进一步壮大蒲甘,还采取联姻方式拓展国家的影响力。原本阿努律陀已有妻室,并生有一子,名为修罗(Sawlu)。据传,阿努律陀初登基为王时,派遣大臣前往异邦访求公主为妃,于是他与蒲甘王国附近的维沙利国(Vesali)公主定下了婚约。阿努律陀为迎娶公主,派出自己最信任的心腹大臣去维沙利国迎护公主回蒲甘城,大臣到了维沙利国,在觐见了国王之后,国王给予侍女80名,与其一起护送公主回蒲甘。在回来的途中,据传大臣与公主发生了暧昧关系,为了防止消息泄露,大臣把身边所有的侍女和随从全部遣散,自己则驾车快马加鞭地赶回了蒲甘城。阿努律陀见到公主欣喜不已,与其成婚后不久,有大臣伺机进献谗言,说这位公主真假难辨,与这位公主前来的侍女和随从都已被遣散,难以确认其身份。阿努律陀听信了谗言,十分恼怒,将公主发配到实皆乡弥诺江边的一个小村庄,在流放途中公主发现自己已有身孕,后生下一子,名叫江喜陀。但孩子的父亲究竟是阿努律陀,还是与其有染的大臣,至今仍是一个谜。阿努律陀知道其怀孕的消息后,三次下令四处搜杀,宁可错杀百人,不可放过一个,第一次杀死七千胎儿,第二次杀死六千婴儿,第三次杀死五千孩童。后来,阿努律陀赦免了从一出生就浪迹天涯的江喜陀,并用为武士,成为一员猛将。但后来江喜陀又在护送丹那沙林的金乌公主回蒲甘途中,与其发生暧昧,被同行之人告发,阿努律陀气急败坏,要亲手斩杀江喜陀,但江喜陀逃过一劫,他逃出王宫,

---

[1] [英]戈·埃·哈威:《缅甸史》,姚秘译注,商务印书馆1957年版,第67页。

开始了第二次逃亡生涯,并在逃亡中与寺庙僧人的侄女——又一位花季少女单浮罗邂逅相恋。江喜陀的这次逃亡经历被改编为缅甸名剧,成为经久不衰的经典。

　　阿努律陀戎马一生,南征北战,功绩显赫,是缅族当之无愧的民族英雄。正如学者许清章所述,后世评价他是历史上第一位统一缅甸的君主,他发动民众兴修水利,发展农业,促进国家繁荣兴旺;征服直通、阿拉干等地,使缅甸南、北部和西部统一起来;凭借战争取胜的有利时机确立上座部佛教为国教,从而推动了佛教文学及建筑雕刻的发展。[①]阿努律陀用一生完成了缅甸千百年来从未有人完成过的伟业,一手将蒲甘从一个弱小落后的小国发展成统一的大国。在短短几十年的时间里,缅族征服了比自己强大得多的孟人、掸族人和阿拉干人,成为这片土地的主人,这些离不开阿努律陀的雄才伟略。而他与江喜陀之间到底是否为亲生父子,时至今日仍是大家争论不休的话题。

二、庸君修罗险失国家政权

　　阿努律陀统治末期,虽然蒲甘王朝形成了"四海宾服,万邦来朝"的盛世局面,但这种依托于阿努律陀个人威望和人格魅力的盛世也潜伏着危机。1077 年,一代明君阿努律陀驾崩,其子修罗即位。修罗出生于 1048 年,即阿努律陀执政的第四年。修罗从小在宫廷这个温室里长大,无论是执政经验还是人生阅历都十分欠缺。他不理国事,终日纵情于酒色,过着声色犬马、自甘颓废的奢靡生活。修罗执政后,好景不长,其乳母的儿子耶曼干于 1083 年举兵起义,南方想脱离缅人统治的孟人早就蠢蠢欲动,一时间纷纷响应,耶曼干很快就集结起一支规模庞大的军队。于是,一场由孟人掀起的针对缅人统治的反叛开始了。缅孟两族迎来第一次大规模冲突。修罗决定御驾亲征。孟人军队心怀被压迫的愤怒,复仇的心情使得士气高昂。他们控制着毕都达这个有利据点,并设下了重重埋伏。最终,修罗率领的蒲甘军主力几乎全军覆没。江喜陀前去营救,但因修罗的多疑导致营救失败。修罗被斩首。蒲甘王国外敌压境,国中无主,岌岌可危。

---

① 　许清章:《试论缅甸蒲甘王朝的兴衰》,《东南亚》1984 年第 3 期,第 2 页。

三、江喜陀危急中力挽狂澜

江喜陀被拥立为王 江喜陀在营救修罗失败后逃至密铁拉,密铁拉的领主把自己的女儿金丹嫁给了他,并助他召集军队。正当孟人大军兵临城下,蒲甘告危之际,江喜陀在军事要地皎克西起兵,准备反攻。他紧紧地控制住皎克西和密铁拉这两大粮仓,凭借其多年征战积累的经验和过人的胆识,一雪毕都达之耻,大败孟军。战功赫赫、声望高涨的江喜陀被民众拥戴为王,维护了蒲甘王朝来之不易的统一局面。这就是历史上发生在缅孟两族之间的著名的"毕都达之战"。江喜陀为蒲甘王朝立下了不世之功,其不同于寻常的身世和人生经历,注定了他不平凡的命运。从小他就在被追捕的险恶环境中成长,居无定所,常年东躲西藏,更是多次死里逃生。曲折的人生经历使他在困难中长大成才,最终成为让缅人代代传颂的盖世英雄。

1084 年,江喜陀在众臣劝谏下举行了盛大的加冕仪式,典礼由国师阿罗汉亲自筹办,江喜陀正式成为蒲甘王朝的第三任统治者(1084—1112年在位)。江喜陀执政后,修建了豪华的宫殿,自称是水与土的主人,可开天门,能与佛祖对话,他利用宗教神化自己,使臣民对王位产生敬畏之心,以至于不敢觊觎,让王权得到巩固。

成功化解民族矛盾 为化解孟缅两族之间的矛盾和仇恨,江喜陀即位后,吸取了历史教训,采取安抚的民族政策,对孟族人和其他民族平等相待、一视同仁。不仅如此,江喜陀对待其他比缅族弱小的民族,如阿拉干人、掸人,甚至是已经没落的骠人也很公正,并欢迎他们与缅人通婚,促进民族融合。

江喜陀主要采取了三大政策缓和缅族与孟族的民族矛盾:

一是任用孟人贤士、文武大臣为官。当时蒲甘王朝的中央官职制度还很简单,除国师掌管宗教大权之外,另有四位"辅政大臣",在江喜陀之前,辅政大臣皆由王室成员担任。江喜陀执政后,开始允许孟人地区威望甚高的贵族到蒲甘宫廷担任辅政大臣,其他大小官职也允许孟族能人贤士担任,此举为后期推行文化融合政策提供了组织基础。

二是效仿孟人的礼仪制度。当时孟人的文明水平较缅族高,江喜陀积极引入和利用孟人的礼仪制度,不仅缓和了与孟族的关系,也加强了孟缅两族文化的融合,提高了缅族的文明水平。江喜陀的加冕仪式就是完全按照孟人礼仪进行的。

三是使用孟语为官方语言。由于一方面此时的缅文远没有孟文系统发达,尚未完全发育成熟,文字还有很多空白,另一方面江喜陀在被流放时曾去过孟人地区,并在那里长期生活过,直到修罗召他回城平叛。因此江喜陀本人对孟人文化非常了解,也十分欣赏。于是,江喜陀利用朝中的孟族官员为蒲甘王朝普及孟语和文化,鼓励蒲甘民众学习孟族先进的文化知识。在近年出土的江喜陀时代的石碑上,碑铭几乎全用孟文书写,可见当时蒲甘王朝受孟族文化影响之深,连江喜陀隆重的加冕典礼也用孟文镌刻在了瑞喜宫佛塔的碑铭上:

> 宅心慈爱……人有别离信友而泣者,江喜陀王拭去其泪……故民之投王,如婴儿之投慈母怀中……人有蓄意为非者,王将以软语感化之……能使发恶言者说善语。江喜陀善用智慧,如用其手,能开天门镶金嵌宝之门。王女有素馨(Jasmine)花之异香,有因陀罗(King In)妻阿楞浮娑(Alambusa)之光辉,均侍在侧。王女自七城而来者,以各种珍宝为饰,持白伞侍立。江喜陀王登金镶玉嵌之宝座,享受帝王之荣华……王恭献三宝,奉佛像于金匣,如灯光之永耀。①

大力宣扬佛教　除了成功的民族政策,江喜陀对蒲甘王朝的另一贡献是宣扬佛教。佛教在缅甸最早被阿努律陀定为国教,此后佛教在缅甸扎根,并迅速发展壮大,许多佛塔拔地而起。但其中一座佛塔因工程巨大已被阿努律陀的继任者修罗停建,这就是始建于 1059 年的由阿努律陀亲自指示修建的瑞喜宫佛塔。该塔在即将完成之时,阿努律陀不幸离世,修罗嫌工程耗资太大,耗时太久,将工程停掉。直到江喜陀即位,他立刻同意续建此塔,并动用了大量的人力、物力和财力。经过多年努力,瑞喜宫佛塔于 1090 年竣工。瑞喜宫佛塔是缅甸蒲甘现存最古老的佛塔,也是最壮观、工程最浩大的佛塔。该塔高 40 多米,周围环绕着 53 尊精美绝伦的高大雕塑,包括狮子雕、摩迦罗雕和蟾蜍雕,塔的四面各有一铜亭,亭内各有一尊立佛。坛台之间的长廊刻有 1 000 多幅浮雕。瑞喜宫佛塔是蒲甘

---

① 见蒲甘瑞喜宫宝塔之大得楞碑铭。

初期佛塔的典型代表,也是缅甸宗教建筑史上最有意义的建筑之一,之后缅甸全国的佛塔都以其为蓝本建造。

在瑞喜宫佛塔竣工后的第二年,即1091年,缅甸又一经典佛寺阿难陀寺建设完成。据说江喜陀即位不久,就有几名印度僧人来到蒲甘觐见,江喜陀听闻他们讲述了阿难陀(佛教创始人释迦牟尼的十个弟子之一)的事迹后感慨颇多,于是下令建造一座以阿难陀命名的寺庙。江喜陀举全国之力调集能工巧匠,在许多到缅甸游学的印度技师的帮助下,修建完成这座寺庙。阿难陀寺属塔寺一体的方形建筑,总高50余米,寺的周围分别有四条长廊,走廊墙壁镶满了金色佛像,数千尊佛像神态各不相同,惟妙惟肖,精美绝伦。每条走廊都能通往中心院落,院正中就是阿难陀塔。阿难陀塔塔座是带有印度风格的正方形大佛窟,佛窟和塔基外壁有多块以佛本生故事为内容的浮雕,佛窟内通道两侧的墙壁上设有佛龛,内有多尊佛像。主塔的周围环绕着小塔、佛像和各种动物怪兽的雕像。塔的东南西北面各有一门,门内有一尊高约10米的立佛,极具特色。阿难陀佛寺西侧通道的尽头有两个佛像跪在巨佛前:一位即江喜陀王,另一位为国师阿罗汉。阿难陀寺建于蒲甘王朝的中期,整个建筑气势宏伟,外表洁白,工艺精湛,大大超越了前期的佛塔建筑样式。由于这一时期蒲甘王朝工匠们建筑大量的佛塔和佛寺,积累了丰富的建造经验,因此相比早期单一而简陋的佛塔,此时的佛教建筑无论是从砌砖技艺、砖石混用手法,还是采光和通风设计等各方面,都有了质的飞跃,设计者也不再简单地模仿和重复,而是创新性地融入了缅甸特有的风格和文化元素。

江喜佗在位时期为与孟人联姻,迎娶了孟人公主为妃,并破例立有孟人血统的外孙——阿隆悉都(Alugnsi-htu)继承王位,这些举措大大缓和了历史遗留下来的缅孟两族人民之间的矛盾和仇恨,江喜陀的民族平等政策实施得非常成功,受到两族人民的共同拥戴。这些民族政策使这一时期各族和平相处,社会安定,孟人地区乃至整个王国几无暴动,有效地把当时已处在民族分裂边缘的缅甸各族团结和凝聚在蒲甘王朝旗下,其功在当代,利在千秋。在他执政期间,民族平等和睦,各族文化融合,王权得到加强,佛教进一步发展;兴修的水利使得农业生产力得到提升,改善的外交又促进了贸易,民众得以安居乐业。蒲甘王国呈现出一片祥和繁荣之象。

四、阿隆悉都促进全缅融合

1113 年,江喜陀有孟族血统的外孙阿隆悉都(1113—1169 年在位,又称"悉都一世")即位。阿隆悉都在治国理政方面独树一帜,颇有建树。他采取了许多具有开创性的措施,将蒲甘王朝推向了一个前所未有的高度:蒲甘王朝的版图在他的统治时期达到了最大,全国上下的统一和各地区的融合程度也达到了最高。

在经济方面,阿隆悉都对后世影响最深的施政措施首先是统一度量衡。度量衡的统一使得国内各地的交流大为加强,消除了通商的障碍,各地贸易流通得以显著增长。其次,阿隆悉都继承了阿努律陀和江喜陀兴修水利、重视农业生产的政策。蒲甘王朝疆域辽阔,地广人稀,阿隆悉都鼓励农民开垦荒地,继续兴修水闸,建设沟渠,灌溉土地,农业生产得到很大发展。最后,阿隆悉都不仅促进商业发展,还重视航海事业的发展,将勃生发展成为与海外各国通商的重要海港。

在行政方面,由于蒲甘王朝版图迅速扩大,阿隆悉都在阿努律陀先前划分的区域基础上进行了更详细的划分,他将全国划分为三个区域:首都是核心中央区域,由国王直接派出官员(一般为王室成员)进行管辖;以首都为中心向外半径约 150 千米为次中心区域;其他为外围区域,这些外围的多民族地区仍然由地方贵族世袭统治,但也派王室成员到重要城镇作为总督进行管辖。阿隆悉都还将全国的行政等级分为省、镇和村庄三级,省级行政区 14 个,分别由各区总督进行管理,行政、司法、军事大权高度集中,政治制度初步发展。阿隆悉都的行政改革大大增强了中央集权。

在文化方面,阿隆悉都与其外祖父江喜陀一样,鼓励学习孟族文化,尤其注重吸收和创新。比如,阿隆悉都将孟文中的一些精华融入缅文中,利用孟文大大发展和完善了缅文。他还将许多土地捐赠给寺庙,发展寺庙的教育功能,许多寺庙还教授缅语。阿隆悉都时期的主要文字也逐渐由孟文转变为缅文。从目前的考古工作中可知,他在位后期的石碑基本都已经使用缅文书写。

在法律方面,阿隆悉都是缅甸法律的奠基人。阿隆悉都在位期间,勤勉亲政,经常到各地巡游,考察不同地区的民情民风,把旧有的判例制定成法典《阿隆悉都判卷》(Alugnsi-htu Pyatton),作为判案的依据,这样便把缅人的习惯法推广到了全缅。①判卷向全国颁布施行,使得地方官员的治理和决案有了基本的依据。

在宗教方面,阿隆悉都在阿努律陀和江喜陀的基础上进一步推动佛教发展。他在巡查各地时广建寺庙。他冰瑜寺就是阿隆悉都执政期间建成的最宏伟的佛寺建筑,也是蒲甘王朝的标志性建筑之一,该寺距离江喜陀建造的阿难陀寺不远,其佛塔是蒲甘佛塔中最高的一座。

阿隆悉都的成功改革对后世影响深远,特别是统一度量衡、发展缅语等措施巩固了蒲甘王朝的统一局面,使得缅甸真正从政治、经济、宗教和文化各方面都逐渐形成一个统一的国家。阿隆悉都的改革还加强了缅甸各地的联系,使得缅甸第一次作为一个整体的国家从各个方面更加统一地出现在历史舞台。

阿隆悉都之后,蒲甘王朝又经过了那罗蒂因迦、那罗波蒂悉都、难坛摩耶、迦娑婆、那罗梯诃波蒂等国王的统治,但除了那罗波蒂悉都(又称"悉都二世")在位时期延续了中兴的局面外,其他君王都大不如前。

五、悉都二世维持中兴局面

悉都二世(1174—1210)是蒲甘王朝最后一位成就突出的君主。他在位期间对后世影响最大的功绩是创建了王室近卫军,在设立近卫军之前,蒲甘的国王和王宫安保工作主要由侍卫负责,但侍卫的作用十分有限,国王遇刺等事件频发。悉都二世近卫军规模庞大,人数接近 2 万人。近卫军分为内军和外军,内军外军各司其职,内军主要负责保卫王宫,外军负责守卫蒲甘城。其大部分由步兵组成,兼有骑兵和象兵。近卫军兵源主要由各地的头人和行政官员提供。这些训练有素的近卫军对保卫王宫和国王起到了决定性的作用。近卫军的成立大大加强了王权,巩固了国王的地位。蒲甘近卫军是缅甸常备军制度的雏形,它的成立标志着缅甸常备军制度的诞生,开了东南亚常备军制度的先河。常备军制度的设立对于缅甸后来对外征战连连取胜作用突出。

悉都二世在位期间还广修运河,其主持修建的穆河运河系统为后人所称赞。蒲甘王朝时期,阿努律陀、江喜陀和阿隆悉都等君主都大规模修

---

① 桂光华:《试论缅甸建立的第一个统一王朝》,《南洋问题研究》1986 年第 2 期,第 16 页。

建运河,悉都二世在穆河(伊洛瓦底江的支流)修建运河,打通了连接皎克西的运河灌溉系统,大大地扩大了农田的灌溉面积。悉都二世所修建的穆河运河,其灌溉面积超过蒲甘历代国王所修运河灌溉面积的总和。随着运河的贯通和大面积土地得到灌溉,农作物收成提高了,蒲甘王朝也集聚了大量财富。

悉都二世即位后,继续大力扶植缅族文化,缅文文学作品不断问世。悉都二世在宗教上纠正了在他之前迫害僧侣的做法,尊重佛教和僧人,把身在锡兰的前国师班他求召回,并用积累的财富修建了更多宏伟的佛寺,如昙摩耶稀伽等。

悉都二世将蒲甘王朝的繁荣推向了最高峰,此后蒲甘王朝再无明君,一代不如一代,不可避免地走向了衰落。蒲甘王朝后期内乱不断,国家风雨飘摇,王国的土地大部分被寺院把持,动摇了其经济根基,元缅战争爆发更是加速了蒲甘王朝的颓败。由于蒲甘王朝只是完成了形式上的权力集中和缅甸统一,中央集权尚不稳固,其与南部的直通、西部阿拉干以及其他小部族实际上也只是一种相对独立的藩属关系,因此各地诸侯虽然表面归附献贡,实际各怀鬼胎,伺机彻底独立。

六、大规模的元缅战争爆发

蒲甘王朝兴盛之际,正是中国的宋朝,而蒲甘王朝的晚期,正值元朝的强盛时期。相对来说,蒲甘与宋朝尚能和平相处,但蒲甘与元朝之间爆发了大规模的战争。蒲甘王朝兴盛之时,除直接派遣使节到宋朝外,多与云南地方政权大理国往来,并通过大理国间接与宋朝交往。大理国时期,蒲甘王朝已经完成了统一,但此时大理国势力与此前强盛的南诏时期相比已经开始处于颓势,因此双方的关系渐趋平等,尽管还存在一些军事争夺,但总体来说相安无事,基本维持和平状态。

蒲甘王朝的晚期,元世祖忽必烈于1271年遣使至蒲甘,劝其继续献贡归附,免生战端,但蒲甘国王那罗梯诃波蒂拒绝接见来使,还让使者等待多时,只派其臣下与使者会面。1273年,元朝要蒲甘王朝行“谨事之大礼”(《元史·缅传》),又派使臣到蒲甘。据说因使臣到缅廷后不愿脱靴,那罗梯诃波蒂大怒,并将其斩杀。不仅如此,1277年,蒲甘王朝先发制人,派兵进犯中国云南。忽必烈派兵击退缅军,并乘胜攻入缅甸境内,元缅战争爆发。为了夺取金齿地区(金齿地区相当于今中国云南德宏傣族景颇族自治州和缅甸掸邦地区,元朝于 1261 年在永昌即今保山设置了金齿等处安抚司),缅方派大将释多罗伯率领由象兵、骑兵、步兵组成的军队,共计有 4 万余人、800 头大象、1 万匹马(《元史·缅传》)。缅军无铁甲掩护的象兵遇到精于骑射的元军,很快溃败,元军大胜。此后,元兵乘胜追击,自中国云南地区进攻蒲甘国,攻破了蒲甘城。1278 年,蒲甘王朝那罗梯诃波蒂王派遣其国师——信弟达巴茂克亲自赴元朝谒见忽必烈,并取得了和解,信弟达巴茂克因擅长外交被载入缅甸史册。[①]而自元朝打败蒲甘国之后,蒲甘国北部的掸族势力乘机兴起,不断南侵蒲甘,此后缅甸开始了南北交战的"战国时代"。

作者点评:

缅甸史学家称蒲甘王朝为缅甸历史上的"盛世"。蒲甘王朝时期,缅人采取措施兴修水利,统一度量衡,促进民族团结,发展农业经济。经过多年发展,缅人在文化水平和人口上超过了孟人,统治缅甸的不再是少数民族缅族,而是作为主体民族的缅族。蒲甘历代君王皆信佛教,正式定南传上座部佛教为国教,积极扶持佛教发展,蒲甘逐渐发展成为佛教中心。国王把大片土地赏赐给寺院,寺院经济的发展和寺塔的建造,刺激了蒲甘地区的手工业和商业繁荣。寺院经济迎来了黄金时期,甚至因为过度膨胀而一度威胁到王权。同时,寺庙兼有教育功能,使得居民的识字率大大提高,民众受到的宗教影响加深。由于其历代国王都广建佛塔与寺庙,蒲甘王朝因此也被称为"塔庙王朝"。蒲甘寺塔与柬埔寨的吴哥窟和印度尼西亚的婆罗浮屠并称为"东南亚三大文化遗迹"。蒲甘王朝的文字发展程度也颇高,缅人甚至在孟文和骠文的基础上吸收、发展和创造了沿用至今的"缅文"。蒲甘王朝时期,缅甸受印度佛教的影响减弱,相比之下缅甸与锡兰的关系比与印度更密切,锡兰成为当时缅甸宗教了解外界的主要来源。

[①] [缅]戚基耶基纽:《蒲甘王朝至贡榜王朝时期的中缅友好关系》,李秉年、南珍摘译,《东南亚研究资料》1982 年第 3 期,第 89 页。

第四章 混乱而漫长的"战国时代"

　　内忧外患使缅甸历史上第一个统一的封建王朝——蒲甘王朝分崩离析。伴随着缅甸短暂的权力真空和两百多年的政治分裂,作为主体民族的缅族渐渐沉沦,掸族、孟族、阿拉干族各自为政,缅甸开始进入混乱而漫长的分裂时期。在分裂时期,邦牙、实皆、阿瓦、勃固等王国政权更替频繁,内部斗争纷繁复杂。此后勃固与阿瓦又进行了长达 40 年的拉锯战争,才逐渐发展形成了阿瓦王国、勃固王国、阿拉干王国"三分天下"的局面。之后缅甸的分裂局面足足持续了两个半世纪。

一、掸族三兄弟趁乱夺权称王

　　掸族三兄弟　　掸族多数生活在缅北的山区,也有一部分向南迁徙到中缅甸的一些山区定居。在那罗梯诃波蒂时期,一位掸人酋长由于家庭间争斗而蒙难,因效忠缅王,于是得以在皎克西地区的木连城避难并在此扎根,成为城主。在蒲甘王朝还未遭受元军大规模入侵之前,为避免与缅人发生冲突,同时为巩固自己的地位和维持地方势力,木连城的城主,即掸族三兄弟的父亲,就将三个儿子全部送往那罗梯诃波蒂王宫当侍卫,以讨好蒲甘朝廷,于是掸族三兄弟进入蒲甘宫廷,接受了缅文化的教育,成为缅化的掸人。掸族三兄弟进入宫廷后,开始跟随缅军征战,积累了大量战争经验。1283 年,元军攻破北方的防线,长驱直入蒲甘,那罗梯诃波蒂弃城南逃,掸族三兄弟被安排在三个城镇,老大阿散哥也的驻防区是其老家木连城,老二僧伽蓝驻守在米加耶,老三僧哥速则驻守宾里。这三个城镇都在皎克西县内。该地历来是兵家必争之地,战略地位十分重要。元军大破北方缅军,但在中缅甸三兄弟顽强抵抗,成为抗元主力。随着夏季到来,元军炎热难耐,被迫北返了。

在随后的两年里,由于那罗梯诃波蒂再没归来,三兄弟逐渐扩大和巩固自己的势力,接管了北部被元军攻陷的城池,也巩固了他们在皎克西的地位。1287 年,那罗梯诃波蒂在北返的途中被王子梯诃都所弑,元军乘机再次入侵,并轻松占领了蒲甘城,但三兄弟在后方组织起游击队,不时袭击元军,并且利用地形优势与元军周旋,有效牵制了元军。元军不熟悉地形,同时由于不适应当地炎热的气候,在持久作战后补给也渐渐匮乏,在短暂占领蒲甘城之后就再次撤回了。元军的撤退使得掸族三兄弟的名声再次大噪,声望也得以再次提升,获得了更多的拥护者和支持者。

傀儡国王乔苴 缅甸南方的局势在梯诃都死后变得更加复杂,各地大小势力纷纷宣布独立,唯一还被蒲甘王室掌握的城市是达拉,其城主为那罗梯诃波蒂的三子,也是唯一在世的儿子——乔苴。那罗梯诃波蒂的王妃修妃聪慧过人,颇有谋略,希望借用掸族三兄弟的力量复辟,以恢复蒲甘王朝昔日的辉煌,于是前来劝说三兄弟拥立乔苴为王。虽然三兄弟已经实际控制上缅甸,但出于三兄弟的掸族人身份(上缅甸主体民族仍然是缅族人),加上蒲甘王朝仍是正统,他们也迫切需要拥立一位傀儡国王为其所用,从名义上合法取得在上缅甸的统治权力。三兄弟向下缅甸的乔苴发去了邀请信,邀请他到蒲甘城接任国王。1287 年底,乔苴(1287—1298 年在位)北上蒲甘即位,从此开始了他十余年的傀儡生活。乔苴王继位后蒲甘王朝已名存实亡。①继位后的乔苴王没有实际权力,重兵实际掌握在掸族三兄弟手中,他不得不封赏三兄弟为他们所驻防区的侯王,封长兄阿散哥也为木连城城主,次兄为米加耶城城主,三弟僧哥速为宾里城城主。掸族三兄弟得到了名义上的封赐,获得了权力的合法性,使缅族人心悦诚服,也加强了他们在上缅甸的地位。自小在蒲甘宫廷中长大成人的三兄弟不仅深受蒲甘文化的熏陶,而且在实际统治中,还善于利用佛教来巩固其统治地位,蒲甘时期的宗教文化传统得以传承下来。

由于乔苴王与三兄弟之间矛盾重重,为求得一线生机,已有十年傀儡经历的乔苴派其子亲自到元大都向元朝称臣,并请求元朝承认其统治,元朝承认了乔苴的统治地位。三兄弟十分警觉,认为得到元朝支持的乔苴王必定威胁他们的势力,他们决定对乔苴王采取更彻底的措施,于是诱骗

① 钟智翔:《缅甸研究》,军事谊文出版社 2001 年版,第 29 页。

乔苴王前往木连城参加他们建造的寺院的落成仪式,借机将其软禁,并强迫其削发为僧。其间元军一度兵临城下。三兄弟最终废黜乔苴王国王之位,最后处死了他。此后,他们又再立其年仅16岁的儿子邹聂为王,邹聂成为第二个傀儡国王。邹聂王更加软弱无能,也更加难以扭转风雨飘摇的蒲甘王朝。

元军全数撤出后,三兄弟联合执政了七年,这七年基本维持了对上缅甸的绝对统治。七年时间也使得上缅甸在经济、社会、文化等各方面发生了巨大改变,原居住于山区的掸族人大批南迁进入上缅甸,民族主架构由原来的缅—孟族变为了掸—缅族。

当然,三兄弟内部也并非铁板一块,三方为争权夺势充满了各种矛盾。早在1295年,最为野心勃勃的老三僧哥速就擅自以"白象王"自居,1309年又自封为国王。此后,老大阿散哥也去世,老三僧哥速毒死老二僧伽蓝。至此,三兄弟共同执政的时代结束。

二、掸人统治的邦牙与实皆国

僧哥速创建邦牙王国 1312年,僧哥速在阿瓦附近的邦牙(Pinya)建立都城,并在此地修建金宫,邀请了蒲甘王朝末代国王的王妃修妃为其加冕,被授予蒲甘王室御用金带、金盘。修妃向世人宣布僧哥速所创建的邦牙王朝是蒲甘王朝的继承者,各地领主也纷纷承认了新的邦牙王国,并愿为其效力,掸族由此开启了对上缅甸的完全统治。

僧哥速即位后,采取了诸多措施加强中央集权,一方面重塑封建采邑制度,另一方面将寺院土地国有化,纠正蒲甘王朝末期寺院经济对国家经济的侵蚀态势。同时,僧哥速继续推广佛教,保留蒲甘作为全国宗教中心的地位,注重利用佛教来加强自己的统治地位。

据传,僧哥速王一生立了两个王后,分别是南宫王后和北宫王后。南宫王后原是蒲甘王朝的傀儡国王乔苴的王后,后来僧哥速娶了她,当时这位王后已有三个月身孕,且是乔苴的后代,后起名为乌者那;而北宫王后是一位破产商人之女,僧哥速因在一次外出打猎时偶然遇到她,被其美貌所吸引,于是娶她为王后,两人育有一子,起名为修云。

修云登基建立实皆国 僧哥速在立储一事上的失误直接导致了上缅甸的分裂。作为掸人的僧哥速极其想将邦牙王朝塑造为蒲甘王朝的正统继任者,于是反常地立了乔苴的儿子乌者那为王储。而僧哥速的亲生儿子修云对此心有不甘,由此埋下了仇恨的种子。1315年,具有文韬武略的修云北渡伊洛瓦底江,抵达实皆后自行登基称王,并建都于此,与其父亲势不两立。从此上缅甸分裂成了两个国家——邦牙国和实皆国。1322年,僧哥速驾崩后,乌者那(1324—1334年在位)顺利继位。乌者那在位期间,兴建了77座佛寺,供养从蒲甘来到邦牙王国的阿罗汉派和阿难陀派等众多僧侣。

僧哥速一生雄才大略,工于权谋,对缅甸的历史影响巨大。他对外抗击元军入侵,对内力挽狂澜,雄霸一方,后世对这位掸人统治者的评价多是客观褒扬,他的历史功绩至今被缅甸人称赞。

此后邦牙和实皆两国均先后历经多位无能的君主,国家实力日渐衰落,北方木掸土司开始虎视眈眈,伺机南侵。1359年,邦牙王那腊都因厌恶北方的实皆国,于是引狼入室,求北部木掸土司助力消灭实皆王国,木掸首领欣然答应并南下进攻实皆,当两国联合消灭了实皆后,木掸土司却反戈一击,乘胜消灭了邦牙国。那腊都聪明反被聪明误,最后被俘,成了木掸土司的阶下囚,最终实皆、邦牙王国相继灭亡。

三、阿瓦王国的建立与衰落

阿瓦王国建立　木掸土司的入侵使得本就孱弱不堪的实皆王国和邦牙王国遭受重创,上缅甸又开始陷入权力真空。蒲甘王朝乔苴王女儿的孙子——他拖弥婆耶文武双全,颇具领导才能,他趁机建立军队,首先夺取了实皆,后又南下攻取了邦牙。由于实皆和邦牙两城都被战争毁坏,他拖弥婆耶于1365年将阿瓦定为国都,建立起阿瓦王国。阿瓦王国建立后迅速成为上缅甸政治和宗教中心,此后蒲甘的宗教中心地位逐渐下降。

阿瓦为"湖泊入口"之义,地理位置优越,交通便利,极具战略价值。一方面,该地处于实皆和邦牙之间,北接伊洛瓦底江,东部被伊洛瓦底江的支流穆河围绕,是抵御北方入侵者的天然屏障;另一方面,阿瓦靠近大河,来自皎克西粮仓的物资可以便捷地通过河流运输到都城。与此同时,定都阿瓦还便于加强沿河各地的联系。阿瓦的建立对缅甸的意义重大,它后来逐渐成为上缅甸的政治、经济、文化和宗教中心。他拖弥婆耶抱负远大,建国初期就决心完成上缅甸的统一大业,连连向彬文那、东敦枝等地开战。然而在进攻沙古时,他拖弥婆耶兵败战死,结束了其短暂的统治。

"四十年战争" 由于他拖弥婆耶并无子嗣,其战死后,朝臣和百姓只能拥戴其妹夫明吉斯伐修寄继位。明吉斯伐修寄继位初期,阿瓦王国不断受到北方掸族各邦的侵扰。迫于形势,1383 年,阿瓦国王派遣使臣前往中国云南向明朝总督求助,云南总督答应了阿瓦国王的请求,并命令孟养土司勿挑动战争,保持和平。同时,阿瓦王国又与勃固交好,两国建立了同盟关系,双方商定两国边界。阿瓦王国也因此获得了短暂的和平。1385 年,勃固王频耶宇去世后,勃固国内发生了激烈的宫廷斗争,其子罗婆陀利继位,但其王叔企图篡位夺权。勃固向阿瓦求助,阿瓦国王明吉斯伐修寄认为这是天赐良机,于是乘机兴师南下讨伐勃固,占领了卑谬,并多次兵临勃固城池。明吉斯伐修寄原计划一举消灭整个勃固,以控制其垂涎已久的富庶的伊洛瓦底江流域,但勃固军民同仇敌忾、誓死抵抗,明吉斯伐修寄未能统一勃固。从此两国之间战火纷纷,掀起了长达 40 年(1386—1425 年)的战争,史称"四十年战争"。

阿瓦王国内忧外患 阿瓦与勃固、阿拉干交战期间,缅北诸邦包括安邦、木邦、孟养等土司地区逐步变得更加强大。明吉斯伐修寄死后,其子明恭继位。1414 年,受勃固国王罗婆陀利挑唆鼓动,木邦土司对阿瓦发动多次进攻,阿瓦被南北夹击。此后,1422 年到 1426 年间,阿瓦王国的宫廷斗争异常激烈,国王三度更替,直到梯诃都继位后,阿瓦才开始与勃固和解,重新缔结友好关系。但好景不长,1425 年,掸邦高原一个首领入侵阿瓦,梯诃都中箭身亡。梯诃都死后,其子继位,但他在位仅三个月就被其掸人王后毒杀。其后,一位掸人王侯被立为王。1426 年,阿瓦国王又遭遇伏击身亡,阿瓦王国陷于混乱。1427 年,缅人出身的王侯孟养他仰驱逐了掸人王侯,登上了王位。孟养他仰执政后,吸取此前的经验教训,采取与勃固和阿拉干都交好的外交政策,并注意团结缅人为己所用,但战后阿瓦的国力日渐衰退,面对来自北部和东部土司的不断骚扰和侵袭已无力抵御,包括央米丁、皎克西、瑞冒、密铁拉等地的领主见势纷纷割地称雄。

1502 年,时任国王死后,瑞难乔信继承了王位。1507 年,木掸再次侵入阿瓦,阿瓦只能多次向东吁求助,但被东吁拒绝,为争取东吁支持,瑞难乔信不得不将女儿嫁给东吁的明吉瑜,另陪嫁阿瓦的粮仓——皎克西。

1524 年,孟养土司率领木掸人占领边境要塞,自由往来于伊洛瓦底江。1527 年,孟养掸人再次进犯阿瓦,掸人思伦法攻占阿瓦,阿瓦国王瑞难乔信被杀,思伦法立其子思洪发继任阿瓦国王。①思洪发执政后,一方面认为佛教威胁其统治,为将阿瓦彻底掸化,他下令各地捣毁佛塔、拆毁寺庙、焚经杀僧,制造了震惊全缅的"灭佛运动"。在这次运动中,约有 360 名僧人被杀。另一方面,思洪发为维持其统治,不得已继续任用缅人官员,他恢复了缅人大臣明吉耶囊的职务,此后明吉耶囊利用职务之便庇护大批缅人逃往东吁。1543 年,暴君思洪发被明吉耶囊刺杀,明吉耶囊不愿卷入王权纷争,决定不接受王位,最终出家为僧。②阿瓦王朝后期内乱外患,此后的十年时间里又有三位掸族领袖陆续登上阿瓦王位,③阿瓦王国逐渐走向灭亡。1555 年,东吁的莽应龙大将率军北伐,很快攻占了阿瓦,阿瓦王朝最终灭亡。

佛教发展跌宕起伏 阿瓦时期佛教的发展跌宕起伏,"灭佛运动"后,佛教陷入低谷。阿瓦王朝前期,上缅甸的寺院经济得到了恢复和发展,但后期思洪发发动"灭佛运动"后,上缅甸寺院经济发展几乎停滞。幸运的是,阿瓦历代国王和王室都供养了不少僧侣,不少博学而有文学造诣的僧侣创作了不少传世经典,对后世影响深远。例如,1511 年,阿瓦王朝信摩诃蒂拉温达为传播佛教思想创作了缅甸文学史上第一部小说——《天堂之路》,该部作品以巴利文经典中 8 位僧俗圣人的故事为蓝本,描述了渡苦海抵达彼岸的天堂之路。他还创作了缅甸第一部历史著作——《名史》,成为缅甸历史学的开山之作。《名史》第一、第二部分主要叙述印度和锡兰的佛教史,第三部分描述了蒲甘时期和阿瓦时期的国王。④阿瓦时期还产生了书柬体——"密达萨",用于高僧向帝王进谏或提出希望与请求等。佛教文学得到了极大发展,阿瓦时期也因此被称为缅甸古代文学发展的"黄金时代"。

对外交往 在外交方面,阿瓦与明朝建立了良好的外交关系。1382 年(明洪武十五年),阿瓦王朝与明朝建立了密切联系。1393 年,阿瓦王朝派大臣板南速剌远赴明都应天府(今南京)朝贡,与明王朝建立了正式的政治关系。1394 年,阿瓦再次遣使到访中国。1396 年,明太祖派人协

---

①②③　王民同:《东南亚史纲》,云南大学出版社 1994 年版,第 137 页。
④　贺圣达:《缅甸史》,人民出版社 1992 年版,第 92 页。

助调解了麓川与缅甸之间的争端,明缅关系得以强化。14世纪末至16世纪初,阿瓦向明朝纳贡数次。

四、勃固王国的兴起与繁荣

伐丽流领导孟族建立王国 勃固因靠近海岸,交通较为便利,与以农业为经济基础的上缅甸相比,下缅甸人更多从事工商业,而孟人作为下缅甸的主体民族,在地理环境的影响下形成了擅长经商的传统。孟人伐丽流因为家庭条件所迫很早便踏入社会,成为一名小贩,而这段在社会最底层的生活经历使他对国家底层的民情有了更切身的体会。蒲甘中央政府日渐衰落时,对下缅甸的控制减弱,下缅甸盗贼丛生,混乱不堪。在那罗梯诃波蒂执政时期,丹那沙林地区的孟人反叛,伐丽流因参与造反而被镇压。于是他离开蒲甘王国,逃亡到素可泰王国(今泰国),应召成为"主司象厩事",即御用大象饲养员。据记载,13世纪末,素可泰的势力范围北达老挝琅勃拉邦,南抵马来半岛北部,西及缅甸东南,土瓦、白古(勃固)、马都八都向其称臣。[①]伐丽流驯服大象的出色本领吸引了当时颇有雄才大略的素可泰国王拉玛甘亨的注意,拉玛甘亨王因经常光顾象厩而对伐丽流产生了深刻的印象,于是提拔他为侍卫长。伐丽流在当上侍卫长之后,又凭借个人魅力获得了国王女儿的青睐,成为国王的女婿。伐丽流不甘平庸,回到自己的家乡下缅甸,谋划扩大自己的势力,开创属于自己的伟业。

蒲甘末代国王那罗梯诃波蒂被梯诃都弑杀,元军攻入蒲甘城时,由于下缅甸早已经处于半独立状态,中央号令形同虚设,原本各地领主暗中割据,此时都纷纷公开宣布独立。伐丽流也顺应趋势,公开反叛。1287年,伐丽流领导孟族建立了王国,建国初期定都于马都八,自称马都八王。精于权谋的伐丽流为将沦陷的蒲甘王朝的缅人势力驱逐出下缅甸,与离自己最近的勃固总督多罗跋通过互娶对方女儿的联姻方式建立了看似牢固的联盟关系。但在双方联合对外将缅人赶出下缅甸后不久,伐丽流杀死了多罗跋,兼并了勃固。伐丽流执政时期,其疆土范围南抵丹老,北至卑谬和东吁。为巩固统治,伐丽流借鉴历代先王之法

---

① 刘迪辉:《东南亚简史》,广西人民出版社1989年版,第60页。

卷,集合僧侣编纂了一套主要涉及民生的法典——《伐丽流法典》,这是缅甸现存最古老的一部法典,也是缅甸历史上第一部成文法典,奠定了早期缅甸法律的基础,它是伐丽流对后世最伟大的一项贡献。《伐丽流法典》在下缅甸的颁布也向世人证明了勃固王国当时的文明程度。此后,伐丽流因杀死了女婿多罗跋而被其外孙视为仇敌,最终被其外孙暗杀。

伐丽流去世后,勃固王国内部斗争激烈,国王更替不断。1353年,频耶宇继任国王(1353—1385年在位)。据《琉璃宫史》记载,频耶宇王曾去锡兰学习佛法。频耶宇王于1369年将都城迁往勃固,并将瑞德宫宝塔修葺至66英尺①高,供朝圣者朝圣,此后勃固成为下缅甸的佛教中心。迁都勃固对勃固王国的发展具有重大的历史意义。1385年,罗娑陀利王继位,此后勃固王国卷入了"四十年战争",百姓颠沛流离,饱受战乱之苦,经济也遭到了巨大破坏。罗娑陀利去世后,勃固国内更是四分五裂,一度陷入混乱。在频耶昙摩耶娑继任期间,阿瓦曾向勃固发动进攻,为尽快结束双方的混战,频耶昙摩耶娑将其妹妹信修浮嫁给阿瓦国王梯诃都,双方联姻,结成联盟。

信修浮成为女王　信修浮(1453—1472年在位)是孟族国王罗娑陀利的女儿,她从阿瓦回到勃固继任国王后,勃固王国的国力进一步增强。作为缅甸历史上唯一的女王,她在位期间,极力缓和南北关系,倡导和平、开放港口、重视商贸发展,并凭借下缅甸优越的地理环境和对生产发展的重视使经济得到快速恢复,加之北方的阿瓦王朝国力不断衰落,也无力问鼎下缅甸的勃固,勃固王国迎来了前所未有的内安外稳的和平发展环境。

1472年,信修浮的女婿达摩悉提继位(1472—1492年在位)。达摩悉提原为孟族佛教高僧,被虔诚信佛的信修浮女王选为王位继承人后还俗,并娶了女王之女为妻。达摩悉提还曾协助过嫁给阿瓦王梯诃都为妃的信修浮女王自阿瓦逃回勃固。达摩悉提十分睿智,其统治以宽厚仁慈著称,他也非常热衷宗教,曾派高僧和使节赴锡兰和北印度求法。他本人还亲自断案,他的判案被汇集为《达摩悉提判卷》,其死后被尊为圣者,在他埋骨之地建有宝塔。

---

①　1英尺=0.304 8米。

达摩悉提振兴佛教 达摩悉提除了重视生产发展外,还致力振兴佛教,进行了缅甸历史上首次宗教改革,这次改革是政、教关系变化的新开端。达摩悉提王继位后对僧侣派别林立、戒律松弛、腐败堕落的现状十分不满,为统一其时已出现分化的缅甸佛教,巩固和加强王权,达摩悉提采取了多项改革措施:一是继续修建寺院、佛塔。1475 年,他遣僧使至锡兰迦梨耶尼市附近的摩诃毗诃罗大寺,学习正统的上座部佛教戒律,共计有44 名僧伽前往并重受比丘戒,这些受戒回国的僧伽,后成为达摩悉提宗教改革的得力助手,也是达摩悉提宗教改革的主要推动力量。二是择地创设"结戒"之地,并下令各派比丘按照锡兰大寺派规矩重新受戒,整顿戒律。前往锡兰学习佛教戒律的僧侣学成归国后,在庇古市附近设立结戒处,名为"迦利耶",以作纪念。自此以后,这里定期为僧人举行受戒仪式及授予各类僧职,僧人们以在此受戒为唯一正统的标志,各方僧人蜂拥而来,迦利耶结戒处因此而闻名于整个东南亚。据"迦利耶结界碑"记载,当时勃固境内有上座僧 800 名,青年比丘 14 265 名,沙弥进受比丘戒者 601名,共有僧侣 15 666 名。[①]三是净化僧团、统一教派,抑制膨胀的寺院经济。达摩悉提通过宗教改革统一了勃固境内的多个佛教派别,使其都统一于大寺派的传统之下。他有效利用宗教来巩固王权,同时又削弱了宗教的影响力,最终使宗教服从于王权。勃固最终取代蒲甘成为当时全缅甸的宗教中心。

信修浮与其女婿达摩悉提统治期间是勃固王国历史上的黄金时代,这一时期勃固王国的国力达到了极盛。由于他们非常重视生产和贸易,勃固王国的首都勃固成为巨大的商业中心和外国商人的集散地,外贸获得迅速发展。勃固王国的三大港口,即沙廉、勃生以及马都八,与印度、孟加拉、马六甲及马来群岛都有频繁的贸易往来,勃固出产的贸易商品主要有虫胶、香料、木材、丝绸、宝石等。公元 1511 年,葡萄牙占领商业繁荣已达顶峰的马六甲后,与勃固订立了通商条约。1519年,葡萄牙人在马都八设立了商站。达摩悉提死后,由于继任者软弱无能,勃固王朝势力趋向衰微。1539 年,勃固王国在多迦逾王(1526—1539 年在位)统治期间,被东吁的莽瑞体所灭。

---

① 贺圣达:《东南亚文化发展史》,云南人民出版社 1996 年版,第 208 页。

五、阿拉干王国的复国之路

阿拉干位于缅甸西南沿海地区,与居住在缅甸本部的主体民族相隔一道阿拉干山脉。因交通不便,阿拉干自古与缅甸本部保持着若即若离的关系,这也使其免受缅甸内部混战的影响,在缅甸古代相当长的一段时间得以相对独立地发展。蒲甘王朝存续期间,曾将其统治扩展至阿拉干地区,阿拉干地区为争取独立,开始了艰难的复国之路。

阿拉干艰难的复国之路　阿拉干国王明帝统治时期(1279—1374年)政治严明,为世人称道。但执政期间遭受孟加拉人的袭击,为打败孟加拉人,明帝与僧哥速结为同盟,联合打败了孟加拉人。1374年,明帝在统治了阿拉干长达95年之久后驾崩。由于明帝无子嗣,于是阿瓦国王明吉斯伐修寄便派伯父继任阿拉干国王,在其伯父死后,又派儿子继任阿拉干统治者。

1386年,阿瓦与勃固"四十年战争"爆发时,时任阿拉干国王的就是阿瓦国王明吉斯伐修寄之子,由于他昏庸无能,不得人心,上台后不久便被阿拉干人驱逐。阿瓦明恭王继位后,又远征阿拉干地区,阿拉干首都沦陷,阿拉干国王逃到了孟加拉,其儿子则逃亡到孟族地区,明恭王派自己的女婿任阿拉干国王。

1407年,在南部勃固国王罗娑陀利的支持下,阿拉干王子杀死了明恭王的女婿,得以复国。但是,阿瓦再次派出远征军攻打阿拉干,其间阿拉干王子于1412年被阿瓦赶下台。1413年,为驱逐阿瓦派驻官员,勃固出兵助力阿拉干,阿瓦和阿拉干开始了一场拉锯战。1430年,逃亡孟加拉的阿拉干国王那罗弥迦罗回国,并在孟加拉高尔国王艾罕默德·沙父子的支持下,带来了孟加拉的穆斯林军队得以复国,战争方才停止,阿拉干脱离缅甸成为一个独立的王国,伊斯兰教也随之传入阿拉干地区,并有所发展。1433年,那罗弥迦罗将都城从隆邑迁往地理位置优越、河道密布、交通便捷的海港——末罗汉,并以高尔为宗主。受孟加拉伊斯兰文化影响,那罗弥迦罗及其后继者的名字后都附有伊斯兰称号。1434年,明哈利(又称阿里·汗)继承王位后,将仙道卫和罗牟并入阿拉干,阿拉干版图不断扩大。1459年,边修骠继任阿拉干国王后,占领了吉大港。阿拉干一跃成为强国,进入了全盛时期。

1544 年和 1546 年缅甸军队又两次进攻阿拉干,阿拉干明平王在都城末罗汉层层设防,坚固城防工事,有效抵御住了缅军的进攻,战后阿拉干成为当地重要的海军国家。至此,阿瓦、勃固、阿拉干三国鼎立局面形成,缅甸长久的分裂已不可避免。

1599 年,阿拉干国王为了眼前利益,利用葡萄牙雇佣兵,在几名野心勃勃的葡萄牙雇佣军的协助下,参与了对勃固的破坏与掠夺,给缅甸造成了严重损失。直到 1785 年,阿拉干才又重新被并入缅甸的版图。

六、与元朝、明朝维持朝贡关系

从蒲甘时期到分裂时期,缅甸与元朝有过三次大规模的正面冲突。其中,1300 年的元缅战争发生于缅甸分裂时期,这次战争主要由于蒲甘末代国王乔苴被掸族兄弟软禁,派其子向元朝求助,元军于 1300 年派兵包围了木连城,最后撤退。虽然元军撤回,但元朝对缅北地区仍然有直接的影响,缅甸对元朝的朝贡关系仍然存续。1330 年,元朝还在今缅甸腊戍、孟密等地区设立木邦宣慰司,在一些地区实行不同的土司制度,这些措施有效地加强了元朝在当地的统治。

元缅之间虽然历经多次战争,但并未打断双方的贸易往来。大理国灭亡后,元朝开始在云南各地设立驿站,加强云南与缅甸的联系,后又将驿站建设延伸至缅北境内。这一时期,元缅的贸易主要通过陆路和水路进行。其中陆路主要自大理,经永昌、龙陵、茫施、勐卯至缅甸,或经永昌、龙陵、腾冲至缅甸;而元缅之间的海上贸易也已逐渐兴起。贸易往来使两国文化技术交流得以发展,中国的玉石开采技术在这一时期传入缅甸。[1]一些华人商贩也开始在缅甸定居,成为中缅两国文化交流的使者和桥梁。

元朝灭亡后,明朝取得统治地位。分裂时期,缅甸境内出现了多股力量弱小的地方势力,这些势力之间干戈不断。各个割据政权都希望借助明朝的力量争得主动,[2]牵制其他割据势力。明朝鉴于当时缅甸国内的混乱局势,对缅实行"重建分势,劝和息争"的政策,在其中主要扮演仲裁者的角色,使各地方势力互相制衡,以避免一家独大,威胁地方稳定。明

---

① 钟智翔:《缅甸研究》,军事谊文出版社 2001 年版,第 333 页。

② 任燕翔:《乾隆时期清朝对缅政策论述》,山东大学硕士学位论文,2007 年,第 9 页。

初的政策符合当时的局势,因此缅甸的割据政权都服从明朝中央的权威,这些地方势力纷纷向明朝纳贡称臣,明朝对缅政策效果显著。

明朝建立多个宣慰司加强统治 明朝君臣还通过在边境和域外建立众多宣慰司的方法加强统治,土司制度也因此得到进一步发展。明初在缅甸及其周边设置的多个土司,主要包括:孟养军民宣慰使司(辖境相当于今缅甸八莫开泰以北、伊洛瓦底江以西、那伽山脉以东地区,治所在今缅甸孟养)、木邦军民宣慰使司(辖境相当于今缅甸掸邦东北部地区,治所在今缅甸兴威)、缅甸军民宣慰使司(即阿瓦王朝,曾臣属于明王朝,其地在木邦以西、孟养以南,今缅甸曼德勒为中心的伊洛瓦底江中游地区)、八百大甸军民宣慰使司(其地在今缅甸掸邦东部和泰国清迈地区)、老挝军民宣慰使司(其地在今老挝境内)等。明政府授予当地上层土司以宣慰使职衔。这些土司接受明朝的封号,服从云南三司(即都指挥使司、布政使司和按察使司)管理。①一方面,这些宣慰使司的设立有效地加强了明朝对西南极边地区包括缅北的统治,避免了缅北内部一家独大的局面出现;另一方面,中国先进的生产技术和生产方式传入这些土司地区,客观上促进了当地的经济贸易繁荣。孟养军民宣慰使司、木邦军民宣慰使司、孟密宣抚司等地区的发展速度大大加快。同时,还出现了江头城(今八莫)和孟密等商人聚集的商贸城市。

为进一步加强明缅关系,促进两国发展,明朝首次在都城设立缅甸邸来专门接待来自缅甸的使臣,并设立了培养兼有礼宾、翻译职能的"通事"的专门机构。1407年,设置了最早的官方外语学校"四夷馆","缅甸馆"就是"四夷馆"中的一馆,主要培养缅汉互译的"通事"。我国最早的缅华词典——《华夷译语》也编撰于这一时期,大批缅汉人才的培养促进了两国的友好关系,加深了两国文化的交流和文明的互鉴。

作者点评:

"战国时代"这一分裂时期,也被称为"掸人统治时代",其时小国林立,地方割据势力纷争不断。有人称这是一段道德沦丧、民不聊生的时期,也有人说这是一个英雄辈出的精彩时期。常年战事使得农业经济环

---

① 贺圣达:《明代嘉靖末年至万历年间的中缅战争及其影响》,《中国边疆史地研究》2002年第2期,第73—80页。

境遭受破坏,经济发展缓慢,寺院经济也开始衰落。战争也带来民族迁徙、杂居和同化,客观上促进了各地文化的融合。宗教在这一时期得到了一定的发展,但教权与王权相比地位明显下降。文化也得到了相应发展。北部的阿瓦王国时期成为缅甸文化发展的"黄金时代",对后来缅甸文化产生了深远的影响。南部勃固王国的兴起与繁荣,使得勃固等多个城市成为重要的商贸港口。西南沿海的阿拉干王国则在复国与独立的路上艰难前行。在外交上,各地纷纷与元、明两朝维持朝贡关系,而元、明两朝为加强对缅北的有效统治,在缅北设立了多个土司进行治理,明朝还在都城设立了缅甸邸,以加强明缅交往。

　　分裂时期,锡唐河流域由于未受战乱影响,后来逐渐发展成为缅甸又一重要而活跃的经济区域,此后缅族势力以此为据点建立东吁王朝,缅甸又重归统一,详见后文。

第五章 东吁王朝的分裂与统合

　　勃固王国和阿瓦王国被漫长的"四十年战争"所累,两国国力不断衰减,最终被后起之秀东吁所灭。莽瑞体建立东吁王国后,东吁历经几次分合,在莽应龙时期完成了缅甸的大统一,东吁王朝也因此成为缅甸历史上第二次统一全缅的封建王朝。东吁王朝时期有多位明君主政,莽应龙、良源王、他隆等都对东吁王朝的壮大立下了汗马功劳。例如,他隆进行了一系列大刀阔斧的改革,使得东吁王朝国家强盛,百姓安宁,宗教繁荣,文化发展。东吁王朝除数次征战暹罗(泰国)外,还与中国明朝爆发了战争,并与清朝建立了正式的外交关系。这一时期,东吁王朝与西方已开始了有限的交往,西方国家也开始觊觎缅甸。

一、初步统一后陷入分裂

　　东吁崛起　　东吁原是一个村庄,从 1280 年开始,为应对来自克伦尼(Karenin)的掠夺,而在东吁山设防。东吁所在的锡唐河流域,地理位置优越,与北方彬文那、任尾申等五个水源控制县相毗连。东吁在蒲甘王朝时期是蒲甘王朝的属地。蒲甘王朝灭亡后,东吁曾一度被认为是一个土地贫瘠、自然资源匮乏、交通不便的小王国。在南北分裂时期,东吁是阿瓦王国的属地。鞑靼人攻陷蒲甘时,为躲避战争,就有一部分缅甸人躲到了东吁。掸族三兄弟专权时期,大量缅族人举家迁往东吁逃避战乱,并在此地建村设寨,聚居于此,使这一地区逐渐成为缅族人的聚居区,东吁人口数量不断增加。阿瓦与勃固"四十年战争"时,由于主要是阿瓦进攻勃固,战场主要位于下缅甸的伊洛瓦底江流域,作为阿瓦属国的东吁较少受到这场战争的波及和摧毁。

公元 1 世纪以来,伊洛瓦底江流域和阿拉干沿海一直是缅甸农业经济较为发达的地区,但随着缅族人大量迁入锡唐河流域,东吁统治者对移居的缅人持友好和支持的开放态度,锡唐河流域开始成为新的重要经济区域。一方面,缅人的迁入为农业及经济发展增加了大量劳动力,大量优秀人才的加入也为东吁的统一和强大奠定了人力基础;另一方面,缅人的迁入将缅族地区先进的生产方式和生产工具带到了锡唐河流域,提高了当地的生产效率。1347 年,梯迦婆(1347—1358 年在位)在东吁开始称王。直到 1486 年,明吉瑜(1486—1531 年在位)执政时,东吁王国的力量才得到阿瓦、勃固和清迈的承认,赢得他们的支持。

随着阿瓦国力不断衰弱,阿瓦王国不断遭到掸邦各地封建势力的攻击,阿瓦统治者在面对各方围剿时不得不依赖实力不断增强的东吁。1507 年,木掸再次入侵阿瓦,阿瓦向东吁求援,为获得东吁的支持,阿瓦国王瑞难乔信将自己的女儿嫁给东吁王明吉瑜为妻,并将重要的粮仓皎克西作为嫁妆送给了东吁王,同时还赐以自东吁到皎克西沿途的各村落作为陪嫁,东吁拥有了被称为上缅甸经济枢纽的皎克西粮仓,经济实力倍增,这为东吁后来的统一大业奠定了物质基础。1527 年,掸人孟养土司占领阿瓦后,思洪发登基为王,他发动了"灭佛运动",阿瓦遭到洗劫,缅族大批高僧法师、贵族官僚、文人墨客、平民百姓逃到东吁。许多缅族首领,如实皆的邦牙侯、密铁拉的楞德侯等投奔明吉瑜,使他成为当时缅甸最有威望的君主,客观上壮大了东吁的实力。

莽瑞体统一全缅 1531 年,东吁国王明吉瑜在忙着准备征服下缅甸时去世,其子莽瑞体(1531—1550 年在位)继位,他致力于全国的统一。莽瑞体与大将莽应龙一起发动了一场再次统一缅甸的战争。此时的缅甸,北有四分五裂的掸族分裂势力,中有被北部掸族孟养土司所占领且国力衰退的阿瓦,南有较为富庶的勃固,西有偏安一隅的阿拉干。莽瑞体审时度势,其优先战略是迅速征服孟人,攻打经济繁荣但无统一雄心的勃固王国,夺取他们的战略要塞和获得资金来源,以招募葡萄牙雇佣军。葡萄牙雇佣军的滑膛枪和大炮是夺取筑有城墙的城池的利器。

1536 年,莽瑞体挥师南下,向离东吁最近且最富裕的勃固发动进攻,由于孟族的顽强抵抗,几次进攻都未能攻下。于是他使用离间计,使勃固国王对两位忠心耿耿的将领产生疑心,结果两位将领被处死,勃固士气涣散,很多士兵弃阵而逃。最终历时三年,莽瑞体于 1539 年攻占了勃固。

勃固国王逃到卑谬,得到阿瓦国王思洪发所率北部掸族南下的支援。莽瑞体的追击未能成功,不久勃固国王染病去世。为稳定对勃固的统治,莽瑞体睿智地采取团结孟族的政策,拉拢孟族上层人士,对孟族上层人物给予优待条件。许多孟族将领因此投降东吁,莽瑞体的力量进一步得到增强。1541年,莽瑞体又向南进攻勃固王国最富庶的商业贸易中心——马都八,围城长达七个月,因双方都有葡萄牙雇佣军助战,战斗异常激烈。最后,莽瑞体在孟族将领帮助下,用火筏火攻战术才最终夺取马都八。此后,莽瑞体又把势力扩张到毛淡棉和土瓦。1542年,莽瑞体再度围攻卑谬,阿瓦国王思洪发联合北部孟养、锡箔、孟密、木邦和洋桧等掸族小邦的军队前往援救,但被东吁军大败于卑谬城外。这使阿瓦国力和威信备受打击,卑谬因弹尽粮绝,被东吁收入囊中。1544年,阿瓦国王企图夺回卑谬,于是与锡箔、孟养、孟密等土司联合攻打东吁,但被实力大增的东吁军队击败。至此,孟族建立的勃固王国彻底覆灭,东吁王国控制了整个下缅甸。此时除北部仍旧在掸族的统治之下,西部阿拉干仍旧独立之外,中部和南部已基本统一。之后,莽瑞体战略性地将东吁王朝的新都迁往勃固。为使孟缅两族民心归顺,莽瑞体加冕典礼采用缅族和孟族仪式举行,莽瑞体自称两地之王。

东吁王朝短暂统一缅甸后又四分五裂 1546年开始,莽瑞体攻打阿拉干,由于此时的阿拉干在明平王统治之下,处于全盛时期,面对莽瑞体的进攻,阿拉干顽强抵抗,莽瑞体攻克阿拉干首都末罗汉的战事久拖不决,无奈此时又面临暹罗的阿瑜陀耶王朝乘虚进攻下缅甸,还一举占领了土瓦,这迫使莽瑞体不得不放弃对阿拉干的征伐而班师回朝,应对暹罗的袭扰。1548年,东吁王朝与阿瑜陀耶王朝之间的战争正式拉开帷幕。莽瑞体率军直抵阿瑜陀耶城下,但因双方都有葡萄牙雇佣军参战而未能有一方取胜。同时又因路途遥远,粮草补给困难,缅军又缺乏攻破阿瑜陀耶城墙的有力武器,只好撤军退回勃固。这两次战争都未能成功,使得士气低落。回朝后的莽瑞体毫无斗志,从1549年起开始放松对朝政的治理,整日饮酒寻欢,生活变得腐化。沙廉、大光一些孟族王室人员趁机反叛。1550年,孟族人西汤侯斯弥修都刺杀了莽瑞体,并自立为王,勃固被占领。另一孟族领袖也在马都八积蓄力量,东吁、卑谬等地的封建主纷纷拥兵自重并称王。至此,缅甸在初步短暂的统一后又分崩离析。

二、莽应龙再次统一全缅

莽应龙继续统一大业 莽瑞体去世后,莽瑞体的妹夫莽应龙(1550—1581年在位)力挽狂澜,继续莽瑞体的统一事业。由于当时要求统一是缅甸的主流和趋势,莽应龙得到了缅族和孟族人民的支持,加上葡萄牙雇佣兵首领的帮助,他首先攻克了东吁。1552年,莽应龙又收复了卑谬。1554年,他进军勃固,并一举收复。在攻下勃固后又乘胜占领伊洛瓦底江三角洲的勃生沙廉和东部的直通。当下缅甸基本恢复统一后,莽应龙又马不停蹄地向上缅甸进军。1555年,莽应龙率军北伐,很快攻占了阿瓦,阿瓦国王被俘虏并被流放到勃固。1556—1559年,他又先后征服缅甸北部,萨尔温江以西的孟拱、孟养、孟密、锡箔、洋桧、沙伽、孟班和曼尼坡等掸族小邦。随着阿瓦王朝的灭亡,北起瑞冒南至毛淡棉的伊洛瓦底江流域,东起锡唐河流域西至阿拉干的广大地区都被东吁王朝收入囊中。1562年,莽应龙统一了除阿拉干以外的上下缅甸,缅甸基本实现再次统一。

对外军事扩张 16世纪中叶,正值缅甸东吁王朝兴起之时,而此时的泰国阿瑜陀耶王朝正处在内政失修、国势大减之际。莽应龙利用泰国宫廷争夺王位而内斗激烈的良机,对外进行军事扩张。他在位期间,曾向暹罗发动两次战争。1565年,莽应龙对暹罗发动了第一次战争,暹罗国王请降议和,暹罗方求和的条件是:献出4头白象;敬献1位公主,以诸子为人质;让渡顿逊的船舶税;同时暹罗国王同意每年向缅王进贡30头战象、3 000两白银。这次战争使暹罗沦为缅甸的附属国。暹罗国王摩诃·查克腊帕特被俘带回勃固,暹罗史称这次战争为"白象战争"。俘虏暹罗国王回缅后,莽应龙立暹罗的太子为傀儡国王,同时驻缅甸士兵3 000人为其近卫军。当他返回勃固时,下面这篇文章描述了这一胜利的景象:

> 应龙昂然入城,由甚多车辆前导,满载偶像与胜利品。彼乘轩押队,珍宝绕足,被夺之嫔妃随侍在侧,被俘之王公大臣则挽轩而行,其前有象两千,均盛饰,其后则胜兵列队前进。应龙筑一巨宫,范围有如普通之城池。若干屋宇之顶,用纯金瓦为盖,至于涂以金银丹彩,犹其小焉者也。屋内罗列诸王与妃之金像与石像,巨大一若生人。

应龙端坐金舆,由多人掮抬。人民奉若天神,逾于人世之君王。[1]

1568 年,被俘带回缅甸的摩诃·查克腊帕特王削发为僧,莽应龙为显示其恩德,准许他回到阿瑜陀耶城拜佛,但他回到国境后,立即就脱下僧袍,重新执掌了朝政,并杀掉了驻守阿瑜陀耶城的缅甸大臣,宣布脱离缅甸而独立。这一举动让莽应龙气愤难耐。于是,莽应龙于 1568 年 11 月,第二次向遢罗发动战争。1569 年,摩诃·查克腊帕特王病逝。同年 9 月,阿瑜陀耶城被缅军攻破。在此后十多年间,阿瑜陀耶仍为东吁王朝的附属国。总体来看,在缅遢战争中,遢罗虽多次出兵反击,但基本难以撼动缅方的优势地位。

成为中南半岛强国 莽应龙统治时期的东吁王朝,势力曾东达老挝部分和泰国大部分,西至曼尼坡,是殖民统治以前中南半岛最强大的国家,也是缅甸历史上的第二次大一统国家,有历史学家甚至称这一时期的东吁王朝为"第一东吁帝国"。莽应龙自称为"王中之王",也被称为缅甸的"始皇"和"缅甸第三大帝"。莽瑞体、莽应龙两位国王前仆后继,南征北战,艰苦卓绝,最终使已分裂 250 余年的缅甸重新统一,为后世所津津乐道。

据传,莽应龙也是缅甸历史上拥有后妃极多的君王之一,他拥有王后 3 位,嫔妃 44 位,生育王子 38 人、公主 59 人,共 97 人。[2]莽应龙在位时期,东吁王朝最为强盛,周围的部落和土司纷纷前来结盟和表达臣服的意愿,藩属国或土司将公主作为"礼物"或"贡品"献给缅王,前来和亲的队伍络绎不绝。例如,1562 年、1563 年、1564 年、1567 年,景栋土司、掸邦诸土司、阿瑜陀耶王、清迈王等都纷纷携女带奴前来进献,缅王将她们安排在华美的居所中,隆重迎娶。[3]

在经济方面,莽应龙执政时期采取多项措施以促进经济的发展。第一,大力发展交通,开通了从勃固到东吁、勃固到卑谬、东吁到阿瓦、大光到卑谬的水路交通线,以及沿着伊洛瓦底江流域和水道并存的陆道,促进了贸易发展。第二,重视农业生产,集中人力开发伊洛瓦底江三角洲地区,鼓励稻谷种植,使得农业经济恢复。第三,发展手工业和制造业。东

---

[1] Captain John Stevens, "The Portuguese Asia", III.118.转引自[英]戈·埃·哈威:《缅甸史(下)》,姚梓良译,商务印书馆 1973 年版,第 307 页。

[2] 李谋等译注:《琉璃宫史》下卷,商务印书馆 2007 年版,第 828 页。

[3] 同上书,第 692—694、705、709、727 页。

吁统治者征战而俘获的战俘被带到上缅甸各地,这些战俘里有很多技艺纯熟的能工巧匠,他们的到来促进了漆器、纺织、玻璃等手工业和制造业的进一步发展,特别是从清迈带回的技工中有很多著名的漆工,这使得清迈发达的制造漆器技术传入缅甸,使缅甸漆器业有了显著发展。东吁统治者还将战俘按照他们掌握的不同技术组成不同的村落,比如阿瓦西南部敏建县的瑞伽村为盾牌技工所集居之村,信诃迖为象舆技工所集居之村,逛浮逾、甘夷与迎尼三村为制造鞍鞯之处,梯多善与梯多耶两村集居理发匠,而般他村则为乐人所集居。第四,注重加强与欧亚国家的商业贸易往来,促进东吁贸易发展。勃生、沙廉、马都八、勃固的商业比较发达,当时不少外国商人前来进行贸易。例如,在勃固,对外贸易由国王派出的八个精通贸易的经纪人控制,佣金为百分之二。第五,制定了全国统一的度量衡标准,例如两、尺、筐等重量单位,长度单位和容量单位,并命令全国统一使用和执行,使得商品交换更加方便。

在宗教方面,莽应龙笃信佛教,塑造自己为佛教领袖,在向外扩张中,于军事征战的同时大力宣扬宗教精神,以此作为扩张和统治的工具。在境内,他供养着众多的僧众,还印发经典,鼓励人们研习,甚至各级官吏都要前往佛寺听经学道。他还广建寺院和佛塔,曾亲自在勃固城的逛耶尼寺(Kalyain Thien)主持盛大的受戒礼,向瑞喜宫宝塔赠送用巴利文、孟文和缅文三种文字记取他显赫武功与笃诚佛心的大钟。当他征服北部的掸族和南部的清迈后,也在当地建造浮屠,修建佛寺,聘请高僧诵经传道。为提倡佛教,他还颁布禁杀动物的法令。在宗教交流方面,他还与佛国锡兰加强联系。东吁王朝时期,随着国土面积的扩张,小乘佛教得以在更广泛范围传播和弘扬。

在法律方面,莽应龙组织高僧和官吏以《伐丽流法典》为基础编撰了《达摩他侨》《拘僧殊》两部法典,统一了缅甸的法律,建立了统一的司法制度,将自己审理判决的案件进行汇编,形成《罕礁瓦底白象王判卷》,官吏以此作为审理案件的范例。缅军占领阿瑜陀耶后,缅甸这些基础法典传到了暹罗,对古代暹罗的法律思想和法律制度也产生了一定的影响。

在文化艺术方面,东吁王朝时期文学的突出特点是世俗文学得到快速发展,除了散文、历史著作之外,还出现了一批有关政事的书籍。这一时期的诗歌也相当发达,涌现出一批颇有成就的诗人和作家。散文方面,则出现了著名的《亚扎底律斗争史》和《大史》。其中《大史》是东吁时期缅甸史学上的重要著作,也是缅甸第一部编年史。在艺术方面,缅甸占领暹罗后,暹罗的工匠、手工艺人、音乐家、舞蹈家和作家迁入缅甸,将暹罗的工艺、音乐、舞蹈、雕刻等引入缅甸,丰富了缅甸的文化,促进了缅甸的艺术发展。例如,缅甸现有一种歌舞名为瑜陀耶(Yodaya),就是这一时期传入缅甸的。

三、莽应里时期又陷分裂

莽应龙统治时期,东吁王朝处于最强盛时期,是中南半岛上的强大帝国。他把帝国划分为直辖区和藩属两部分,直辖区是以勃固为中心的下缅甸伊洛瓦底江三角洲,以及锡唐河下游地区。为了巩固其统治,东吁王朝对地方的统治沿用前朝的分封制,将阿瓦、东吁、卑谬以及清迈等主要城镇,均委任和分封给兄弟、儿子进行间接统治,这些王室公侯不仅拥有封地的财政权,还有一定数量的兵力,在战时负责为国王提供兵力供给,甚至还亲自参战。而除了阿瓦、东吁、卑谬和清迈等重要侯国外,其他地区则为藩属,仍由原来该地区的首领统治,他们只需要对"王中之王"莽应龙效忠,每年缴纳贡税和提供对外战争所需的兵员即可,藩属的内政不被干预。莽应龙实现缅甸的第二次统一主要依靠军事征服,因此东吁王朝的军功显赫,但治理能力未能同时跟进,尤其是缺乏健全的行政管理机构,使得政治上的统一并未真正完成,这导致东吁王朝的中央集权程度远不及蒲甘王朝,为东吁的分裂埋下了巨大的隐患。

莽应里继位 莽应龙在位时,国内的封建主因忌惮其实力,不敢轻举妄动。随着1581年莽应龙去世,其子莽应里(1581—1599年在位)继位,给了国内一些大封建主反叛时机。由于各地分封的诸侯与国王都是兄弟或叔侄关系,东吁王朝家族的内部斗争异常激烈,复杂的婚配关系又使得他们当中很多人都有成为最高统治者的可能,所以各地王侯多有觊觎王位的野心。

莽应里上台后,其叔叔阿瓦侯为争夺王位就公开反叛。就在1583年,莽应里率军北上平定王叔争夺王位叛乱之际,暹罗宣布恢复独立。莽应里于是在1584年至1595年之间先后多次攻打暹罗,但遗憾的是均以失败告终。其父莽应龙靠军事征服和扶植傀儡,甚至用自己儿子来直接控制的三个泰人国家——南掌、阿瑜陀耶、清迈都先后摆脱了东吁王朝的统治。

1599 年,东吁侯不甘,意欲夺取王位,他开始寻找同盟,考虑到西南方向的阿拉干距离内地遥远,其获胜之后极有可能携带珠宝财物而返,断不会留在内地加入争夺王位的斗争,于是东吁侯致信拉拢阿拉干首领,承诺成功后平分战争所获财物,阿拉干国王明耶娑祇应允,于是从水路占领沙廉后进入内地,与东吁军队会师并一起围陷勃固。守军逃亡,莽应里被东吁侯杀害,勃固城被阿拉干军队劫掠一空,付之一炬,短暂统一的缅甸再次陷入四分五裂的局面。阿瓦、卑谬、东吁、沙廉、景迈诸小邦与其他更小的土邦各自为政,丹那沙林地区各邦则转而向阿瑜陀耶献贡,阿拉干和掸族各土司也独立称王,东吁王朝很快陷入分裂,走向衰落。莽应龙建立的军事帝国日趋崩溃瓦解。

早在莽应龙四处扩张时期,他"每克一地,必即征召军役",虽然他也体恤民情,规定每年 6 月至 9 月为种稻时期,不准征兵,但是战事密集,官吏们往往难以执行。常年的战争给人民带来了沉重的负担和大量死亡,百姓尝尽了战争之苦,早就渴望能够休养生息,安定下来专心发展生产。但遗憾的是,莽应里继位后并没有采取恢复生产的政策,反而更加好战。他穷兵黩武,横征暴敛,使得民不聊生,农田荒芜。死于饥荒、瘟疫、战乱的百姓不计其数。莽应里还一反过去莽瑞体、莽应龙对待孟族的团结平等政策,采取高压手段,在孟人的右臂刺上姓名、阶层与村名;对于年老失去劳动能力的,则运到上缅甸出售,以换取马匹。在多次讨伐阿瑜陀耶时,许多孟人不得不躲入寺庙出家为僧,企图逃避征兵。但是,莽应里强迫他们还俗。孟人被迫离弃村庄,逃入丛林。勃生地区的孟人还爆发起义,失败后被俘的反抗者都被折磨致死。下缅甸的孟族人因战乱、饥荒和瘟疫,加上躲避沉重的兵役,大量逃往阿拉干和暹罗等地。东吁王朝人口锐减、人力枯竭,农业生产下降,下缅甸的经济发展受到极大的影响。所幸的是此时的上缅甸基本处于和平状态,并未受到大的影响,使得东吁王朝能够快速复兴。

在莽应龙的儿子——阿瓦的良渊侯,以及良渊侯的儿子阿那毕隆(1605—1628 年在位)的努力下,缅甸终又恢复统一,东吁王朝再度复兴。

四、良渊侯称王,重新统一缅甸

1581 年,莽应龙的一个儿子受封于阿瓦的良渊并据守于此,因此被称为良渊侯。他对内统治密铁拉一带人口密集、灌溉发达的农业地区,对外拉拢干燥地区的大多数封建主,实力逐渐强大起来。1600 年,良渊侯在阿瓦登基为王。登上王位后的良渊侯开始收复东吁失地。向北进攻包括蛮莫、孟拱、孟养、孟密等在内的地区,经过五年征战,收复上缅甸的广大地区。这一方面使得良渊后方得以巩固,另一方面也获得了大量的人力和物力。良渊王在位时期,非常重视农业生产,修复损坏的水利设施,加强阿赫木旦组织①,并在外围地区建立新的阿赫木旦组织。这些措施为缅甸再次统一奠定了基础。

再一次统一 1605 年,良渊王在征战返途中逝世,其子阿那毕隆继位。继位时的阿那毕隆,已是缅甸半壁江山的统治者,其力量远远超过四分五裂的卑谬、东吁以及被阿瑜陀耶控制的丹那沙林地区等。1608 年,他开始征战南方,先后攻占了卑谬、东吁、勃固等地;1613 年,收复葡萄牙殖民者占领的沙廉。面对阿那毕隆王强大的军事威力和感召力,马都八自愿归降。至此,自 1600 年以来的短期分裂局面宣告结束,实现了除丹那沙林和阿拉干之外的缅甸统一,也是缅甸历史上的再一次统一,史称"良渊时期"。

五、他隆大刀阔斧谋改革

1628 年,阿那毕隆之子弥利提波乘阿那毕隆病重弑父,后被阿那毕隆之弟他隆以杀父之罪处死。他隆于 1629 年登位为王,1633 年举行正式加冕仪式,1634 年迁都阿瓦。

他隆在位期间,从经济、政治等方面进行了一系列改革,稳定了东吁王朝的统治,他在位时期的东吁王朝出现了一时的繁荣景象。他隆王一是吸取第一东吁帝国灭亡的教训,继位后将首都迁往上缅甸干燥地区,将缅甸的政治中心再次转移到上缅甸。二是重视发展农业生产,多次下令兴修水利,扩大耕地面积,并将土地大致分为四种类型——王田、国王分予阿赫木旦和封建领主的国有土地、村社土地和寺院土地,确立和巩固起完整的封建土地国有制。三是任人唯贤,严禁贪污和滥

---

① 阿赫木旦是缅甸封建国家直接控制和役使的农奴。阿赫木旦组织是缅甸封建社会特有的农奴组织。

征赋税,整顿和加强阿赫木旦组织,减轻人民负担。四是采取鼓励生育政策,对其人口进行重新调查统计和登记。五是对佛教采取利用与限制并举的政策,佛教得到了一定程度的发展。他隆王的改革,既加强了中央集权,也减轻了人民税赋,有利于社会经济发展,东吁出现了繁荣局面。

然而,1648年他隆逝世后,东吁王朝又开始内乱外患:内部矛盾尖锐,封建主纷纷自立,少数民族乘机反抗;外部虎视眈眈,清迈、曼尼坡纷纷争取独立,葡、荷、英、法殖民者相继入侵。东吁王朝末期,以缅王摩诃陀摩耶婆底波帝(1733—1752年在位)为首的封建统治阶级,不思进取、穷奢极欲、财政支出日益增加;朝廷巧立名目,横征暴敛,国内经济更加恶化;农奴阶层粮食短缺,苛捐杂税沉重,各地频繁爆发骚乱。曼尼坡年年进犯,逼近阿瓦近郊,景迈反叛独立,掸邦各土司和下缅甸许多地区也不服东吁统治。一些地方上的大封建主阳奉阴违,表面承认隶属东吁朝廷,实际上割据独立。他隆王执政以来,不注重民族团结,使得民族矛盾激化,特别是缅族与孟族的矛盾恶化,东吁王朝最终于1752年4月被孟族军队所灭。

六、明缅战争与清缅建交

缅甸在东吁王朝建立以前处于分裂割据状态,各政权借助明朝的力量在争夺中努力取得主动,愿意服从明朝中央的权威,维护其仲裁调停者的地位。东吁王朝的莽瑞体、莽应龙两位有为君主统一了各个割据政权,实现了缅甸历史上的第二次大一统。他们凭借东吁强盛国力向外扩张,引发了与明王朝的数次战争。明初,明朝原本设置了多个宣慰使司管理缅北,但当地土司仍有相当大的独立性,加之随着明缅力量对比发生变化,孟养、孟密、木邦等都一度被纳入东吁王朝版图。明缅关系因此受到了较大的负面影响,甚至直接影响到两国边境。

莽应龙军队逼近云南边境地区　1555年,莽应龙军队攻破阿瓦后,一路逼近云南边境地区。东吁军队乘云南边境的孟养、木邦等土司"内相吞噬"之机趁虚而入,对各土司采取软硬兼施、威逼利诱、各个击破的策略。莽应龙军队掩袭孟养、攻打景迈、胁服木邦。1569年,莽应龙将东吁王朝"金莲公主"许配给车里(今西双版纳)宣慰使刀应猛,通过联姻方式加强对云南边境地区傣族势力的控制。①莽应龙又招诱陇川(今云南瑞丽、陇川一带,治所在今陇川)、干崖(今云南太平江流域,治所在今盈江县干崖镇)、南甸(今云南腾冲以南、龙川江西北地区,治所在今腾冲以南)等土司。到1575年(万历三年),东吁王朝已基本控制了木邦等地。1576年(万历四年),缅军大举进攻孟养,但被孟养土司击退。缅军的入侵已经使云南边境的许多地区处于东吁王朝控制之下,但明朝继续采取姑息政策,对云南边境军事形势无动于衷、毫无作为。云南边境的抗缅土司孤立无援,缅军更加有恃无恐。1579年(万历七年),缅军卷土重来,再次进攻孟养,孟养重陷孤立无援之境,最终被缅军攻破。缅军继续进犯云南边境,明王朝一味姑息,不谙边情,甚至幻想招抚缅甸,使得云南边境局势继续恶化。

1581年(万历九年),缅王莽应龙去世,莽应里继位。莽应里善于用兵,他继位后继续大举入侵云南边境。1583年(万历十一年)正月,缅军掠施甸(今中国云南施甸),在云南境内攻城略地、杀人放火,深入顺宁府境,窥视腾越、永昌、大理、蒙化(今中国云南魏山)、景东等地,这才使得明廷震怒而重视起来,于是命云南地方迅速采取行动,全力开展自卫反击。明军最终击退缅军,收复了被缅军占领的大部分失地,东吁王朝的势力这才基本被赶出了侵占之地,边境地区土司重新归顺明朝。1585年(万历十三年)以后,明朝不断衰落,缅军又继续进犯云南边境。

良渊王在北方势力做大 1599年(万历二十七年),良渊王在北方势力做大,东吁王朝又开始大举北侵,攻打孟养、蛮莫等地。1606年(万历三十四年),孟养、孟密和木邦等又在东吁王朝的控制之下。明缅之间的多场争端由东吁王朝挑起,明朝被动反击,双方争战持续了半个多世纪。经过这些争战,明王朝丧失了对孟养和木邦两宣慰司的统治,其范围相当于今缅甸北莫、开泰以北,那伽山脉以东,直到掸邦东北部的广大地区。②

清朝安边保疆政策 1644年,清朝取代明朝执掌国家政权。清缅之间的官方往来起于南明永历帝逃亡缅甸避难一事。1659年,南明最后一位皇帝朱由榔逃亡缅甸避难,曾拥护他的农民领袖李定国和白文选多次

① 护送"金莲公主"一同前往西双版纳的东吁王朝佛教使团,带去了大量的佛经,还在景洪当地建立塔寺,促进了佛教在西双版纳的传播。

② 贺圣达:《明代嘉靖末年至万历年间的中缅战争及其影响》,《中国边疆史地研究》2002年第2期,第72—80页。

率军入缅"迎驾",引发了与缅军的战事。1662 年,平西王吴三桂率清军入缅,缅人将永历帝献出,这是清缅之间最早的官方接触。

清朝在立国之初,曾对明朝的对缅政策进行反思,采取了较为务实谨慎的对缅政策,对民族事务和对外事务进行区别。在对外方面,对缅甸内乱不再干涉,对缅甸朝贡也不主动招徕;在对内方面,以明末中缅双方的实际控制区域为限,严守疆界,区别对待内地土司和境外土司,并通过改土归流等措施强化对少数民族土司的控制。从乾隆初年开始一直到乾隆三十年(1765),清朝对缅政策的重点不在于要东吁王朝称臣纳贡,而是安边保疆。

此后,东吁王朝末期由于内外交困,局势恶化,便主动遣使入贡,希望借助清朝的力量来继续维持东吁王朝的权威。1748 年(乾隆十三年),缅甸东吁王朝派遣喇札达订贡前来,但被清廷拒绝。1749 年(乾隆十四年),木邦亦请求向化,也遭到了清廷拒绝。直到 1750 年(乾隆十五年),东吁王朝再次遣使奉表入贡。[①]1751 年(乾隆十六年),缅甸使团赴京进贡,"上御太和殿,受缅甸国使臣朝贺",[②]乾隆接受了缅甸使臣朝贡,清朝与东吁王朝的宗藩关系才正式建立。东吁王朝末期,随着缅甸国内矛盾激化,东吁王朝对云南边境难有实质性威胁,安边保疆政策总体上适应当时的形势,但当贡榜王朝建立之后,雍籍牙王又企图犯边,[③]缅军侵扰云南的频率和规模逐步扩大,最终爆发了清缅战争。

七、西方国家在缅甸的活动

早在缅甸的南北分裂时期,欧洲人就已经对东方的调味品、香料、丝绸和宝石等表现出浓厚兴趣,威尼斯、热那亚等地的商人或旅行家等都曾相继抵达缅甸的阿瓦、勃固或阿拉干等地区。随着西方各大国的相继崛起,葡萄牙、荷兰、英国、法国等欧洲国家商人或侵略者陆续到达缅甸,开始从事经济贸易活动或军事冒险活动。由于东吁王朝时期的缅甸尚不是西方殖民者的主要争夺对象,同时东吁王朝的强盛国力也

---

① 任燕翔:《乾隆时期清朝对缅政策论述》,山东大学硕士学位论文,2007 年,第 5 页。
② 中国第一历史档案馆:《乾隆朝上谕档》,档案出版社 1991 年版。
③ 任燕翔:《乾隆时期清朝对缅政策论述》,山东大学硕士学位论文,2007 年,第 11 页。

使得西方殖民者有所忌惮,因此,这一时期西方殖民者在缅甸的活动总体比较有限。

葡萄牙 葡萄牙是欧洲海外殖民扩张的先驱。早在15世纪初期就已向东方开始航海探险,葡萄牙的重要城市里斯本更是通向东方的主要港口之一。15世纪中叶,马六甲成为东南亚海岛地区重要国家和当时东南亚最重要的国际贸易中心。为了拓展商业版图和攫取贸易利益,葡萄牙殖民者于1511年攻陷马六甲后,就以此为据点向东南亚海岛及大陆地区扩张。葡萄牙人于1511年开始进入缅甸。1519年,一些葡萄牙人在缅甸马都八、沙廉设立商馆,从事贸易活动。葡萄牙人还在缅甸充当雇佣兵,从事军事冒险活动。17世纪,阿那毕隆在上缅甸开始复兴东吁王朝大业时葡萄牙殖民者就已经在缅甸南部建立殖民据点。

1539年,莽瑞体统一勃固后,就拥有一支由700多名葡萄牙人组成的雇佣军。由于下缅甸的毛淡棉也雇用葡萄牙人作为雇佣军,所以在1541年莽瑞体攻打毛淡棉时,耗时半年多之久才攻下。在缅暹两次大规模战争中,双方也都有葡萄牙雇佣兵参战。1599年,在助东吁侯攻打勃固的阿拉干军队中也包括一支由葡萄牙首领勃利多率领的雇佣军;阿拉干王国在缅甸地区的海上霸主地位,也依赖于他们所引进的葡萄牙先进技术和雇佣兵。勃固被攻陷后,留守沙廉的勃利多趁缅甸国内混乱之机在沙廉自立为王。勃利多极有野心、铤而走险,企图将下缅甸变成葡萄牙的海外殖民地。一方面,他亲赴葡属印度的首府果阿城,使果阿总督任命其为沙廉总督,并与果阿总督女儿成婚,在确保其在沙廉利益的同时,寻求更多来自果阿的支持;另一方面,他又与马都八侯通过联姻结盟的方式巩固势力,共同攻打东吁,东吁的那信囊被招降后,勃利多所统治的范围更加广阔。

1602年,勃利多顺道返回葡萄牙,当时葡萄牙在西班牙哈布斯堡王朝统治下。在葡萄牙,他获得了"沙廉司令""勃固征服者"和"勃固国王"等多个封号。勃利多在其统治版图内捣毁佛塔、破坏寺庙、剥下佛像与佛塔上的金箔,并将寺庙的铜钟用来铸造大炮;他还控制海域,垄断贸易,征收重税,胁迫外国船只停靠沙廉。他的种种侵略行为在缅甸激起了民愤。

1612年,勃利多开始与周边的封建领主结盟,共同对付北方的君主阿那毕隆。1613年,阿那毕隆亲自率领上缅甸军队从东吁和阿瓦地区进发,将沙廉团团包围,勃利多政权虽然拥有新式枪炮和先进的军事技术,但无论是人力、物力还是财力都难以与整个缅甸王朝相抗衡,最终不敌阿那毕隆大军。勃利多因侵犯寺庙罪行而被处以极刑。战争失败后,除了少数葡萄牙人坐船逃跑外,其余几百名葡萄牙军人被缅军俘虏。阿那毕隆为充实军事力量将一部分俘虏带到北方阿瓦地区,并将这些俘虏单独组织成一个村庄,成为缅甸君主的专业炮兵部队,他们可继续保留自己的生活方式与信仰,但不能改变职业属性;另一部分则被流放到上缅甸的瑞冒境内,他们居住的村子被称为"天主教徒村"。虽然勃利多和他所统治的"殖民小王国"被缅军消灭,但葡萄牙殖民者并未被彻底赶出缅甸,阿拉干沿海一带仍不时有葡萄牙海盗的踪影。葡萄牙雇佣军的存在客观上促进了缅甸各邦军事水平的提升和军事装备的改进,但葡萄牙的殖民侵略行为给缅甸人民带来了深重的灾难。

荷兰 17世纪被喻为荷兰的"黄金世纪"。1602年,荷兰合并了六个区的商会组成荷兰东印度公司,该公司比肩英国东印度公司。随着荷兰实力的急剧膨胀,16世纪末,荷兰人企图进入东南亚夺取葡萄牙殖民者的香料贸易。荷兰人在东南亚的活动主要集中在印度尼西亚群岛。因在巴达维亚(今雅加达)的荷兰人对缅甸的大米和硝石兴趣颇浓,于是在1627年到下缅甸南部设立商站。1634年开始在勃固、沙廉开展贸易。在帮助阿拉干国王击退活动于沿海一带的葡萄牙海盗后,荷兰人获得了在阿拉干境内自由开展贸易的权利,他们开始从事大米贸易和贩奴活动。尤其是通过奴隶贸易,荷兰人获得了丰厚的利润。1665年,因荷兰人不愿意在与印度莫卧儿王国的冲突中军事支持阿拉干王国,荷兰人被迫撤出设立在阿拉干的商馆。1679年,因财政困难,荷兰东印度公司被迫关闭在沙廉的商站。为打开与中国西南地区的贸易,荷兰人提出在八莫开设商馆,又被缅王拒绝。荷兰东印度公司感到在缅甸发展无利可图,于是撤出缅甸,结束了在缅甸的商业活动。

英国 英国在葡萄牙和荷兰殖民者之后到达缅甸。1647年,英国东印度公司在沙廉设立商站,后来还在阿瓦设立货栈,公司还专门购船与缅甸开展贸易。1652年,第一次英荷战争爆发,致使在缅甸沙廉处于不利地位的英国商馆因贸易陷入停顿而被迫关闭。1679年,荷兰撤出缅甸后,英国东印度公司趁机卷土重来,提出了诸多不平等条约草案,主要内容为:英国商人和商品自由进出缅甸,不受缅甸干涉;英缅贸易进口税5%,出口免税;英国人可以在沙廉、勃固、阿瓦和马都八等地建商馆、住房、货栈;英国人犯法应由英国人的首领处置;缅甸国王若给予其他国家特惠,应同样给予英国。①东吁王朝断然拒绝了这些无理要求。1678 年,英国东印度公司首次使用武力侵占缅甸领土——尼格莱斯岛。1740 年后,孟缅之间发生战争,英国商馆卷入,孟人军队将英国在缅商馆付之一炬,英国东印度公司在东吁王朝的殖民活动暂时结束。

法国 法国在缅甸的殖民活动开展较晚。1658 年,法国两名传教士计划前往中国或越南传教,因中途受阻,于 1662 年停留于阿瑜陀耶,此后由于暹罗发生宫廷政变,法国殖民者被迫离开暹罗国境,这些被赶出暹罗的法国人开始进入缅甸,并于 1688 年在沙廉设立商站,成为法国在缅甸的第一个据点。1729 年,东吁王朝准许法国东印度公司在沙廉修建船坞。1741 年,法国商馆也在孟缅战争中被烧毁。

作者点评:

东吁王朝采取诸多措施加强王权。对中心区域或边缘地区通过直接控制、委派官员或利用山区头人和土司等方式进行治理,为王室服役的阿赫木旦组织大量产生。东吁王朝的等级制度更加严格,国王仍然拥有至高无上的权力,各地封建主的权力和地位由国王赋予。东吁时期,经济间歇性发展,寺院经济受控于王权。东吁经济的活跃区主要集中在远离王朝直接控制的地区和南部勃固、勃生、马都八、沙廉等对外贸易活跃和交往频繁的区域。东吁时期,世俗文学长足发展,形式多样。在对暹罗的征战中,将暹罗的音乐、舞蹈、雕刻等技艺带回到缅甸,促进了缅甸艺术的繁荣发展。东吁常年对外征战,在中缅战争中处于强势主导地位,经常进犯云南边境地区。

---

① 贺圣达:《缅甸史》,云南大学出版社暨云南人民出版社 2015 年版,第 137 页。

第六章 贡榜王朝的扩张与灭亡

　　雍籍牙是缅甸历史上第三次统一缅甸的君主,其所建立的贡榜王朝成为缅甸最后一个统一的封建王朝。贡榜王朝前期从雍籍牙到孟云执政年间是其鼎盛时期,各行各业的发展水平遥遥领先,缅甸当之无愧成为中南半岛的强国。贡榜王朝前期热衷于对外扩张和征伐,不仅与中国的大清王朝爆发旷日持久的战争,直到1769年双方才签订《老官屯和约》停战议和,还西征暹罗,兵临暹罗都城,致使暹罗亡国,直到郑信力挽狂澜,于1770年将缅军驱逐出暹罗,暹罗才得以再次独立。贡榜王朝后期,英国殖民者于1824年、1852年、1885年发动了三次侵缅战争,改变了缅甸社会的正常发展轨迹,其闭关锁国政策、敏东王改良运动失败和统治集团内部的激烈斗争,加速了羸弱的贡榜王朝的倾覆。贡榜王朝的末代国王锡袍被流放到印度,为缅甸封建时代的结束画上了句号。

一、雍籍牙统一全缅

　　东吁王朝末期,内忧外患,腐朽不堪。曼德勒东北部的桂掸族"愤缅王无道,缘其暴敛横征",[①]在宫里雁的领导下起义。他们与附近被迁入的孟族战俘联合起来,驱逐当地缅人。曼尼坡也肆无忌惮,屡次进犯。东吁王朝的软弱无能更是让下缅甸的孟族人燃起了建国的希望。在缅甸古代历史上,孟族曾创造过先进的文化和灿烂的文明,孟族文化更是成为缅族文化重要的借鉴。他隆王执政以后,由于不重视孟缅的团结,在经济上

---

① ［英］戈·埃·哈威:《缅甸史(下)》,姚梓良译,商务印书馆1973年版,第363页。

"机之织布,母之哺乳,均有课征",①在政治上"办事不公,得楞(孟族)怨恨",使得孟族与缅族的矛盾复燃。为了重建孟族王朝,孟族封建主利用在缅甸有着巨大影响的佛教和王室作为旗帜,号召群众发动起义,孟族农奴和缅甸其他部分少数民族,包括掸族、桂克伦族等都参与了起义,起义由前王家官吏孟族封建主貌昂拉(中国亦称"莽哒喇")率领。

1751 年,莽哒喇亲自率舰队逆伊洛瓦底江而上征战,并另派两路大军由王储和多罗般统率出征。年底,他们占领了阿瓦的谷仓——皎克西地区。1752 年,孟军包围了都城阿瓦,阿瓦沦陷,孟军所到之处烧杀掠夺,很快荡平了全城,东吁王朝已全然无力抵抗。缅王摩诃陀摩耶婆底波帝及其大臣和一些大封建主几乎全部被俘,只有极少数人逃出去,东吁王朝灭亡。

虽然孟族封建主对孟族居住的下缅甸一带的统治基础较为牢固,但由于他们仅满足于恢复孟族过去建立的独立王国,因而错失良机,未能乘胜巩固在上缅甸的统治,因而失去了建立统一的孟族王朝的最好时机。莽哒喇、储君和多罗般错误地以为攻陷了东吁都城阿瓦,俘虏了东吁的王室核心成员,颠覆了东吁王朝就意味着征服了全缅。他们还错误地估计对勃固地区最大的威胁来自暹罗,担心其南部受到暹罗的入侵,因此孟军占领阿瓦后,莽哒喇带着被俘的缅王及其大臣等迅速班师南下,同时将主力部队撤回到南部地区,只派孟族将军帅达拉班率少量士兵留守阿瓦,孟军在北方兵力非常空虚。同时,东吁王朝末期由于常年战乱,缅甸大部分地区都处于混乱状态,但阿瓦北部的穆河到钦敦江流域一带则幸免于难。由于这一区域无论是政治地位,还是经济实力、人口密度都远不及阿瓦重要,因此被孟族统治者忽视,对其统治也很薄弱,这给了缅族人在此建立基地进行反抗的有利条件和可乘之机。

雍籍牙统一上下缅甸 出生于 1714 年的上缅甸瑞冒县木梳村的缅人雍籍牙见缅甸国破家亡,痛心不已。他深谋远虑,志存高远,颇有雄心,希望能重建家国,再次复兴。雍籍牙因为出身于上流社会的官宦世家,先辈曾为邑宰,世袭官位,所以自幼对政治耳濡目染,更是经由其叔父大丞相处听闻东吁朝廷的状况,感叹金宫玉座的偶像,不过徒有虚名而已。②雍籍牙在东吁王朝覆灭之前,就组织了自己的力量。由于邻近各谬(东吁

① [英]戈·埃·哈威:《缅甸史(下)》,姚梓良译,商务印书馆 1973 年版,第 365 页。
② 同上书,第 404—405 页。

王朝的行政单位)的谬以及村社的村长都是雍籍牙的亲属,所以他把这些村社组织起来抵御孟族军队,并组织了一个咨询委员会,其中包括村长和一些有才能的群众。雍籍牙率众以木梳村为基地,挖掘战壕、开建沟渠、绕村筑寨、设置路障、修建防御工事,并把群众、象、马和粮食都集中到防栅中来,还将防栅外的住所拆除,以使到达的敌人无法立足。同时,他还收集武器,训练群众学习骑象、骑马,教会他们弓箭、刀枪的使用方法。他与附近村庄的首领和志同道合者一道,发动了反抗孟族统治的武装斗争,抗击孟族军队。木梳村成为事实上的穆河—钦敦江流域反抗孟族统治的中心之一。①

孟族军队曾派遣队伍前来招降,雍籍牙的父亲表示愿意归顺,还愿献出一半产业:"阿瓦沦亡,得楞军队,所向披靡,吾人速必被灭,不如早降。"②但雍籍牙认为"不可,为国而战,全凭战友忠心赤胆,武器精良,不在人之多寡也",③他表示坚决拒绝和强烈反对。

骠国灭亡以后,缅族自蒲甘王朝建立以来就长期占据主导地位,缅族扎根于伊洛瓦底江流域中部广大地区,占缅甸人口的多数,是干燥地区居民的主体,不仅创造了灿烂的文化,还形成了包括至高无上的王权、组织程度极高的阿赫木旦制度与奉为国教的南传上座部佛教系统在内的缅甸封建社会基本架构。孟族势力虽趁东吁王朝衰弱之机入主缅甸核心区域,但其统治基础极不稳定,也很不牢固,因此孟族短暂的胜利注定只是昙花一现。

留守阿瓦的孟族军队对雍籍牙军队不断发动进攻,但都被一一击退。1752 年 11 月,雍籍牙开始掌握战争的主动权,突破了孟族军队对木梳地区的层层包围,他的胜利使得军威大振,各地首领闻讯纷纷来附。雍籍牙发布告文,号召所有缅族人起来反抗孟族,解放自己的家园,得到了缅族人民的广泛支持,缅族农奴、各地方封建主,甚至已经溃散了的、实际由农奴组成的东吁王朝军队都纷纷涌向木梳,加入雍籍牙的部队。1752 年底,雍籍牙基本控制了穆河和钦敦江流域下游的广大地带。1753 年,雍籍牙乘胜成功攻占阿瓦城,又得到东吁旧臣和各地封建领主的支持。1754 年 1 月,雍籍牙率领军队一举将孟族军队驱逐出了上缅甸。收复上

---

① 贺圣达:《缅甸史》,云南人民出版社暨云南大学出版社 2015 年版,第 144 页。
②③ [英]戈·埃·哈威:《缅甸史》,姚梓良译,商务印书馆 1973 年版,第 405 页。

缅甸后,雍籍牙见好即收,没有立刻追击从上缅甸败退的孟族军队,而是养精蓄锐、积攒实力,他深知孟族统治者还控制着物产丰盛、土壤肥沃、地理位置优越的下缅甸地区,且有欧洲殖民者支援,一时难以攻破。雍籍牙调整策略,先统率水陆军沿伊洛瓦底江而上,攻占实力较弱,且势力分散的八莫、孟密、孟养等地,通过征服周边地区不断扩大势力范围和壮大自己实力。1755年2月,雍籍牙军队蓄势待发,一举攻占了上下缅甸交界处的重镇——卑谬,4月又占领南方的关键重镇——达贡,雍籍牙把达贡改名为仰光(仰光这一名字从此保留并沿用至今,以纪念此次战争的胜利)。1756年7月,雍籍牙精选了一支训练有素的突击队在暴风雨之夜登上沙廉城墙,占领了沙廉,处死了给孟人政权提供人员和武器援助并参与守城的法国军官布鲁诺等,余约200人被编入缅甸军队。法国殖民者在缅甸的活动随着孟人政权的倒台而失败。1756年12月,雍籍牙军队包围了南方孟族的最后一个据点——勃固。1757年6月,雍籍牙攻下勃固,基本完成了对下缅甸的统一。为了巩固对南方广大地区的有效统治,雍籍牙荡平了沙廉和勃固两座古城城墙,将仰光作为伊洛瓦底江三角洲地区的行政与军事中心和重要港口,时至今日仰光仍是缅甸最重要的经济中心和最大城市。雍籍牙还不断乘势北进,迫使掸邦各首领也向缅甸臣服。此时,除偏安一隅、远离本土的阿拉干地区外,雍籍牙基本上完成了上下缅甸的统一。

建立贡榜王朝 雍籍牙功勋卓著,战功赫赫,不仅平定了内乱,还统一了全国。最终他选定其家乡和发迹之地——瑞冒作为都城,建立了缅甸历史上最后一个封建王朝,史称"贡榜王朝"(也即雍籍牙王朝),雍籍牙也成为缅甸历史上第三次统一缅甸的君主,他与阿努律陀、莽应龙并称为"缅甸三大帝"。

雍籍牙执政后励精图治,不仅重视吏治,而且鼓励发展经济,并热衷于对外扩张,很快便将缅甸从一个四分五裂的国家发展成为中南半岛的强国。在政治上,雍籍牙注重吸取东吁王朝灭亡的教训,重视整顿吏治,加强中央集权。他规定官员每月需呈交报告,鲁道(即枢密院)必须向他汇报审理案件的情况;他要求一切官员要清正廉洁、秉公办事,即使皇亲国戚、王公贵胄也不例外。雍籍牙统治时期中央集权得到加强。在经济上,雍籍牙上台后,迫切要求恢复经济,发展生产,复兴缅甸。由于从孟族发动反东吁的起义开始到雍籍牙完成基本统一,历经了数场大大小小的

战争,波及地区广泛,大批青壮年劳动力埋骨沙场,大批民众不得不过着
颠沛流离的生活,于是雍籍牙采取了一些招揽流民的措施,并将在战争中
抓获的奴隶编入阿赫木旦组织,分给他们土地从事耕作,最大限度调动和
利用人力资源从事生产。同时,他还兴修水利,恢复和扩建了穆河流域和
皎克西等地区的水利灌溉工程,特别是重建皎克西,再次发挥它的粮仓功
能,使经济逐渐好转起来。在对外交往上,雍籍牙在初步稳定国内统治
后,就急于发动对外战争,以武力征服的方式扩大势力范围。雍籍牙不仅
亲征曼尼坡,企图将曼尼坡纳入版图,还远征暹罗,触发了泰缅之战。雍
籍牙大帝的生命也终结在其军旅征途中,按照泰国史料记载,雍籍牙是在
征战时视察军营被大炮炸伤而驾崩,缅甸史籍记载雍籍牙因患痢疾卒于
军中。

　　雍籍牙去世后,贡榜王朝历经其长子莽纪觉、次子孟驳、第四子孟云
等君主,其中孟驳和孟云的成就最大。莽纪觉体弱多病,在位仅三年便病
逝。莽纪觉在位期间,重建了实皆作为陪都。他主要忙于稳固政权,平定
国内叛乱。

　　孟驳继位　　莽纪觉之后,由雍籍牙的次子孟驳(辛骠信王)继位,他将
首都从偏僻的瑞冒迁至阿瓦。经济上,他整顿赋税,增加国库收入;军事
上,增强军事力量,正式组织禁卫军,其兵力在整个贡榜王朝时期最为强
大;对外交往上,他继承和发展了雍籍牙的对外政策,特别是继承了雍籍
牙的扩张政策。孟驳统治缅甸12多年就让缅甸崛起成为当时东南亚最
强盛的国家。[1]孟驳远征曼尼坡,强占暹罗,发动中缅边境战争,称霸中南
半岛。1765年,孟驳率军再征叛乱的曼尼坡,将曼尼坡纳入版图。1766
年,孟驳将雍籍牙速战速决的攻暹策略改为持久战,并采取南、北两路进
军策略,再次攻占阿瑜陀耶城。但暹罗在广东潮汕人后裔郑信的领导下
奋勇抗击。1767年,郑信收复了阿瑜陀耶城,1770年将缅军驱逐出暹罗
国境。郑信击退缅军后,统一了泰国各部,在暹罗建立了吞武里王朝,也
由此奠定了现代泰国的基本版图,被泰国人尊称为"吞武里大帝"。乾隆
统治后期,孟驳指示缅军入侵中国云南南部地区,爆发了与清朝的战争,
直到双方签订了《老官屯合约》才结束战争。暹罗的重新独立和缅清战争

① 黄祖文:《缅王孟驳扩张的经济基础及其对外战争》,《四川大学学报(哲学社会科学版)》
　　1996年第1期,第104页。

以议和告终标志着贡榜王朝对外侵略和扩张政策的失败。孟驳不甘失败,曾几次派兵再攻暹罗,但是中缅边境之役后,缅军实力大为削弱,而暹罗的新王朝实力也今非昔比,因而都被暹军所击退。[①]

孟云执政 孟驳去世后,其子赘角牙继位,他昏庸无能,不久便被孟驳堂弟孟鲁刺杀,但在位仅一周的孟鲁又被雍籍牙第四子孟云杀死。孟云(又称波道帕耶)统治缅甸长达 38 年,成为贡榜王朝在位时间最长的君主。孟云执政时,尤其重视发展国内经济,促进农业发展,孟云也企图再征阿瑜陀耶,但同样多次失败。从雍籍牙到孟云执政年间是贡榜王朝的全盛时期。孟云去世后,贡榜王朝迎来了孟既、孟坑、蒲甘王、敏东、锡袍等君主执政。贡榜王朝的国势日渐衰落,最终被英国殖民者入侵,爆发了三次大规模的缅英战争,缅甸最后一个封建王朝贡榜王朝随之土崩瓦解,走向灭亡。从此,缅甸被迫沦为英国殖民地,一蹶不振。

二、与清朝数次交战

东吁王朝时期,从乾隆初年开始一直到 1765 年(乾隆三十年),清朝对缅政策的重点在于安边保疆,而不在于纳贡称臣,因此这一阶段两国官方交往总体不多,除清初入缅追剿南明永历帝和 1751 年(乾隆十六年)东吁王朝遣使进贡外,双方未有大的官方交涉。雍籍牙建立贡榜王朝统一缅甸全境后,急切开始对外扩张。从 1765 年至 1788 年(乾隆五十三年),两国关系变得非常紧张,贡榜王朝与清朝爆发了边境战争,战争持续了七年之久,此后双方还持续了长达二十年的"冷战"。

从明朝末年开始,云南边境各土司一方面归附明朝,一方面又在缅甸的压力之下,被迫向缅甸缴纳"花马礼"。雍籍牙统一缅甸后,实力大增,他企图向北扩张,牢固控制中缅边境的各个土司,从而与清朝分庭抗礼。缅军购进先进西洋枪炮,积极利用欧式武器,军事实力强大,于 1762 年(乾隆二十七年)冬侵扰云南普洱,清军被迫发起自卫反击,但遭遇劲敌,乾隆皇帝先后派出刘藻、杨应琚、富察·明瑞、富察·傅恒四位主帅迎战缅方,最终双方在老官屯僵持,不分胜负。

---

① 黄祖文:《缅王孟驳扩张的经济基础及其对外战争》,《四川大学学报(哲学社会科学版)》1996 年第 1 期,第 105 页。

刘藻 刘藻(1701—1766)原名刘玉麟,1701 年(康熙四十年),出生于今山东省巨野县万丰镇苏集村,是清乾隆年间颇有影响的大臣,乾隆皇帝对他非常赏识,认为其文章浑厚隽永,有韩、柳之风;1738 年(乾隆三年)赐名为"藻",意为文采好、修养好。1765 年(乾隆三十年)缅军大举进犯云南,清缅战争一触即发。时任云贵总督的刘藻负责指挥对缅作战。由于刘藻的长处在"文"而不在"武",清军遭遇挫折,普洱城几近陷落。

文官出身的刘藻不谙军旅,调度无方,并无战果,还被败将所蒙蔽,向朝廷谎报军情,以"缅人望风遁走,清兵大捷"上奏。刚开始他受到朝廷表彰,皇帝下旨拟调任湖广总督,后战败之事终究"纸包不住火",旋即被乾隆识破。刘藻不仅受到皇帝严厉斥责,还被撤掉总督之职,降补湖北巡抚。此时,乾隆帝尚以刘藻"本属书生,军行机宜,非所娴习"之由,未予严惩,仅予以薄罚。王昶的《征缅纪略》也记载:"兵将闻之,益以选儒不堪用,是以师久无功。然上知藻书生,不谙于军旅,弗深罪也。"但随着对战事的进一步了解,乾隆痛斥其过,认为他懦弱怕战,御敌无方,安边无策,后来刘藻被革职查办。刘藻因连遭乾隆的斥责,心理压力过大,不堪耻辱自刎。

杨应琚 杨应琚(1696—1766),青海西宁人,为政勤勉,是位博学多才、勤于著述的学者,是乾隆帝颇为器重的清朝封疆大吏之一。刘藻出师失败后,乾隆派陕甘总督移任云贵总督的杨应琚领导对缅作战。

1766 年(乾隆三十一年)杨应琚到达云南时,清军已在提督达启(农历五月因瘴疠卒于军)的指挥下,收复了缅军占领的地区,部将们纷纷要求乘胜追击,驰檄缅甸,并虚张声势称"天朝有陆路兵三十万,水路兵二十万陈于境以待。缅王孟驳虽遭受挫折,但未被檄文所震慑,反而先发制人,下令摩诃泽都大臣指挥一路大军由伊洛瓦底江西岸出发,奈谬泽都指挥另一路大军乘船沿伊洛瓦底江前进。这时,杨应琚才赶紧调集清军 1.4 万人,分为两路,西路由总兵朱仑率领,驻铁壁关以便收复新街;东路由总兵乌尔登额率领,准备进攻木邦;同时令提督李时升指挥这两路军队。李时升几次派兵增援,清军才先后收复木邦、新街、铜壁关、陇川、孟卯(瑞丽)等多个失地。赵翼的《平定缅甸略述》记载,缅甸政府看到缅军陷入包围,"遣人议和,约各退兵,毋相犯。诸将许诺"。但清军轻信缅方诚意,缅军在撤退中,趁清军防守松懈,突然反攻。而此时的杨应琚没有估计到缅方的兵力多达数万人,又没有认真备战,致使清军处于被动状态,加上清军长期重兵行军、跋山涉水、筋疲力尽,而领兵将领又不知体恤,导致兵心涣散,而缅军的武器装备轻简,养精蓄锐,还有先进的欧式枪炮,清军和缅军开始形成对峙之势,缅军随后攻入耿马、孟定等地,清军退守。此时的杨应琚不仅隐瞒广东将军杨宁带兵溃逃一事,还数次上奏虚报战功,称杀敌数万。《清实录》卷七八一记载,乾隆皇帝大怒,批其"此既欺罔之一端;既分防要隘,何以缅匪尚入内地? 真是大言不惭,可笑!"乾隆皇帝又从云南巡抚汤聘等人那里听取了实情奏告,于是下令将杨应琚革职治罪,在京被乾隆皇帝赐死,还严惩了多位失职将领。

富察·明瑞 富察·明瑞,字筠亭,满洲镶黄旗人,出身名门,保和殿大学士傅恒的侄子,其姑姑是乾隆的第一位皇后富察氏,即孝贤纯皇后,其父为富文,官至一等公,明瑞是清朝中期的名将和外戚。刘藻和杨应琚两位文人官员的指挥失败,使乾隆皇帝决心派武将征缅,于是调任有战争经验的伊犁将军明瑞为云贵总督。

1767 年(乾隆三十二年),明瑞以云贵总督兼任兵部尚书的身份,来到云南,调集清军 2.5 万人(其中 3 000 人为满洲八旗兵,其余为四川、贵州、云南的绿营兵),并决定分两路前进。东路为主力,由明瑞亲自统领,自宛顶(即畹町)出发,经木邦前进;西路由参赞额尔景额率领,自虎踞关出发,经孟密前进,企图会师阿瓦。缅王孟驳则命令摩诃泽都统率第一路大军迎击明瑞的东路军,摩诃梯诃都罗和登加孟贡统率第二路大军袭击东路清军的供应线,奈谬泽都统率第三路大军攻打额尔景额的西路清军。明瑞率领的东路军一路势如破竹,占领了木邦,渡过锡箔江,绕过天生桥,迂回到缅军后侧。1768 年(乾隆三十三年)2 月,清军已进至阿瓦附近。但此时大军孤军深入,加之缅甸境内地形复杂,天气炎热,瘴气丛生,明瑞军又经常遭到小股缅军的突袭,形势危急。而由参赞额尔景额率领的西路军,从猛密攻打老官屯,被阻于老官屯长达数月,久攻不下,额尔景额病亡。后额勒登额继任参赞,开始退兵。由于援军迟迟不到,明瑞只得孤军奋战,而敌军分别从木邦、老官屯一路夹击,又聚集重兵,将明瑞军队重重包围。此时的清军,已经弹尽粮绝。明瑞最终与数十倍于己的缅军血战到底,因身负重伤,自知已无力直捣阿瓦,无颜面对乾隆,遂自缢于树下。乾隆帝听闻后大为震惊,为祭奠明瑞等死去的将领,在京建立祠堂,并亲临其府奠酒,谥果烈。

富察·傅恒 富察·傅恒,字春和,满洲镶黄旗人,户部尚书米思翰之孙,乾隆皇帝孝贤纯皇后之弟,是清朝的名将和外戚,深得乾隆帝信任。乾隆因前三次清军战败十分震怒,他在处置了延误战机的将领额勒登额等人后,随即开始备战第四次征缅。他吸取前三次的教训,不仅配备良将傅恒,还备足兵马、武器、粮草。

1768 年(乾隆三十三年),乾隆派傅恒督师云南,授经略。1769 年 4 月,傅恒率满、蒙兵 1.3 万余人,分三路作战。8 月,傅恒率清军渡过金沙江,击退了缅甸水军,一路上缅甸境内的土司纷纷闻风归降,大军重新直逼中缅边境重镇新街。10 月,清军一举攻下新街,但是新街、蛮莫一带的粮食已被缅军洗劫一空,清军遂停止进攻。①双方最后在老官屯形成对峙和拉锯的局面。

清军再次到来的消息传到缅甸首都阿瓦,引发了民众惊恐,缅甸国内要求与清军议和的呼声高涨。缅军主和派将领在对比了清朝与缅甸的实力悬殊和面临的国际形势和国内情形后,力劝议和。事实上,清朝地大物博,人口众多,国力强盛,即便此次击败了清军,也将会彻底激怒乾隆,从而引发新一轮更大规模战争。前线清军伤亡数字虽然高于缅军,但两国人口比例已经决定了这些伤亡对清廷来说尚可承受,但对缅甸来说已经是难以承受的巨大伤亡。同时,缅甸在与暹罗的战争中也已经处于不利的地位,加之国内又爆发大规模农民起义。因此,缅军主帅摩诃梯诃都罗主动遣使与清廷议和。

随着战争的持续,清军在缅甸持久作战也面临诸多问题,人员损失严重,军队人数不断下降,而统帅傅恒也染腹泻。如此看来长期对峙的局面对清军也越来越不利,于是乘缅军遣使请和的机会,傅恒将实情奏报乾隆,乾隆权衡利弊后同意议和撤兵。1769 年(乾隆三十四年)11 月 16 日,双方签订了《老官屯和约》,但双方古籍中对和约内容的记载和理解不尽相同。从当时的国际格局和此后发生的史实分析,中方的记载更真实可信。②中国古籍记载为:缅甸遵照古礼进贡;缅甸永不犯天朝边境;缅甸将所有留在阿瓦等处的官兵全行送出。③缅方史料记载为:从缅甸逃往云南境内的土司,中方必须全部遣返;战争期间被俘官兵,双方一律释放;重开

---

① 黄祖文:《清代乾隆年间中缅边境之役》,《四川大学学报》1988 年第 2 期,第 90 页。
② 刘幸:《清朝中后期中缅宗藩关系研究》,中国海洋大学硕士学位论文,2014 年,第 13—15 页。
③ 庄吉发:《清高宗十全武功研究》,中华书局 1987 年版,第 316 页。

滇缅贸易,允许两国商贩自由贸易;每隔十年两国君主互相交换使节,两国保持睦邻友好关系。①

贡榜王朝与清王朝作为各自国家的最后一个封建王朝,双方爆发的战争本质是两个末代王朝围绕边境领土主权及资源控制权而发生的争夺战。清缅战争迫使缅军在清廷和暹罗之间两线作战,客观上影响了暹罗的生死存亡,也影响了中南半岛的历史进程。

老官屯议和后,直到1788年(乾隆五十三年)至1885年(光绪十一年),贡榜王朝才真正与清廷交好,这一阶段虽然边境地区偶有零星冲突,但已不影响两国政府的友好交往大局。1885年以后,贡榜王朝与清廷关系则主要是中、英两国围绕缅甸续贡及滇缅界务、商务等问题进行交涉。在清廷驻英公使、清末著名外交家薛福成的努力下,中缅边界最终划定。

薛福成 薛福成(1838—1894),字叔耘,号庸庵,江苏无锡人,出身名门望族、官宦之家,是清末著名的思想家、外交家和早期资产阶级维新派代表人物,也是近代政论家、散文家和洋务运动的主要领导者之一、资本主义工商业的发起者之一。他自幼博览群书,勤于思考,敢于实践,一生都致力于经世实学。1875年(光绪元年),他进入李鸿章幕府,作著名的《筹洋刍议》,为洋务运动提供了理论依据。1889年(光绪十五年)出使英、法、意、比四国,著有《出使日记》。薛福成笔耕不辍、著述颇丰,其多部作品编入《庸庵全集》。薛福成在清政府的内政外交上均取得了非凡的成就。

1885年(光绪十一年)法国侵占越南全境后,英国发动第三次侵缅战争,夺取了和中国接壤的缅甸北部,并加紧了对中国西南的侵略。1886年(光绪十二年)6月,经过谈判,中英两国就缅甸问题达成协议,清总理衙门大臣多罗庆郡王等与英国驻华公使欧格讷在北京签订了《中英缅甸条约》。清政府承认英国占领缅甸,而对于中缅边界和通商问题则没有明确规定。

在签订《中英缅甸条约》的谈判过程中,清政府以"留贡"为目的,希望通过谈判保留中缅的朝贡关系,而英国政府为获取更多在中国西南部的利益,在中缅朝贡关系上对清政府做出了一定让步。此后,缅甸每十年派员循例向清廷朝贡,中缅朝贡关系得以延续。到19世纪末,中缅朝贡关

---

① 庄吉发:《清高宗十全武功研究》,中华书局1987年版,第270页。

系才走向衰落。

英国占领缅甸后,"屡次密派干员驰往滇缅交界查看形势,探寻矿产,并有创筑铁路直通滇境之意"。①薛福成忧心如焚,认为"若彼开铁路直通滇境,似欲将前议所分之地括而有之"。②1890 年 10 月和 1891 年 3 月,薛福成先后向清政府陈述,建议及早做好准备,"不使英国独占先著,以免临时棘手",并强调"则彼从容而我仓猝,彼谙练而我生疏,彼措注已周而我进退失据"。③于是他主动行动,着手准备谈判前的大量工作,正式上疏朝廷,详细奏明中国主动提出滇缅界务、商务谈判的重大意义。然而,清政府对于薛福成的上疏反应并不积极。总署的大臣们在议复其奏疏时,认为英方"既未催问,我亦未便发端"。④直到边境警报频频传来,浑浑噩噩的清廷大臣才想到薛福成早已上奏的建议。

"1892 年 2 月,英国外交部交给薛福成一份《滇缅划界节略》,提出英国对划分滇缅边界的主张,薛福成即据理驳斥,指出英方划界主张是不能接受的。"⑤当薛福成向英外交部重申恢复曾纪则 1886 年与英外交副大臣克蕾达成的三项协议时,英政府以"公法议在立约后,不可不遵;议在立约前,或不能共守"为由拒绝。1892 年初,清政府特专派薛福成为谈判代表,与英外交部商办滇缅界务、商务。英国原以为中国从来不争边地,中国人也不熟悉国际条约和谈判方法。为使谈判有所进展,薛福成援引翔实的历史资料和国际公法,与英外交部大臣舌枪唇剑数个回合,有时一次发言竟达五刻钟之久。"几经波折,英外交部大臣在明白了对手的顽强和干练后,不再提出过分的要求。"⑥1894 年 3 月 1 日,中英《续议滇缅界务、商务条款》终于签成。这次谈判,薛福成以国际公法为依据,使英国承认中国的合法要求,是近代中国外交史上空前成功的范例。今天,孟连全境和西双版纳仍然能够是云南省的一部分,保留在中国的版图内,薛福成起到关键作用。

清朝光绪皇帝特为薛家府邸御笔亲题蓝底金字——"钦使第",以褒奖薛福成的历史功绩。

---

① ③ 王彦威、王亮:《清季外交史料》卷 84,书目文献出版社 1987 年版,第 18 页。

② 参见薛福成:《滇缅划界图说》,上海文瑞楼 1896 年版。

④ 费成康:《薛福成》,上海人民出版社 1983 年版,第 138 页。

⑤ 吕一燃主编:《近代边界史》(下卷),四川人民出版社 2007 年版,第 736—737 页。

⑥ 吴红英:《论晚清爱国使者的外交斗争》,《江西社会科学》2002 年第 12 期,第 54—57 页。

三、与暹罗爆发战争

公元 6 世纪,孟人在湄南河下游建立了堕罗钵底国(在今泰国)。10世纪时,吴哥王国(在今柬埔寨)崛起,堕罗钵底国被吴哥征服,沦为吴哥王国的附属地。13 世纪起,泰国地区的泰族开始变得强大,公元 1238 年邦央的泰族首领和素可泰的泰族结成联盟,最终打败了吴哥军队。他们以素可泰为中心,建立了第一个泰族王国——素可泰王国(1238—1419年),素可泰王国的建立标志着泰国社会由部落联盟向封建国家的过渡,暹罗由此开始形成较为统一的国家。

阿瑜陀耶王朝崛起 1350 年,乌通王在素可泰的南方阿瑜陀耶城建立了阿瑜陀耶王朝(1350—1767 年,也称大城王朝),素可泰王国彻底沦为阿瑜陀耶王朝的附属地。阿瑜陀耶城位于今泰国中部,今首都曼谷以北 88千米的湄南河畔,意为"不可战胜之城",亦称"大城府",阿瑜陀耶王朝经历了 5 个王朝的 30 多位国王统治,有长达 400 多年的历史,是暹罗历史上最长久的王国,也是泰国古代文化的发源地之一。据史书记载,在鼎盛时期,阿瑜陀耶王朝曾经有过 3 座王宫、1 700 多座寺院和 4 000 多尊金铜佛像。阿瑜陀耶王朝在商业上也曾十分繁荣,与中国、越南、日本、印度等周边国家,以及波斯、葡萄牙、西班牙、荷兰、法国等国家都有贸易往来,这些国家的商人还被允许在阿瑜陀耶城外的湄南河对岸建立村镇,供商队临时驻扎。阿瑜陀耶城在其鼎盛时期,是东南亚极大的国际都市之一。

缅军攻占阿瑜陀耶城 由于暹罗位于东南亚中南半岛中部,与缅甸有漫长的边界线,从 16 世纪中叶起,缅甸与暹罗之间为土地、劳动力和霸主地位时常爆发战争,双方互为宿敌。早在东吁王朝时期,其开国之君莽应龙便利用阿瑜陀耶衰落之机,对阿瑜陀耶城进行军事争夺。1565 年,莽应龙对暹罗发动了第一次战争,暹罗国王请降议和,最终暹罗国沦为缅甸的附属国。1568 年,暹罗急于反抗和摆脱东吁统治,莽应龙愤而发动第二次对暹罗的战争。1569 年,阿瑜陀耶城又被缅军攻破,暹罗再次成为东吁王朝的附属国。此后,双方处于休战状态,部分恢复了睦邻友好。东吁王朝灭亡后,雍籍牙再次统一全缅,建立贡榜王朝,王朝发展如日中天,急切地开始对外扩张,而此时暹罗的阿瑜陀耶王朝正处在衰败之际。1760 年,雍籍牙率领步兵、骑兵、象兵和葡萄牙雇佣军征伐暹罗,攻至暹罗首都,包围了阿瑜陀耶城,但围城数月后雍籍牙去世,缅军不得不撤回缅甸。

1763年,雍籍牙的儿子孟驳登基,他继承其父的未竟事业,不甘父亲征伐暹罗的失败,于1765年,再次对暹罗发动战争。1765年底,他分兵两路入侵暹罗,势如破竹,很快便打到首都阿瑜陀耶城边,暹王匆忙决战,但仍被缅军击败,缅军很快攻占了阿瑜陀耶城,将有着400多年辉煌历史的阿瑜陀耶城付之一炬,熊熊大火彻底摧毁了这座辉煌的古城。阿瑜陀耶王国多年来收藏的各类艺术珍宝、典籍、文物、史料等都被烧毁殆尽,许多有着重要历史价值和艺术价值的雄伟佛寺和宫殿被夷为废墟,京城的大量工匠、艺人等也被缅军掳回到缅甸,只留下满城的断壁残垣。随之被毁的还有暹罗长达四个世纪以来所创造的灿烂的文化。1991年,阿瑜陀耶古城遗址被联合国教科文组织列入《世界文化遗产名录》,被列入联合国十大古迹保护区,且被评定为一级古迹保护区。

郑信抗击缅军

缅军踏破阿瑜陀耶城后,暹罗在中国广东潮汕人后裔郑信的领导下,奋勇抗击缅军。郑信英勇善战,数次打退了缅军的进攻,胜利鼓舞了暹罗人民的抗敌斗志,沿途民众踊跃加入郑信部队,甚至不少地方官吏也纷纷率部前来投奔,郑信的实力迅速壮大。

阿瑜陀耶古城遗址内的"树抱佛"

在阿瑜陀耶古城遗址内的玛哈塔寺建造于阿瑜陀耶王朝第三代国王在位时期,玛哈塔寺在泰语中为"舍利寺"之意。缅军踏破皇城后,该寺的一尊佛像身首分离,被斩断的佛头被后来生长出来的一棵榕树逐渐团团包住,此景被称为"树抱佛",也有人称其为"永恒的微笑",树与佛头完美地融为一体。如今它已成为泰国的一大奇观。

1767年10月,郑信率领大军开始反攻。缅军烧杀抢掠的暴行使暹罗人同仇敌忾,郑信的军队得到了暹罗各阶层的广泛支持。同时,缅甸正与清王朝进行漫长的拉锯战,其在暹罗的主力部队不得不调回国,以应对清朝军队的大规模反击,只留下一支部队留守阿瑜陀耶城。1767年11月,郑信抓住战机,顺利攻下吞武里城,直指阿瑜陀耶城。留守的少量缅军前往堵截,但郑信的部队气势如虹,缅军不得不投降。郑信从缅军手中夺回了阿瑜陀耶城,并最终于 1770 年将缅军驱逐出暹罗国境。阿瑜陀耶城的光复标志着暹罗最终取得了胜利,再次获得独立。

郑信接手的阿瑜陀耶城时,城中早已满目疮痍。他为先王举行了隆重的火葬仪式,并对旧王朝幸存下来的皇亲贵族和官吏给予安抚和安置,又对战争中四处流窜的难民进行了妥善安顿,在战争中本就积累了很高威望的郑信,更是在百姓中建立了极高的声誉,郑信顺理成章地被拥戴为暹罗的国王。鉴于阿瑜陀耶城已被缅军烧毁一空,城池内外也已人丁稀薄,因此郑信决定将首都迁往吞武里城,建立了"吞武里王朝"(1767—1782 年)。吞武里王朝是泰国历史上的第三个王朝,郑信至今都被泰国人民尊称为"民族英雄"。吞武里王朝建立初期,形势仍十分严峻,强邻缅甸仍虎视眈眈,不时侵扰;国内更是群雄竞逐,四分五裂。郑信执政后采取多项措施稳定政权,增强国力,在重建国家的过程中,制定了召集臣民、完成统一、加强国防等重要方略,此后才逐渐扭转被动挨打的局面。

1782 年,郑信的部将却昭披耶克里推翻了吞武里王朝,建立了曼谷王朝,并延续至今。昭披耶克里成为泰国曼谷王朝第一代国王——拉玛一世。曼谷王朝经过多年发展,国力再次强盛,与孟云统治下的贡榜王朝实力已经不相上下。此后两国为清迈和土瓦进行了多次争夺,双方互有胜负,最终土瓦被缅甸实际控制,清迈被泰国实际控制。1807 年,曼谷王朝遣使到缅甸,受到了缅王孟云的接见,同年孟云也遣使回访暹罗,泰缅战争遂告终止。随着西方列强英国入侵缅甸,英国成为缅甸的头号劲敌,缅甸也再无力与暹罗对抗了。

四、英国入侵缅甸

18 世纪 60 年代开始,英国通过工业革命使得社会生产力飞速发展,工业革命在短短的几十年内使英国由一个落后的农业国一跃成为世界上最先进的资本主义工业强国,逐渐取得了世界工业生产和贸易的垄断地位,被称为"世界工厂"。英缅战争爆发前夕,英国已是世界上第一大工业强国,开始疯狂进行海外扩张,争夺殖民地和势力范围,推销廉价商品和掠夺原料。

英国对缅甸大规模的殖民扩张始于 19 世纪上半叶。19 世纪以前,缅甸原本是中南半岛上领土面积最大、实力最强的国家。尽管如此,它也难逃被英国殖民者统治的厄运。英国完全控制了整个印度后,邻国缅甸就成为英国觊觎和征服的目标。丰富的柚木、矿产资源以及广袤的稻田都让英国殖民者垂涎。缅甸西部和西北部又与中国接壤,是从陆路穿过缅甸进入中国的后大门。英国人还能通过缅甸打通与中南半岛的连接,进而加强与马来半岛的英属殖民地的联系,扩大和巩固其在亚洲的势力范围。因此,缅甸无论是在经济上,还是在战略上都具有重要价值。

早在 16 世纪下半叶,英国就开始了对缅甸的殖民活动。到 1647 年,英属东印度公司已在沙廉建立商馆,开展贸易活动。1678 年,英国东印度公司首次使用武力侵占缅甸的尼格莱斯岛,1687 年,再度侵占该岛。1756 年,雍籍牙在英国先进武器的援助下,一举取得了与当时法国所支持的南部孟人政权战争的胜利。出于战略考虑,雍籍牙口头许诺了英国享有尼格莱斯岛的通商免税权利,但订约后,尼格莱斯岛上的英军首领挑起矛盾,暗中指使英国船只帮助孟族军队反攻仰光,使雍籍牙雷霆震怒。1759 年,雍籍牙派遣士兵和战船直接捣毁了尼格莱斯岛上的英国商站,把英国殖民者全部逐出该岛。[①]此后,英国东印度公司不断派遣使者想通过谈判获得某些特权,但都无一例外遭到缅廷的拒绝。缅王不予理会,也不答复由英国国王任命的英属印度殖民地总督提出的这些要求,而只想与英国国王直接交往,这也使英属印度殖民地政府感到不满和恼火。于是,英国殖民者开始伺机制造各种事端,寻找侵略的借口,加紧了对缅甸武力殖民扩张的步伐,先后与缅甸爆发了三次大的战争。

第一次英缅战争爆发 1819 年以来,英国东印度公司代表不时在缅属若开和孟加拉国交界区域进行挑衅和威胁活动,煽动阿萨姆、曼尼普尔(即曼尼坡)地区的藩侯和群众起来反抗缅甸朝廷,[②]干涉缅甸所管辖的阿萨姆、曼尼坡等地区事务,与缅甸产生了较大的矛盾。缅王向这些地区派出军队,加强该地区的防务。

1823 年,英国政府派军队强占了阿拉干(也即若开)与孟加拉国吉大港交界处的刷浦黎岛。因为在 1727 年英国东印度公司将吉大港占为己

---

① 贺圣达:《缅甸史》,云南人民出版社暨云南大学出版社 2015 年版,第 196 页。
② [缅]大学盛丁:《1945 年缅甸反法西斯斗争史》,李秉年、赵德芳译,北京大学东南亚学研究中心 2007 年版,第 12 页。

有,所以缅甸和英属印度政府对该岛的归属有争议。若开地区的缅甸政府官员强烈抗议英属印度非法侵占该岛,要求将该岛作为缓冲地带,双方都不驻军。缅甸官员于 1823 年 8 月 8 日致函,向英属印度提出抗议,要求驻扎在该岛的印籍英国巡逻队员尽快撤出。英国无视缅甸要求,并未撤离。缅王及大臣们认为不能坐视英国侵略,应进行反击。1823 年 9 月 13 日,由班都拉将军率领的缅甸军队从京都出发抵达吉大港边界。9 月 23 日,缅军攻打驻扎在刷浦黎岛的巡逻队,3 名印度籍士兵被打死,4 人受伤,其余印籍英国士兵全部被赶出该岛。①11 月 21 日,在缅军没有守卫的情况下,英国派遣 2 个连兵力,又再次进驻刷浦黎岛,并配备两门大炮。1824 年 1 月,英军向该岛派遣"索非亚号"军舰。缅甸忍无可忍,于 1824 年 1 月 24 日派遣军队占领刷浦黎岛,并在岛上竖起缅甸国旗,逮捕了停靠该岛的"索非亚号"上的英国首领。英国要求释放这些官员,遭到缅方拒绝。②刷浦黎岛事件成为第一次英缅战争的导火线。

英国还派遣英军到阿萨姆和曼尼坡攻打驻扎在当地的缅军,与缅军在卡恰尔地区交战。被英国挑唆的阿萨姆、曼尼坡等地区反抗缅甸朝廷的叛乱分子窜入卡恰尔地区寻求英国庇护。卡恰尔原是缅甸属地,后被英国人蛮横地宣布为其领地。马基、焦基、汉巴耶新等叛乱者从英国控制的卡恰尔地区不断进攻缅甸驻军。追剿叛乱分子的缅军与英国军官牛顿少校领导的军队遭遇,双方在 1824 年 1 月 17 日首次发生激战。不过此时,英缅虽发生了首次军事冲突,但是英国还未对缅正式宣战。③

英属印度总督阿姆赫斯特勋爵要求缅方释放己方官员,承认错误,放弃刷浦黎岛,并从孟都和苗行撤军,遭到缅方再次拒绝。印度东北边界地区行政长官罗伯逊在给英属印度总督的报告中写道:"卡恰尔地区和内夫河口刷浦黎岛所发生的事件,对英国来说唯一的办法只有同缅甸开战,这样才能维护自己的荣誉。"于是,英国以"维护自己的荣誉"为借口,按照预定计划于 1824 年 3 月 5 日对缅宣战。④第一次英缅战争爆发。

英属印度总督拟订作战计划,配备先进武器,划定战场,从三路进攻

---

① ②　[缅]纳茂、蓬觉:《英缅战争史》,赵德芳、李秉年译,香港社会科学出版社有限公司 2008
　　年版,第 15 页。

③　[缅]大学盛丁:《1945 年缅甸反法西斯斗争史》,李秉年、赵德芳译,北京大学东南亚学研究
　　中心 2007 年版,第 12 页。

④　Dorothy Woodman, *The Making of Burma*, The Cresset Press, 1962, p.67.

缅甸:第一路沿布拉马普得拉河入侵阿萨姆、曼尼坡。1824 年 3 月,英军开始大举进犯阿萨姆,付出沉重代价后在阿萨姆战场上取得了胜利。第二路是包括兰里岛、曼翁岛在内的若开战线。1825 年 3 月,英军攻占若开,后来阿拉干全境也落入英国控制。第三路为沿海战线,1824 年 5 月,英国海军舰队一路占领了仰光和马都八、土瓦、丹老、勃固等沿海城镇。英缅双方武器装备和实力差距悬殊,抗英名将摩诃班都拉(Maha Bandula,被称为缅甸民族英雄)阵亡,缅军几乎全线失守,缅廷颇为震惊。1825 年 9 月,缅王派出代表与英军谈判,但因无法接受英军提出的苛刻条件,最终谈判流产。

《杨达波条约》 1825 年 10 月,缅军发动卑谬反击战,但又以失败告终。英军顺伊洛瓦底江而上。1826 年 1 月,英军攻下敏巫和仁安羌,2 月初攻占蒲甘,到达了距阿瓦只有一日之程的杨达波村,直抵缅甸心脏。缅廷惊慌失措,派代表在杨达波与英方谈判,无条件地接受了英方提出的各项要求。1826 年 2 月 24 日,缅甸正式与英殖民者签订了第一个不平等条约——《杨达波条约》。

《杨达波条约》的主要内容是:缅甸政府放弃对阿萨姆及其邻国的要求,今后不得干预他们的事务;承认曼尼坡原来的统治者的地位;缅甸国王把阿拉干(若开)和丹那沙林割让给英国;缅甸政府赔款 1 000 万卢比(约合缅甸上等银 22.5 万千克),分四次还清;在缅甸支付 250 万卢比赔款后,英军撤出卑谬,缅甸再支付 250 万卢比后,英军从仰光和下缅甸撤出;英国方面可以派出使臣驻缅甸首都,使臣可以拥有一支 50 人的卫队;英国船只可以自由出入缅甸港口,商船免税。①《杨达波条约》的签订,使得缅甸对曼尼坡、阿萨姆等地失去控制,阿拉干和丹那沙林土地被迫割让,主权受到了严重的侵害。缅甸政府为偿还巨额赔款,加大对民众的剥削,加剧了阶级矛盾,激化了社会矛盾;英国船只自由进出缅甸港口,倾销廉价商品,冲击了缅甸传统的封建经济。第一次英缅战争对缅甸历史进程产生了深远影响,是缅甸由盛而衰的转折点。

第二次英缅战争爆发 根据《杨达波条约》的内容,英缅之间进行贸易,但在仰光开设商号的英国商人对缅甸官员十分傲慢蛮横,多次违反缅

---

① 贺圣达:《缅甸史》,云南人民出版社暨云南大学出版社 2015 年版,第 205 页。梁英明:《东南亚史》,人民出版社 2010 年版,第 119—120 页。

甸法令,导致英缅关系恶化。①缅王孟坑对《杨达波条约》态度含糊,对英国任命的驻扎使不予理睬。1839 年,英国使节亨利·伯尼少校撤离了缅甸,②英缅外交关系中断。

1848 年,狂热的殖民主义者大贺胥出任英属印度总督。由于缅甸仰光镇守吴欧对无视缅甸法令的英国船长刘易斯和罗伯特·希伯德上尉进行扣押和罚款惩罚,触发了英缅关系的紧张局势。③

1851 年 6 月,一艘英国轮船"天神号"由毛淡棉驶入仰光。途中,船长罗伯特·希伯德将一名引水员抛入海中淹死,仰光镇守吴欧依照缅甸法律对该船长罚款 100 英镑。8 月,又一艘英国轮船"冠军号"的船长刘易斯杀死一名船员,仰光镇守判处罚款 100 英镑。两名船长不服,回到加尔各答后提出申诉,并开列了损失清单,要求赔偿损失。④大贺胥借此扩大事端,准备发动第二次英缅战争。

1851 年 11 月,英国东印度公司派出乔治·兰伯特准将率领的六艘炮舰来缅,提出撤换镇守吴欧等要求后仍不满足,于 1852 年 1 月,用军舰封锁了仰光、勃生等港口,向缅廷提出令人难以接受的要求;发出最后通牒,缅廷拒绝。⑤1852 年 4 月 1 日,英属印度殖民当局正式发动第二次英缅战争。英军注意吸取第一次英缅战争的经验和教训,对战争做了精心准备和布置,仰光、马都八、勃固、卑谬等很快就被英军全部占领。1852 年底,英国单方面宣布占领下缅甸。1853 年敏东王推翻其兄蒲甘王后即位,他上任后拒绝承认蒲甘王与英国签订的和约,也不承认英国占领下缅甸。⑥1853—1854 年,他先后两次派使团前往卑谬和加尔各答与英属印度殖民政府谈判。但英属印度总督大贺胥称"只要太阳还放光芒,勃固省就永远是英国的"。敏东王只能被迫接受英国对下缅甸的实际控制。第二次英缅战争结束后,缅甸沿海地区的出海口全被占领,几乎半壁河山落入了英国手中。

第三次英缅战争爆发　1855 年,英国勃固省专员潘尔带队到上缅甸

---

① ② ③　[缅]大学盛丁:《1945 年缅甸反法西斯斗争史》,李秉年、赵德芳译,北京大学东南亚学研究中心 2007 年版,第 13 页。

④　张旭东:《缅甸近代民族主义运动研究》,泰国曼谷大通出版社 2006 年版,第 30 页。

⑤　[缅]大学盛丁:《1945 年缅甸反法西斯斗争史》,李秉年、赵德芳译,北京大学东南亚学研究中心 2007 年版,第 14 页。

⑥　同上书,第 193 页。

活动,收集上缅甸的大量情报,开始为进一步侵略做准备。1878 年,敏东王病逝后,锡袍王即位。他继位不久就疏远贤臣,重用亲信和宦官,一些颇有见识的官员遭到排挤,一些才疏学浅之辈掌握了实权,朝廷内部派别丛生、四分五裂,国家和行政管理又开始混乱起来。①1879 年 9 月,英国驻阿富汗喀布尔的大使路易斯·卡瓦纳里爵士被阿富汗人杀死,英国人担心英国官员被缅甸人杀害,决心召回与缅甸关系不太融洽的公使圣巴布先生及使馆人员。10 月,英国驻缅甸曼德勒使馆人员撤离。这使得法国人立即活跃起来。为遏制英国势力在缅甸独大,缅甸统治者也加紧对外活动,试图加强与法国的关系以牵制英国。

1885 年 1 月,缅甸使团团长内廷大臣与法国外交部部长范里在巴黎签署了《法缅协定》,法国同意给缅甸军事援助,缅甸同意法国在缅甸获得一系列特权,包括:开设法缅合资银行,开采森林、煤矿、石油、抹谷玉石矿,修筑经过东吁地区至曼德勒、曼德勒至东吁的铁路线,开辟伊洛瓦底江和萨尔温江轮船航运,以及在上缅甸各地架设电话线和扩建工业等。②这一条约使得企图独霸缅甸的英国十分不满和嫉妒,认为缅甸与法国关系亲密会导致英国丧失到手的权益和地盘,他们必须抢先行动,占领上缅甸。因此,英国计划在对阿富汗和祖鲁的战争结束后发动对缅战争,加速占领整个缅甸。

缅甸的柚木出口贸易历来由王室直接垄断。第二次英缅战争后,根据英缅签订的贸易协定,英国商人也逐渐渗入这一领域。③1885 年 4 月,发生了英国孟买缅甸公司非法采伐东吁地区柚木、偷税漏税而受到缅甸政府罚款的事件。这本属于行政处罚的一般事件,却被英国政府大做文章,成为引发第三次英缅战争的导火线。

缅甸英国高级专员就孟买缅甸公司的"柚木案"与缅甸政府进行了多次交涉。英属缅甸专员查理斯·伯纳特于 1885 年 10 月 22 日向缅甸政府提交了英属印度殖民政府的最后通牒,主要内容是:缅方必须等候英属印度总督派出的代表团到达,共同调查孟买公司柚木案;在代表团到达之前缅方不得对柚木案做出裁决;缅方同意接受 1 名英属印度总督代表常

① [缅]纳茂、蓬觉:《英缅战争史》,赵德芳、李秉年译,香港社会科学出版社有限公司 2008 年版,第 200—203 页。
② 同上书,第 209 页。
③ 张旭东:《缅甸近代民族主义运动研究》,泰国曼谷大通出版社 2006 年版,第 33 页。

驻曼德勒,并准其带有一支 1 000 名士兵的卫队和 1 艘战舰;缅甸国王准许英国代表在谒见时不脱鞋履和携带佩剑;如没有得到英王同意,缅甸不得与任何国家往来。① 锡袍王在听取其上奏后表示:"由于柚木案才招致英国提出的五点要求。因此,如果撤销柚木案其他要求也无须商谈,按此回复。"缅甸政府复函,决定不再征收柚木案的罚款,同意恢复双方互派使节,但拒绝了缅甸与其他国家交往需征得英国同意的霸道条款。②

很明显,英国只是以"柚木案"为借口,最终目的是把缅甸全境变成英国独占的殖民地。1885 年 11 月 10 日,英属印度总督要求母国政府授权进攻上缅甸。英军早已准备就绪,集结在边防重镇。1885 年 11 月 13日,英国正式向缅甸宣战。11 月 14 日,英军从上下缅甸交界处的第悦茂出发,入侵上缅甸。11 月 17 日,英军发动对敏拉要塞的进攻。凭借先进武器和优势兵力,英军仅付出轻微代价即攻克了距离第悦茂 90 多千米处的敏拉要塞。11 月 25 日,英军攻占敏建。11 月 27 日,英军到达实皆。11 月 28 日,英军兵临曼德勒城下,③ 占领了整个王宫,锡袍王穷途末路,无条件投降。有学者称第三次英缅战争为"十四日战争"。

五、贡榜王朝灭亡

第一次英缅战争使缅甸在政治、经济和社会等方面都发生了巨大改变。政治上,战败损害了贡榜王朝中央的权威,许多少数民族趁机反叛,加剧了国内的混乱;经济上,巨额赔款使原本就濒临破产的缅甸农民处境更加艰难,同时造成政府财政经费的紧张和拮据;主权方面,缅甸失去了丹那沙林、若开等地方的领土主权。④ 面对这些危机,贡榜王朝的统治集团仍未意识到危机的严重性,而是继续沉迷在昔日的辉煌中,进行着朝廷内的争权夺利;尤其是随着国王孟既的健康状况恶化,王后梅努及其弟掌

---

① [缅]塞耶比、塞耶登、吴巴觉:《精编史要》(卷 5、卷 6),仰光市都默瓦底出版社 1923 年版,第 404 页;Foucar, *Emile Charles Victor—They Reigned in Mandalay*, London Dennis Dobson, 1946, pp.130 - 131。

② [缅]纳茂、蓬觉:《英缅战争史》,赵德芳、李秉年译,香港社会科学出版社有限公司 2008 年版,第 211 页。

③ 张旭东:《缅甸近代民族主义运动研究》,泰国曼谷大通出版社 2006 年版,第 34 页。

④ 同上书,第 30 页。

握了实权,他们迫切地想除掉孟既的弟弟——礁拉瓦底亲王。1837 年,礁拉瓦底从首都逃出,到达瑞冒,开始举兵反抗。1838 年 2 月,礁拉瓦底成功登上王位,史称孟坑王。孟坑王即位后,迁都阿摩罗补罗,残杀异己,杀害关联之人多达 200 人。1846 年 8 月,孟坑因病驾崩后,其子蒲甘王除掉其他可能与之争夺王位的兄弟后,最终登上了王位。

立敏东为新君 第二次英缅战争使得缅甸国力进一步衰微,失去了全部的出海口,丧失了三分之二的领土主权,经济实力锐减,财政收支入不敷出,人民生活在水深火热之中,西方文化更是冲击和动摇了上座部佛教文化的独尊地位。[①]第二次英缅战争的惨败使得蒲甘王的威信扫地,群臣更对其愤恨不已。由于蒲甘王昏庸无能、治国无方,滥征苛捐杂税,使得群情激愤、民怨沸腾,缅甸历代王室积累的权威、打下的根基,以及所建立的中央集权制度日渐衰微。1853 年 2 月,缅甸最高行政和司法机构鲁道宣布废黜蒲甘王,立敏东为缅甸新国王。贡榜王朝经历两次英缅战争失败的重创,内部早已四分五裂、羸弱不堪,缅甸面临有史以来最大的亡国危机,即使有敏东王这样有远见卓识的君主也未能抵挡世界头号工业强国英国对缅甸的侵吞和蚕食。

敏东王登基时正值第二次英缅战争刚刚结束,新君给缅甸的复兴带来希望,给国家带来了新气象。1857 年,敏东王战略性地将京都迁到曼德勒。他励精图治,奋发图强,与加囊亲王力推改革,力图实现国家工业化、武器现代化,希望将缅甸从落后挨打的农业国发展成为一个强大先进的工业国。

1853—1866 年,敏东王在其弟加囊亲王的协助和支持下,在外交关系、教育、军事、科学、技术、经济、司法等方面推行了一系列改革。第一,拓展外交关系:派遣使团出访英国、法国、意大利,加强与西方国家的外交关系,这些活动使缅甸人的视野大为开阔,他们开始了解当今世界的工业技术和科学水平。第二,重视向西方学习:派出多名贵族子弟去英国、法国、意大利留学,学习先进工业技术、军事技术和治国理政方法。第三,加快工业强国:从国外购买铸币机、纺织机、碾米机、锯木机、制糖机、制染料和制玻璃机等机器设备,还购买起重机、钻床、压碾机和热动力机等,建造了一些小型加工厂。第四,加强军事建设,请法国、意大利的教官协助训

---

① 张旭东:《缅甸近代民族主义运动研究》,泰国曼谷大通出版社 2006 年版,第 31—32 页。

练军队,改变过去临时招募兵员的做法,开始建设和发展常规军,购买先进武器和制造枪炮炸弹的机器,建立兵工厂,改良武器装备。第五,改革税制和司法制度:改封建食邑制度为薪俸制,使用统一的铸币。① 敏东王的改革运动,一定程度上提升了缅甸的国力。

1866 年 6 月,敏贡王子和敏孔登王子因失去王位继承权发动政变。这次政变使得一些能人志士惨遭迫害;改革的主要推动者——才华横溢的加囊亲王被杀害,② 敏东王的改革失去了灵魂人物。这场叛乱使得刚刚有些起色的国家工业化进程夭折,缅甸复兴的希望随着这次宫廷政变而破灭。

锡袍王被流放 1878 年,敏东王病逝。敏东王去世后,懦弱的锡袍被敏东王的王后馨部麻茵选中,在她的力推下继承了王位。锡袍王继位后,馨部麻茵将自己的两个女儿嫁给他,自己垂帘听政,锡袍王沦为其傀儡。

锡袍王在位期间,英国势力如日中天,不仅控制了下缅甸,上缅甸也被其渗透。锡袍王试图利用外部力量牵制英国,派使团前往巴黎与法国结盟,法国也派代表到达曼德勒签署协定,英国得知锡袍政府已在经济上对法国让步以换取政治联盟和军事援助后,认为法国的存在威胁了英国的既有利益和未来在缅权益,于是加紧侵略缅甸。

第三次英缅战争从英国宣战到结束,仅仅用了 14 天。11 月 29 日,英国侵略军总司令来到王宫下令流放锡袍王和王后素浦呦雅。锡袍王、王后及其子女被押出王宫,送上了"太阳号"军舰,最后被流放到印度西海岸的拉特纳吉里。他们在有红砖外墙和用柚木装饰的带有意大利彩色玻璃大窗的"玻璃宫殿"度过了余生,至死未再返回故土。随着锡袍王的流放,贡榜王朝彻底灭亡。缅甸的封建时代也随着贡榜王朝的覆灭而彻底结束。

缅甸法师西班尼描述了此亡国之悲痛情景:③

缅历八月,王运不佳。

---

① [缅]纳茂、蓬觉:《英缅战争史》,赵德芳、李秉年译,香港社会科学出版社有限公司,2008 年版,第 193—198 页。
② 同上书,第 199 页。
③ 同上书,第 253 页。

贡榜金鸟,失去光华。

徒留空架,今日天下。

亡军亡臣,亡国亡家。

前途渺茫,整个国家。

嗟呼!嗟呼!乱世生涯。

吾辈黎民,死去更佳。

作者点评:

作为缅甸历史上的最后一个封建王朝,贡榜王朝前期和后期存在巨大的差异。贡榜王朝前期处在缅甸封建社会的鼎盛时期,依托强大的国力一度称霸中南半岛,征服了周边的暹罗等国,还与清朝数次交战。但贡榜王朝的后期实力已大不如前,三次英缅战争都以缅甸惨败而告终,丹那沙林和阿拉干、勃固、曼德勒等大量领土被迫割让给英国。尽管缅甸出现了敏东王这样的贤君主政,他与加囊亲王携手改革,力挽狂澜,希望将缅甸从落后挨打的农业国发展成为一个先进的工业国,力图实现国家的工业化和武器的现代化,但也未能挽救缅甸的命运,缅甸仍被"世界第一工业强国"英国所征服,陷入落后挨打的局面。最终缅甸彻底沦为英国的殖民地,被迫开启了屈辱的英国殖民统治时代。

第七章 英国殖民统治与缅甸独立抗争

　　三次英缅战争的失败使缅甸彻底沦为英国的殖民地。英国的殖民统治加剧了缅甸各区域的不平衡发展、社会的相互割裂、经济的畸形发展、民族的隔阂矛盾、传统文化的衰落和宗教的对立。缅甸被迫从传统社会向现代社会转型。从 1824 年第一次英缅战争开始,到 1886 年缅甸成为英属印度的一个省,然后到 1942 年被日本占领,再到被英国重新控制,最后到 1948 年缅甸独立,缅甸经历了一段屈辱和曲折的历程。

一、英国的殖民统治政策

　　"印缅分治"　英国在缅甸的殖民统治分为"以印治缅"(1886—1937 年)和"印缅分治"(1937—1945 年,1942—1945 年日本占领时期除外)两个阶段。第三次英缅战争结束后不久,英属印度总督于 1886 年 1 月 1 日奉英国女王之命发布公告,表示"锡袍王所管辖之领土将不再受其统治而成为女王陛下领土之部分,由代表女王陛下之总督治理之,该总督将由印度总督随时委任"。①英国将缅甸并入印度,缅甸成为英属印度缅甸省。缅甸在英国殖民统治初期曾实行十年的军事管制。1897 年,首席专员被省督代替,由英国驻印度副总督兼任省督。1923 年,英殖民政府在缅甸正式实行"两元政制"(中央政府和地方省政府制),缅甸作为地方省只能行使地方省政府的职权。1931 年,英国政府提出了"印缅分治"计划。1937 年,缅甸由英国派总督直接统治,从而与印度实行分治。②英国对缅

---

① ［缅］纳茂、蓬觉:《英缅战争史》,赵德芳、李秉年译,香港社会科学出版社有限公司 2008 年版,第 284 页。

② 何跃:《论二战后英国对缅甸山区民族的分治政策》,《世界民族》2005 年第 6 期,第 27 页。

甸的殖民统治主要从政治、经济、文化、宗教等几个方面入手,加强对缅甸的控制、掠夺和攫取,殖民统治加剧了缅甸各区域的不平衡发展、经济的畸形和各种社会矛盾。缅甸被迫从传统社会向现代社会转型。

"分而治之"的统治政策　在政治上,英国殖民政府对缅甸实行"分而治之"的统治政策和"金字塔形"的殖民行政体系。在缅甸的中心地区(主要包括缅甸王朝曾经直接控制的地区)实行直接统治,采取严密的金字塔式的行政体系。英国殖民政府在缅甸设立警察、司法、税务、农业、土地、公共工程、公共卫生等部门,建立首席专员(后为副总督)、专员和副专员等级集权体系,在这个体系内,每一位官员负责所辖政府(省、分区、地区)的各项事务;司法和税收还另任命专门的专员负责;并设立立法议会。英国殖民者在一定程度上把西方的现代行政机制和政治思想应用到缅甸,冲击了缅甸各阶层的固有传统,导致了缅甸社会运行机制和人民思想理念的变化。英国在缅甸中心周边的少数民族山区和掸邦地区以控制和利用当地土司或头人的方式实现间接统治。例如,在掸邦,英国殖民政府承认当地土司的传统统治地位,保留土司的司法和税收权。在钦族和克钦族人的地区,允许原有头人按照原有法律和习俗维持统治。在克伦族地区,允许其既不隶属于缅甸也不隶属于英国的"独立"地位。"分而治之"的统治政策,打破了缅甸各民族的融合进程,直接造成了各民族间的割裂,为后来民族分裂埋下了巨大的隐患。①

掠夺型殖民经济政策　在经济上,英国采取单一的掠夺型殖民经济政策。英国殖民者吞并整个缅甸后力图把缅甸变为英国的粮仓、柚木供应基地、石油与其他矿产的生产基地,以及英国和英帝国内部其他国家消费品的销售市场。因此,它尽可能地利用缅甸丰富的矿产等各类自然资源,利用大量的廉价劳动力(包括印度移民),有目的地发展那些产出最快、利润最大的部门,主要是农业、林业、矿业和农林产品加工业等。②英国攫取和掠夺了缅甸大量的矿产资源。1886年,英国殖民者成立了英国缅甸石油公司,并在几年后将其发展为亚洲最大的英国公司。1902年,又在缅甸建立了远东矿业有限公司(1914年改名为"缅甸公司"),是缅甸当时最大的金属矿业公司。1914—1918年间,缅甸的钨产量仅次于中

---

① 张旭东:《缅甸近代民族主义运动研究》,泰国曼谷大通出版社2006年版,第38—41页。
② 同上书,第41页。

国,在世界上位于第二位;铅产量为亚洲第一;铜产量为亚洲第四。①在英国殖民统治时期,外国资本也几乎控制了缅甸的交通、运输、银行、外贸、工矿等各个行业,导致缅甸民族资本主义工业发展十分缓慢,英国殖民时期形成的这种单一和畸形的经济结构,至今仍影响着缅甸的经济发展。

殖民文化政策 在文化上,英国采取世俗化的殖民文化政策,使缅甸教育领域发生了很多变化。1866 年成立的教育局开始对缅甸的封建寺庙教育进行改造,开办各类世俗学校,基础教育、职业技术教育以及高等教育都得到一定的发展,缅甸近代教育由此兴起。但殖民教育的畸形和负面作用日益突出:殖民政府采取的重管理、轻投入的管理模式,使得缅甸基础教育薄弱,职业技术学校发展滞后,高等教育落后;这更是一种种族歧视的教育,它导致教育资源地区分布极为不均;同时奴化教育与愚民教育并行,培养的是殖民统治"工具"。②殖民教育虽然客观上奠定了缅甸现代教育的基础,培养了一批近代知识分子,促进了缅甸民族主义运动的发展,但奴化的教育也制约了缅甸传统教育的正常发展。③原本寺院作为宗教机构发挥着缅甸宗教教育和大众教育的重要功能,但殖民统治期间,英国取消了原来缅甸政府对寺院学校的支持,寺院逐渐丧失原来的绝对重要性。虽然殖民政府陆续在仰光、卑谬、丹老、马都八、勃生、东吁、土瓦等城市开办了一些西式学校和教会学校,但这些学校主要位于城市,且教育并未对全民开放,免费教育也被取消,因而只有少数人能接受教育,它主要还是为殖民统治服务。传统的寺院教育衰落导致一些农村地区既没有现代的西式学校,又没有传统的寺院教育,缅甸整体上识字率下降,文盲增加。同时,随着佛教教育地位的下降,以佛教艺术为代表的传统文化也面临着衰落的窘境。

制造新的宗教矛盾 在宗教上,殖民政府采取所谓的"中立化"的不干涉政策,利用宗教在缅甸制造新的矛盾。其废除了佛教的保护者缅王,不再为缅甸佛教提供庇护,缅甸曾有八年时间没有设立僧王,缅甸的佛教界陷入了混乱状态。④殖民统治期间,缅甸信仰佛教的居民比例下降,而

① 贺圣达:《缅甸史》,云南人民出版社暨云南大学出版社 2015 年版,第 270 页。

②③ 刘利民:《试论英国殖民统治对缅甸教育的影响》,《云南师范大学学报(哲学社会科学版)》2007 年 39 卷第 4 期,第 17 页。

④ 张旭东:《缅甸近代民族主义运动研究》,泰国曼谷大通出版社 2006 年版,第 36 页。

信仰基督教、印度教和伊斯兰教的居民比例大幅增加。原本以佛教为国教的缅甸内部,被人为制造出宗教的多样性和新的宗教矛盾。本来缅甸少数民族信奉的原始宗教缺乏系统明确的教义,并没有严密的教会组织,所以易于被外来的成熟宗教所取代。例如,缅甸少数民族克伦族有很大一部分人被基督教所打动,接受洗礼成为基督教徒。英国利用基督教煽动少数民族与缅族的矛盾,分裂和瓦解缅甸的民族关系。在英国殖民者的挑唆下,克伦族上层将矛头对准了缅族,却把英国殖民者描绘成克伦族的救世主,表示在任何情况下都接受英国的控制。

二、民族独立运动的兴起

早在第一次、第二次英缅战争结束后,缅甸就有分散的、小范围的反抗英国侵略者的队伍出现。第三次英缅战争结束后,英军攻占了缅甸传统的核心区域,各地的反英势力渐起,原来的零星反英斗争开始发展和演变成全国性的反抗浪潮,从王公贵族、封建主、僧侣到农民、工人、学生等,各阶层都纷纷参与到救亡图存的爱国运动之中。

1885—1900 年,是缅甸近代民族主义运动的孕育时期。最开始的反英抗争主要出于保卫皇权与捍卫佛教地位的目的,组织反英斗争的领导人也主要是为恢复王权、复兴王室统治的王公贵族和封建主,以及为宗教信仰而战的僧侣群体。敏东王的儿子明壮王子和密克耶王子的两个儿子苏耶南和苏耶邦,以及加囊亲王的儿子昆岳和林彬都领导过抗英武装。除了上述王子、王公领导的抗英斗争,还有世袭头人波瑞和世袭军事长官、乡村头人波雅钮等地方封建主领导的抗英斗争,吴欧德玛法师、马延昌法师等佛教僧侣也是这一时期反英斗争的主力。

这些旧式的抗英斗争基本打着王室的旗号,多以恢复贡榜王朝的统治和佛教的权威为目的,参与的人群主要是旧王朝的军官、士兵、部分僧侣,但广大农民的参与度不高,规模较小且是局部反抗,各队伍之间缺乏行动的协调和统一的部署,各自为政,在英国先进的机枪、大炮等现代武器的军事镇压,以及分化安抚、怀柔并用的所谓"和平化"政策的瓦解下,根本不堪一击,因此最后都以失败告终。[1]

---

[1] 张旭东:《缅甸近代民族主义运动研究》,泰国曼谷大通出版社 2006 年版,第 55 页。

1900—1919 年,是缅甸近代民族主义运动的产生时期。在英国的殖民统治之下,缅甸殖民社会全面形成,随着资本主义工商业的发展和世俗精英阶层的壮大,缅甸社会结构出现了新变化,新的阶层成长起来。在近代西式教育体系下成长起来的一批接受了西方自由、平等新思想,具有强烈民族主义意识的世俗知识分子逐渐活跃在社会舞台上。缅甸独立运动从旧式的封建阶层的反英斗争发展成为以新式的世俗知识分子为核心的民族独立斗争。

佛教青年协会 早在 1897 年,缅甸佛教的中心曼德勒成立了第一个世俗的保卫和复兴佛教的协会——曼德勒佛教复兴会,致力于社会启蒙活动。1902 年,阿育王协会在勃生成立。在其他地区也相继出现了类似组织。1906 年,全国性的知识分子组织——佛教青年协会(Youth Men's Buddhist Association)成立,佛教青年协会是缅甸第一个具有近代民族主义性质的组织,标志着缅甸近代民族主义运动的产生。其创始人吴梅翁、吴钦、吴巴英、吴巴佩等都是富有家庭的代表,[1]该组织的成员是受过近代西方教育的青年知识分子。其起初的宗旨是"促进民族语言、佛教精神和教育发展",初期职能主要涉及缅甸佛教徒的宗教地位、社会地位和教育福利,主张实行免费的初等义务教育,坚持缅人应与英国人享有平等的受教育权利,与有害的民族习俗做斗争。佛教青年协会还编辑出版了英文周刊《缅甸人》和缅文、英文、巴利文月刊《缅甸佛教徒》,并开办印刷厂,建立了图书馆。1911 年,该协会领袖吴巴佩创办了第一张全国性的缅文报纸《太阳报》,开始提出社会和经济领域的要求,在唤起民族觉醒方面起到了显著作用。[2]佛教青年协会在 1917 年召开的第五次代表大会决定开始转向政治活动。1916—1919 年,该组织策划和领导了"反对不脱鞋"运动,要求欧洲人进入缅甸寺塔,必须尊重当地人的习俗,像缅甸人一样脱掉鞋子,这一提议得到了缅甸全社会的广泛响应。莱迪法师也出版了一本《在佛塔平台上穿鞋不合体》的书,为"反对不脱鞋"运动提供了权

---

[1] 缅甸人不论男女,皆有名无姓。近现代以来,缅甸人通常在男性长辈名前冠以"吴"("先生"的意思),在女性长辈名前冠以"杜"(即"夫人""女士"的意思),以示尊称。本书中缅甸人名前是否加"吴"或"杜",参照了外交部和新华网的用法。关于缅甸人名的详细分析可参见李谋:《缅甸人的姓名》,载《缅甸与东南亚》,世界图书出版广东有限公司 2014 年版,第 128—135 页。

[2] [苏] 瓦西里耶夫:《缅甸史纲》,中山大学历史系东南亚历史研究所与外语系编译组译,商务印书馆 1975 年版,第 87—91 页。

威的宗教依据,[1]最终这次运动取得了巨大胜利。

1920 年,全缅佛教青年协会年会上,佛教青年协会正式改名为"缅甸人民团体总会"(The General Council of Burmese Association),转变成为一个政治组织。该组织遍布各个主要城市,在全国范围内传播自治、平等、自由的政治理念,激发了缅甸人民的政治参与热情,唤起了缅甸人民的觉醒和民族情感,增强了缅甸人民的民族主义意识,积累了诸多开展民族主义运动的经验,具有重要的影响和作用。

1920—1941 年,缅甸近代民族主义运动进入发展和高涨时期。第一次世界大战爆发后,缅甸作为英国农业和原料附庸国的作用急剧增长,英帝国主义加紧了对缅甸各族人民的剥削,引发了缅甸各族各阶层的人民对殖民压迫的不满情绪,缅人与英国殖民者的矛盾和仇恨也进一步激化。随着缅甸人民民族意识的觉醒,大学生、农民、工人等都相继领导和参与了声势浩大的民族主义运动,缅甸民族解放运动高涨。这些运动中,最有影响的是抵制《仰光大学条例》的学生运动、农民领导的"萨雅山农民起义"、工人等领导的"1300 运动"等。在全国有影响力的政治组织中,除缅甸人民团体总会外,还有"咖咙会""我缅人协会"等各种组织。

抵制《仰光大学条例》学生运动　在缅甸人民团体总会的领导下,缅甸历史上第一次大学生运动——抵制《仰光大学条例》学生运动于 1920 年 12 月 4 日拉开帷幕,成为缅甸近代大规模学生运动的开端。1920 年 8 月,英殖民政府立法议会通过了《仰光大学条例》,条例的内容对缅甸学生的入学和深造十分不利,引发了学生的愤懑。他们对高等教育学费昂贵、入学门槛高、学校管理制度不民主等问题提出了抗议。1920 年 12 月 1 日,条例开始生效。12 月 3 日,仰光大学学生在仰光瑞金塔下的菩提树下举行集会,抵制和要求修改这些条例。12 月 4 日,学生们成立了联合抵制《仰光大学条例》委员会。

12 月 8 日,联合抵制委员会发表《告缅甸人民书》,明确提出反对"奴化教育",号召全国人民团结一致,拯救国家和民族。12 月 17 日,抵制委员会向缅甸省督递交了请愿书,要求修改入学条件,缩短学制,重新考虑校务委员会人员,但遭到殖民政府的拒绝。于是学生们召集大会,举行大规模的罢课活动。很快,罢课活动在全国蔓延开来,全国几千所学校争相

---

① 　张旭东:《缅甸近代民族主义运动研究》,泰国曼谷大通出版社 2006 年版,第 73 页。

效仿,殖民政府的教育系统几近瘫痪。[1]

罢课学生提出创建"国民学校"(也称"民族学校")的想法,此后"全缅国民学校协会"成立,多所国民学校陆续创办。这些国民学校在创办初期遇到了缺乏资金、缺乏课本、缺乏教师等一系列难题,但最终缅甸人民团结一致,克服重重困难,仍然坚持将国民学校办了下来。在这些国民学校,学生们着重学习缅甸的语言、文学和历史等科目,宣传缅甸传统家庭手工业,抵制进口的英国和印度商品,接受热爱国家、民族、宗教、历史和文化等民族主义思想,追求自我牺牲、独立、平等、自由、自尊和自立等民族主义精神。国民学校培养了大批新的近代民族主义运动的领袖和知识分子,例如昂山将军就毕业于仁安羌国民高级中学。[2]

最后,在与英国殖民政府的谈判中,大多数国民学校被纳入统一的教育体系。国民学校的创办是缅甸教育史上的一件大事。这次学生运动取得了一定的胜利,鼓舞了缅甸人民的士气,提振了民族信心,推动了缅甸的民族主义运动的发展。

萨雅山农民起义　1929 年,世界经济危机爆发,各国都深受影响,缅甸也未能独善其身。金融危机爆发使得缅甸稻米价格急剧下跌,农业部门遭到破坏,高利贷、各种税赋使得本就在贫困边缘的缅甸农民陷入破产的境地,英国殖民者仍然贪婪地加紧征收各种人头税和土地税。私有土地逐年减少,无地佃农逐年增多,激起了广大穷苦农民的不满。各地出现了

仰光大学

① ［苏］瓦西里耶夫:《缅甸史纲》,中山大学历史系东南亚历史研究所与外语系编译组合译,商务印书馆 1975 年版,第 158 页。
② 张旭东:《缅甸近代民族主义运动研究》,泰国曼谷大通出版社 2006 年版,第 88 页。

诸如"不合作协会"这样领导农民进行斗争的农民协会,"不合作协会"成员拒不缴纳税款,袭击村长,还发展自卫队。

1930年12月22日,缅甸近代历史上最大的农民起义——萨雅山农民起义爆发,起义的领导者为萨雅山。1876年8月8日,萨雅山生于瑞冒县的一个穷苦农民家庭,幼年时在当地的寺院学校学习,后以四处行医为生。他精通医术,善于总结,著有《疾病之症候》一书。行医的经历让他看到了民间的疾苦和人民生活的艰辛,也尝尽了世间百态。1920年,他满怀希望地加入缅甸人民团体总会。但入会后他发现总会内部思想分裂,缺乏明确目标,于是带着对总会的失望而离开。1929年,他开始建立秘密组织"咖咙会",咖咙会兼具政治组织和军事组织,佛教寺庙是其活动的中心,其骨干成员也有许多是寺庙的政治高僧。1930年,萨雅山接受"咖咙王"称号,在阿龙山上建立王都。咖咙会的成立、发展和迅速壮大为起义提供了各项保障。

1930年12月22日,起义在沙拉瓦底县爆发。1931年6月和7月,起义军声势浩大,几乎席卷了全国,这使得英国殖民者惶恐不安,他们派出大批军队围攻萨雅山和起义军。最后,因叛徒出卖,萨雅山被捕入狱,并被绞死在监狱里。1932年6月,起义基本被英国军队镇压。这次起义的主体是带有深厚传统意识的农民阶层,他们的思想局限性十分明显,虽然提出了推翻英国殖民政府的目标,但仍未能摆脱旧思想的束缚,盲目相信护身符、护卫神等能够护佑人民取得胜利。同时,咖咙会在各地未能形成统一的全国性的中央领导组织,[①]导致起义行动分散,缺乏整体的协调和互相策应支持,未能最大限度凝聚合力,给了英国军队各个击破的契机。起义最终不可避免地失败了。

"1300运动" 世界经济危机的爆发也使得缅甸工人阶层的生存状况严重恶化。缅甸工业和手工业等受到影响,手工业厂家只能关门歇业;稻米加工行业受到巨大冲击,许多米厂被迫关闭;矿场等也大批倒闭。由于产品滞销、工厂倒闭、大批工人工资下降或失业,工人阶层的处境雪上加霜,激起了工人阶级的反抗,引发了大罢工。

早在1930年,仰光大学学生、青年知识分子发起成立了"我缅人协会",协会成员自称"德钦"(先生或主人),因此,又称"德钦党"。1936年,

① 张旭东:《缅甸近代民族主义运动研究》,泰国曼谷大通出版社2006年版,第121—123页。

"我缅人协会"发起其第一次全国范围内的政治运动——仰光大学第二次学生大罢课。罢课运动取得胜利之后,一大批优秀学生拥入"我缅人协会",开始发挥主要作用,其中最为突出的就有德钦昂山和德钦吴努等人。随着协会的发展和壮大,石油工人里陆续出现工人协会性组织。1934年,"我缅人协会"在稍埠建立了第一个工人协会。到1937年,"我缅人协会"几乎领导和控制了各个油田的工会组织。1937年11月4日,"我缅人协会"成立红龙书社,其社旨主要是:向全体缅甸人民灌输争取独立的思想;引导人民把争取独立的要求付诸实践,以争取早日实现独立的目标;反对限制言论自由,争取自卫的权利;要求建立、巩固和发展多数人拥护的、公正合理的管理制度;反对使贫苦大众受苦、少数资本家发财的战争;主张人人享有最基本的生存权利。[①]

在"我缅人协会"的领导下,1938年缅甸爆发了历史上著名的石油工人大罢工运动,这次罢工运动逐渐发展成为一场全国性的群众运动。由于1938年是缅历的1300年,因此也被称为"1300运动"。"1300运动"是缅甸民族主义运动史上极具影响力的一次运动,掀起了缅甸民族主义运动的新高潮。

1938年1月8日,稍埠油田工人举行大罢工。1月13日,罢工迅速蔓延到仁安羌等地。经过11个月的艰苦斗争,工人仍然未能达到罢工的目标。11月底,油田罢工工人决定徒步进军到仰光向殖民政府请愿,发起了著名的"饥饿进军"。1938年12月,支持稍埠、仁安羌石油工人向仰光进军的德钦党等组织的领导人在马圭被巴莫政府逮捕。大学生举行集会,包围和封锁了政府秘书厅,中小学生也加入抗议示威运动,罢课运动蔓延到全国。1939年1月10日,罢工工人代表、学生代表、仰光各县代表、农民代表等参加了全缅甸人民政治会议,会议通过决议,采用不接受政府官职、地方官员辞职、联合抵制英国货物、全国总罢工等方法,以达到政治目的。[②]巴莫政府拒绝并调动大批警察镇压,近500人被逮捕。1月18日,缅甸爆发了历史上第一次总罢工,油田、码头、工业、农业等领域陷入瘫痪。2月10日,在曼德勒学院罢课学生的倡议下,学生、市民、僧侣大约5万人举行游行示威,向英国殖民政府抗议。殖民政府武装警察开

---

① 姚秉彦:《缅甸红龙书社》,《东南亚》1984年第4期,第26页。

② 张旭东:《缅甸近代民族主义运动研究》,泰国曼谷大通出版社2006年版,第146页。

枪打死了 17 人,另有 13 人重伤,造成了令人震惊的"曼德勒血案"。①"曼德勒血案"后,缅甸兴起了罢工斗争的热潮。

2 月 12 日,殖民政府部长吴素对巴莫内阁政府提出不信任案,巴莫内阁被迫下台。②新任内阁上台后,采取措施分化瓦解罢工领导人,使其内部产生严重分歧,导致总罢工被瓦解。③稍埠和仁安羌等工人大罢工和"饥饿进军"宣告失败。2 月 25 日,新内阁做出一定妥协,与全缅学生联合会学生领袖达成协议,学生抗议运动也宣告结束。

这次运动是工人阶级第一次登上政治舞台,"自由和独立"的进步思想在缅甸得以传播,其提出的许多经济主张和政治要求对缅甸近代民族主义运动有诸多借鉴意义,大罢工和"饥饿进军"运动也得到了全国人民的大力支持和热烈回应,增强了各界、各民族人民的团结合作。但工人罢工运动的失败也显示出工人阶级发展还不够成熟,难以担当领导重任。

1939 年 3 月,"我缅人协会"召开全国第一次工人代表大会,成立了全缅中央工会组织,德钦丹东任劳工书记。5 月,"我缅人协会"召开全缅农民组织会议,成立全缅农民组织,德钦妙当选为主席。缅甸的民族主义运动在协会的领导下走向高潮。1939 年间,在缅甸的英国公司和机关里,至少发生了 25 次罢工。④反殖民斗争的新高潮促进了民主革命思想,特别是促进了马列主义和社会主义在缅甸的传播。社会主义书社成立后,开始研究和宣传科学社会主义,并陆续出版《资本论》《列宁传》等马克思、恩格斯、列宁的相关著作,国内也陆续出现马克思主义小组和团体。1939 年 8 月,缅甸人马克思主义学习小组和印度人马克思主义学习小组合并,仰光成立了缅甸共产党,"我缅人协会"总书记德钦昂山担任第一任缅甸共产党总书记。1940 年 1 月,"我缅人协会"举行全缅工人阶级百人代表会议,宣布运动的最终目的是在缅甸建立社会主义国家。1940 年,"我缅人协会"领导和发动"五一"示威活动,反英游行席卷全缅。在英殖

①③ 张旭东:《缅甸近代民族主义运动研究》,泰国曼谷大通出版社 2006 年版,第 145—152 页。

② 从 1937 年 4 月印缅分治到 1942 年初,殖民地缅甸经历了三届由缅甸人担任总理的政府,前后是巴莫、吴布、吴素。贺圣达:《缅甸史》,云南人民出版社暨云南大学出版社 2015 年版,第 358 页。

④ [缅]貌秒东林:《缅甸劳工》,仰光大学经济、商学、统计学系商学硕士论文,1954 年 5 月手稿本,第 62—63 页。转引自 [苏] 瓦西里耶夫:《缅甸史纲》,中山大学历史系东南亚历史研究所与外语系编译组合译,商务印书馆 1975 年版,第 407 页。

民政府残酷镇压下,德钦礼貌、德钦丹东、德钦努、德钦梭、德钦妙等多位协会领导人被捕入狱,德钦昂山被通缉,协会遭受重创,活动由此转入低潮。"我缅人协会"是缅甸近代民族主义运动史上极为重要的政治组织之一,在它的领导下,缅甸近代史上最大规模的工农运动不仅沉重打击了英国殖民者,还传播了马克思主义和社会主义思想,为缅甸培养了大批优秀的政治人才,为缅甸近代民族主义运动做出了突出贡献。

三、日本侵缅与缅甸抗日

"1300 运动"失败和"我缅人协会"多位领导人被捕后,缅甸的民族主义运动陷入了低潮,多次反抗运动仍未能给缅甸民族解放带来突破性进展。缅甸社会各阶层精英和"我缅人协会"幸免于难的领导人意识到只依靠缅甸自身微薄的力量仍难以与经济实力雄厚、军事装备先进的英帝国主义抗衡。随着世界形势的发展,为实现国家的自由和最终独立,缅甸精英亲日情绪滋长,甚至"病急乱投医",希冀利用和联合日本帝国主义的力量来反对英帝国主义的统治,为迷失缅甸寻找一线生机。

第二次世界大战爆发后,为争夺对东南亚地区的控制权和切断国际援华抗日物资运输通道,日本企图侵占具有重要战略价值和丰富战略资源的缅甸。日本利用缅甸人民渴求独立的急切心理和英国被法西斯德国攻击、牵制而无暇东顾之际染指缅甸,对缅甸实施所谓的"援助",与缅甸民族主义精英"合作",欲将缅甸纳入"东亚共荣圈"。

"君子协定" 1941 年 2 月,德钦昂山离开日本秘密回到缅甸,3 月抵达勃生港口后潜回仰光,与"我缅人协会"和"人民革命党"领袖共同商讨如何联日反英。他们认为,当日本军队与英国军队在缅甸边境战役相持不下时,缅甸人民可以趁机反抗英国殖民政府。[①]经过协商,其最终决定与日本合作,与日本签订了秘密的"君子协定"。

"君子协定"约定,日本政府同意日军在战时保卫缅甸,凡接受日本援助的各缅甸民族主义政党合并成统一的秘密组织——人民革命党,人民

---

① 《缅甸争取自由的民族运动》,载《狮子》,仰光,1951 年 4 月,第 3—4 页。转引自 [苏] 瓦西里耶夫:《缅甸史纲》,中山大学历史系东南亚历史研究所与外语系编译组合译,商务印书馆 1975 年版,第 158 页。

革命党建立一支军队——缅甸独立军,独立军受人民革命党监督,但需任用日本总司令和日本顾问,人民革命党在缅甸各地组织起义,起义发动时间应与缅甸独立军由丹那沙林向北推进的时间一致,起义部队和独立军所需的武器和物资由日本政府供应,一旦丹那沙林收复,日本政府立即承认缅甸独立,成立缅甸临时政府。人民革命党同时获得从日本政府预算中"重建缅甸基金"拨付的 2 亿卢比款项。缅甸同意给予日本贸易上的优惠待遇,并将缅甸公路控制权移交给日本作为交换。①

引"狼"入室 根据双方达成的协议,由日本军官对一批缅甸人进行严格的军事训练,这批受训者将成为缅甸独立军的核心人员。1941 年初,人民革命党和"全缅农民组织"领袖共同决定派遣一批志愿军赴日本接受军事训练。1941 年 3 月,包括德钦昂山、德钦舒貌、德钦拉棉、德钦索伦、德钦拉佩、德钦吞欧等在内的"三十志士"秘密前往日本占领下的中国海南。训练结束后,"三十志士"被送往曼谷。1941 年 12 月 28 日,缅甸独立军在日军的指导下在泰国建立,②多位"三十志士"成员担任缅甸独立军的指挥员,他们誓为祖国的独立而战。③日本侵入缅甸时,缅甸独立军为日军充当向导,并与日军一起行动。缅甸民族精英们无论如何也没有料到,原本希望的借日本强力打败英帝国主义而实现民族解放,其实是引狼入室。

1941 年 12 月,日本偷袭珍珠港后就开始快速进攻整个东南亚地区。1941 年 12 月 11 日,日军开始在缅甸丹那沙林采取行动。12 月 23 日,首次轰炸仰光。1942 年 1 月 4 日,日本第 15 军大规模入侵缅甸。土瓦、毛淡棉、仰光、勃固、东吁、腊戍、曼德勒、密支那等地很快被日军占领,日军还占领掸邦,直抵中缅边界。在缅甸独立军的协助下,日军采取闪电式攻击,使得英军在缅甸遭遇惨败。英国殖民者在仓皇撤退时采取"焦土"战术,炸毁各种工业设备和运输设施,给缅甸造成了巨大的破坏和难以估量

---

① [苏] 瓦西里耶夫:《缅甸史纲》,中山大学历史系东南亚历史研究所与外语系编译组合译,商务印书馆 1975 年版,第 469 页。

② 1942 年,强占缅甸的日本法西斯又将缅甸独立军改名为"缅甸国防军";1943 年,日本为稳固其在缅甸的统治,给予缅甸形式上的独立,将缅甸国防军改为"缅甸国民军";1945 年,日本投降后,英国再次接管缅甸,英国将缅甸国民军更名为"缅甸爱国军";缅甸独立后,吴努政府在原部队基础上扩充组建"缅甸国防军"。

③ 巴丹:《革命》,载仰光《卫报》1962 年 3 月 27 日,第 6 页。

的损失。

此时的日本侵略者早已忘记此前的承诺,对缅甸独立军建立的地方政权置之不理,拒绝为缅甸独立军提供财政援助和军事、武器援助,日本与缅甸独立军的矛盾和冲突在仰光沦陷后变得更加尖锐。随着对缅甸占领的完成,日本侵略者在缅甸建立日本军政机构,对缅甸实行法西斯统治,缅甸又逐渐沦为日本的殖民地。日本牢牢控制住了缅甸的经济、政治、国防和外交。

为支持世界反法西斯同盟的正义事业,中国远征军将士不畏艰难,毅然奔赴缅甸战场,与缅甸人民共同抗击日本侵略者。中国远征军在杜聿明、孙立人、戴安澜等将领的指挥下,为击败日军付出了惨重的代价,许多将士埋骨他乡,为世界反法西斯战争胜利做出了巨大贡献。

反抗日本法西斯侵略 1942 年,中途岛战役后,日本法西斯在太平洋战线上逐渐失守,其在东南亚的统治也变得动荡不定。为了减少在缅甸的统治压力,日本允许缅甸获得所谓的"独立",于 1943 年 5 月 8 日,成立了缅甸独立筹备委员会,由巴莫担任委员会主席。1943 年 7 月,缅甸独立筹备委员会推出了缅甸《宪法》。1943 年 8 月 1 日,缅甸宣布"独立"。独立后,缅甸的国家元首兼总理由巴莫(Ba Maw)担任、国防部部长由昂山(Aung San)将军担任、外交部部长由吴努(U Nu)担任,①缅甸国民军总司令由奈温担任。日本与巴莫政府签订了《日缅合作条约》和《秘密军事协定》。通过条约和协定,日本实质性地控制了缅甸。然而日本在缅甸的残酷统治和剥削使得缅甸精英和人民幡然醒悟,他们开始意识到必须将日本法西斯彻底赶出缅甸,才能获得真正的独立,缅甸人民才能成为真正的主人。

1944 年 8 月至 9 月,缅甸共产党召集分散的抗日组织,组成"反法西斯人民同盟"(后改为"反法西斯人民自由同盟"),反法西斯人民自由同盟由多个团体组成,参加同盟的政党组织有缅甸共产党、人民革命党、缅甸国民军、我缅人协会、全缅青年同盟,以及一些僧侣团体等,昂山为最高领导人,德钦丹东任总书记。会议一致通过《驱逐日本法西斯强盗》的声明,

---

① 缅甸人对于军官的称呼通常采用"名字＋军衔"的方式,而当军人在服役前、服役中和服役后,对其称呼也会发生变化。例如,昂山在从军前被称为昂山,从军后任将军则称"昂山将军"。再比如,登盛在退役前称登盛将军,退役后就任总统,其名前加"吴",称"吴登盛"以示尊称。总之,缅甸人的称呼随其身份改变而有所变化。

其目标是建立真正独立的缅甸政府。反法西斯同盟成立后,缅甸各界积极响应,在抗日斗争面前,缅甸社会显示出空前的团结,整合了最大的抗日力量。

国际形势急转直下,法西斯意大利完全丧失了战斗力,希特勒统治的法西斯德国已处于崩溃边缘,日本法西斯在国际上孤立无援,英美盟军在太平洋战场上对日本发起了进攻。1945 年 3 月 27 日,缅甸国民军利用世界反法西斯斗争的有利国际形势,在昂山将军的领导下率先起义。起义得到了各地抗日武装力量的纷纷响应,他们在日本投降前一举解放了仰光。盟军在缅甸战场上也由局部进攻转为总攻,收复了缅甸南北的广大失地。1945 年 5 月,日本在缅甸的统治濒临崩塌。1945 年 8 月 6 日和9 日,美军司令部对日本广岛和长崎各投放了一颗原子弹。8 月 8 日,苏联也对日宣战,并快速地摧毁了日本陆军的精锐力量——关东军。1945年 9 月 2 日,日本无条件投降。日本在缅甸的统治也宣告终结。

四、英国殖民者卷土重来

英军自 1942 年撤出缅甸后,流亡印度的英国缅甸总督多尔曼·史密斯政府一直希望恢复对缅甸的直接殖民统治。1945 年 3 月,解放仰光和收复广大领土之后,缅甸并没有在战胜日本的同时宣布独立。在日本投降前夕,英国军队阻止缅甸立即宣布独立。英军利用 1945 年 3 月至 8 月反法西斯人民自由同盟与英国军司令部军事合作的时机,逐步占领了缅甸的主要阵地,防止民族解放运动爆发,[①]企图以盟军的身份借机重新占领缅甸。

1945 年 5 月 17 日,英国政府发布涉缅问题白皮书,妄图恢复战前对缅甸的统治。根据白皮书内容,一旦战争结束即在缅甸建立总督制度,一切政治问题必须完全由总督决定,缅甸山地民族的"特殊体制"也将恢复。白皮书发布后遭到缅甸人民的强烈反对和激烈抨击。1945 年 5 月,缅甸反法西斯人民自由同盟发表《反法西斯人民自由同盟的政策和目前的纲领》《全国努力重建国家的纲领》两份重要文件,一方面坚持原则性的民族

---

① [苏]瓦西里耶夫:《缅甸史纲》,中山大学历史系东南亚历史研究所与外语系编译组合译,商务印书馆 1975 年版,第 612 页。

要求,拒绝涉缅问题白皮书中所说英国政府在缅甸再次建立总督制度,坚持反法西斯人民自由同盟的最终目的是争取自决权,通过普选产生的制宪会议制定自己的宪法;另一方面鉴于抗日战争尚未完全结束,也为解决从日本侵略者手中解放后遗留的种种问题而寻求与盟军政府的共同语言,试图和平解决英缅的政治矛盾。[1]于是,反法西斯人民自由同盟提出通过与英国政府谈判的途径争取独立的和平方针。

1945 年 9 月 7 日,缅甸反法西斯人民自由同盟与英军东南亚战区的最高司令蒙巴顿签署了《康提协定》。1945 年 10 月,英军事政府正式把政权移交给此前流亡印度的以多尔曼·史密斯为总督的殖民政府。11 月,多尔曼·史密斯政府拒绝了反法西斯人民自由同盟提出的行政委员会的提名建议。为抗议这一决定,同盟领导人分赴缅甸各地,举行抗议性群众集会。面对抗议浪潮,英国撤换了多尔曼·史密斯,改任休伯特·兰斯为缅甸总督。

《昂山—艾德礼协定》 1946 年 9 月,在缅甸反法西斯人民自由同盟的组织和领导下,缅甸各地再次爆发大规模的罢工、罢课、罢市和游行示威。在此形势下,旧的行政委员会被迫辞职。9 月 27 日,英国不得不任命新的英属殖民行政委员会,昂山将军为副主席。11 月初,反法西斯人民自由同盟通过系列决议,表示不满足于在行政委员会中所起的作用,而提出了更多的要求,要求保证缅甸加入联合国、与其他国家建立外交关系、设立充足的国防军、外国军队从缅甸撤出、进行有效的国家重建计划等。[2]1946 年 12 月 20 日,英国首相艾德礼发表关于英国对缅甸政策的声明,在声明中正式承认"缅甸有选择在英联邦内,或在联邦外独立的权利"。1947 年 1 月,迫于缅甸人民的巨大压力,英国首相艾德礼与缅甸代表团核心成员昂山将军在伦敦签订了《昂山—艾德礼协定》,第一次以法律文件的形式承认了缅甸拥有完全独立的权利。

五、缅甸终获独立

《彬龙协议》 英国殖民者在缅甸实行"分而治之"的民族政策,使缅

---

[1] [苏]瓦西里耶夫:《缅甸史纲》,中山大学历史系东南亚历史研究所与外语系编译组合译,商务印书馆 1975 年版,第 597 页。

[2] *Burma's International Problems*, India Office Records:M/4/2601.

甸本部与山区之间存在巨大差异。为聚集和团结各民族力量,争取早日实现缅甸的真正独立,1947年2月,反法西斯人民自由同盟领袖、掸邦土司,钦族、克钦族和缅甸总督执行委员会代表(克伦民族联盟除外)在掸邦彬龙镇召开代表会议,签署了《彬龙协议》(The Panglong Agreement)。签署《彬龙协议》的主要目的是脱离英国殖民统治,建立属于缅甸本部以及掸联邦、克钦邦、钦邦等少数民族地区的共同、统一的缅甸联邦。

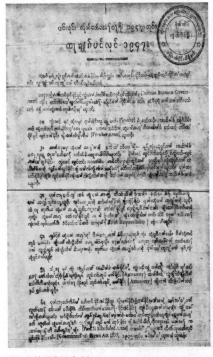 

《彬龙协议》缅文版 1　　　　　　　　　　　　　　　　　　《彬龙协议》缅文版 2

　　1947年4月9日,缅甸举行制宪会议选举,共选出210名代表,其中反法西斯人民自由同盟获得了173席,取得压倒性胜利。6月16日,制宪会议正式通过《关于缅甸独立的决议》,这一决议构成了缅甸新宪法的草案。7月中旬,昂山将军发表声明:"除了完全独立,缅甸不同意任何东西。"[1]1947年7月19日,英国殖民者和缅甸国内保守派政客狼狈为奸,

①　贺圣达:《缅甸史》,人民出版社1992年版,第451页。

派出杀手刺杀了正在召开部长会议的缅甸民族运动领袖昂山将军等7人。昂山将军当场遇害。昂山将军终其一生都为缅甸伟大的独立事业奔走,他为缅甸的独立做出了重大贡献,也因此活在缅甸人民的心里。

7月20日,昂山将军等7人的葬礼演变为10万人参加的政治示威游行。昂山将军等人遇刺,极大地刺激了缅甸人民的悲痛和反抗情绪,学生、教师、农民、工人纷纷组织起来,开展声势浩大的抗议活动。迫于压力,经过双方谈判,英缅最终签订了《英缅条约》。条约中,英国正式承认缅甸联邦共和国是具有完全独立的主权国家。1948年1月4日,政权移交仪式在仰光瑞达光佛塔广场隆重举行,缅甸向世人宣告从此独立,正式成立缅甸联邦共和国,由吴努担任首任总理。此后,1月4日成为缅甸人民难以忘却的独立纪念日。

彬龙会议代表合影

作者点评:

英国的殖民统治是缅甸历史发展的重大分水岭。英国在政治、经济、文化和宗教等各方面的殖民统治政策,使得缅甸社会结构悄然发生变化。缅甸民族资产阶级、世俗知识分子开始出现。缅甸的反帝反殖民的独立斗争经历了封建王公贵族和僧侣组织的保卫王权和捍卫佛教的旧式爱国主义运动以及由民族资产阶级、新式知识分子领导的近代民族主义运动两个阶段。"佛教青年协会"(后为"缅甸人民团体总会")、"咖咙会"、"我缅人协会"等有较大影响力的政治组织相继成立。大学生领导的抵制《仰光大学条例》学生运动,农民领导的"萨雅山农民起义",工人等领导的"1300运动"等不断将缅甸民族解放运动推向高潮。

此后,由于太迫切地想与英国抗争,缅甸民族精英铤而走险,将日本法西斯引入缅甸,缅甸民族解放运动误入歧途,最终使日本长驱直入,对缅甸实行法西斯统治。

缅甸人民于是又开始进行艰苦卓绝的抗日战争。全缅人民通过团结努力和牺牲,最终将日本和英国都彻底赶出了缅甸,缅甸获得了真正的独立。缅甸人民100多年来所经历的所有苦难,全部浓缩成对新生缅甸的期盼,缅甸人民又开始了新旅程,马不停蹄地探寻独立后的发展道路。

第八章 在发展与动荡中徘徊的新生联邦

1948 年 1 月 4 日,国运多舛的缅甸终于脱离英国殖民统治,正式独立。说其命运多舛,是因为在过去 100 多年中,缅甸的国家命运和发展进程长期被英国和日本所掌控:在经历过三次英缅战争后,19 世纪后期,缅甸被英国殖民统治;1886 年缅甸被划为英属印度的一个省;1937 年缅甸直接受英国统治;1942 年日军侵占缅甸,英军败退,日本残暴统治缅甸;1945 年英军重新占领缅甸。缅甸人民经历了长期的抗英斗争后,1948 年 1 月 4 日终于脱离英联邦,宣告独立,建立缅甸联邦。缅甸独立后一直到 1962 年 3 月奈温将军发动政变夺权之前,主要是由吴努总理主政。在 1948 年 1 月至 1962 年 3 月之间的 14 年多中,吴努前后共三次出任总理,主政缅甸近 12 年,14 年中另有吴巴瑞(U Ba Swe)短期出任过总理 1 年,奈温(Ne Win)将军领导看守政府 1 年多。在这 14 年多时间里,吴努等领导人推动缅甸发展取得一定进步,但因为国内矛盾复杂、尖锐,政局一直动荡不安,这个新生国家发展道路坎坷。

一、吴努意外成为"领袖"

吴努意外成为总理 吴努在缅甸独立运动中发挥着较大作用,但其原本并非缅甸独立运动的最高领导人,只是在缅甸独立前意外成为领导缅甸的"一把手",在缅甸独立后又长期出任总理。其中具有一定的偶然性。吴努被偶然因素推上最高领导人的位置,对日后其施政和缅甸发展造成了一定困难和影响。

昂山将军 32 岁遇刺,吴努"突然接棒"。如前文所述,领导缅甸独立运动的核心领袖是昂山将军,如果他不是在 1947 年年仅 32 岁时就遇刺身亡的话,必然成为缅甸独立后的核心领导人,而且,他当时非常年轻,可以长期主政缅甸,领导缅甸发展。

昂山将军从 20 多岁起便参与和领导缅甸独立运动,在缅甸各界的威望甚高,经历丰富,个人综合素质也很高。最初,他是领导学生运动,在知识精英中的威望甚高。在军事上,昂山将军又是缅甸"三十志士"的领导人,接受日本军事训练,"三十志士"1941 年 12 月 27 日组建了"缅甸独立军",昂山将军成为缅甸现代军队的核心奠基人之一,长期担任独立运动时期的军队领导人。后来,昂山将军成为领导缅甸独立运动的政治组织——反法西斯人民自由同盟的主席,该同盟由诸多党派组成。昂山将军率领缅甸代表团应邀前往英国,谈判缅甸独立事宜。为了将缅甸本部缅族聚居区和山区少数民族地区统一,1947 年 2 月 12 日,昂山将军与多个少数民族首领签订了著名的《彬龙协议》。他奋斗多年,政治、军事等方面的才能卓越,履历丰富,曾担任多个要职,在缅甸独立运动中的核心领导地位是受国人公认的。昂山将军为缅甸独立贡献良多,因此被称为"国父"。而 1947 年 7 月,在缅甸独立前半年,昂山将军被政敌刺杀,年仅32 岁。

吴努也是缅甸独立运动的领导人之一,为缅甸独立发挥了重要作用,受到昂山将军的信任和器重,是昂山将军的左膀右臂。但吴努在才能、履历方面不如昂山将军,只是曾长期担任昂山将军的副手。吴努在独立运动中主要负责宣传、学生运动、财务等工作。他曾在仰光大学学习哲学和法律,1935—1936 年任学生联合会主席,与昂山等学生领导人一起进行反英斗争,还翻译介绍马克思主义理论著作和出版进步书刊。"二战"爆发后,他一度为缅甸出路派组织(由"我缅人协会"和一些追求独立的党派组成)的领导成员。吴努在 1943—1945 年先后任日军占领下的巴莫内阁外交部部长和宣传部部长,但他暗中与昂山将军等领导的反法西斯人民自由同盟秘密开展抗日活动。"二战"结束后,吴努任该同盟副主席,协助昂山将军继续领导缅甸独立运动。

综合观察,吴努在缅甸独立运动中发挥了较大作用,也有一定威望,但其所经受的政治锻炼及政治才能比昂山将军逊色不少。尤其是吴努不是军队奠基人之一,没有领导缅甸军队反抗英国、日本的长期军事斗争,在军队中的威望不高,而军队是长期在缅甸政局中发挥关键作用的强大力量。同时,昂山将军在多个少数民族中的威望甚高,他的崇高威望是促成多个少数民族签订《彬龙协议》的重要原因。而吴努在少数民族中则没有如此高的威望。昂山将军遇刺后,原先担任反法西斯人民自由同盟副主席的吴努接任主席,并出任缅甸独立前的临时政府总理,继承昂山将军遗志,继续推进缅甸独立运动。1948年1月4日缅甸独立,吴努出任第一任内阁总理。

如上文所述,缅甸是个矛盾错综复杂的国家,民间用一条谚语"一万六千个问题"来形容缅甸遇到的挑战和难题之多。吴努其领导缅甸的资历、能力有些不足,加之缅甸局势复杂,这些为其日后施政困难和缅甸生乱埋下了隐患。

吴努执政面临复杂局面 吴努执政伊始便面临极其复杂的局势,挑战甚多。

一是缅甸独立时,经历过英国和日本的殖民统治和搜刮,经历过独立战争、"二战"等长期战火的摧毁,百业凋敝,千疮百孔。在殖民地时期,英国主要让缅甸成为其殖民统治体系中的一环,为英国谋利,这导致缅甸经济发展畸形,缺乏自己控制的强大的民族工业。而且,很多外国跨国公司将利润汇出缅甸,使缅甸经济发展也缺乏持续动力。这些因素导致缅甸民生艰难。比如,"二战"前的缅甸大米产量很高,一度成为世界最大的大米出口国,但这主要是因为英国殖民者利用缅甸大米出口来谋利,而缅甸百姓却没有足够口粮。雪上加霜的是,缅甸"二战"时期成为日本与美国、英国等国作战的战场之一,大批机械设备、厂房、油井、路桥、村庄被毁,绵延的战争使缅甸发展严重倒退。这种积贫积弱的惨况,也是缅甸未来经济发展艰难的重要原因。

二是共患难容易,同富贵困难。反法西斯人民自由同盟在缅甸独立前因为有英国这个共同的敌人而比较团结;在缅甸独立后,其分化态势日益明显。该同盟本就是一个由缅甸多党派组成的松散同盟,并非一个严格意义上的政党。在独立运动时期,因为要抵抗英国以及后来的日本这些外敌,该同盟内部的分歧必须让位于驱逐殖民统治者这个目标。当缅甸独立后,该同盟成为执政者,享受执政收益了,这一利益蛋糕实在是太大、太诱人。各党派纷纷重视自己在独立后的利益诉求,要在新的国家政治、经济、社会等利益格局中分一杯羹,奋力博弈。这让该同盟内部各党派原先就存在的理念和利益分歧被放大。同盟内部党派斗争激烈,吴努作为同盟主席和内阁总理,只好分散不少精力来协调同盟内部不同派别的利益,施政难有太大成效。

　　三是缅甸独立后初期,到底是选择社会主义道路还是资本主义道路,始终没有一个明确方向,社会思潮多元而混乱,各方博弈也很激烈。在缅甸独立运动过程中,不少精英在国内宣传马克思主义,将社会主义作为救亡图存的道路之一。吴努在 1937 年与一些独立运动领导人一起创建红龙书社,翻译介绍马克思主义理论著作和出版进步书刊,曾亲自翻译发表《资本论》部分章节。另外,缅甸共产党在缅甸独立运动过程中发挥过重要作用,曾是反法西斯人民自由同盟的重要组成部分,在基层民众中有不少拥护者。然而,由于缅甸曾经长期被英国殖民统治过,加之缅甸独立时美苏冷战已经开始,缅甸国内也有不少人信奉资本主义。因此,缅甸独立前后,关于意识形态和国家制度选择的斗争也比较激烈。最终,以吴努为首的精英派为缅甸选择了资产阶级议会民主制度,同时,吴努在与英国谈判缅甸独立事宜时曾做出一些妥协,这些因素激起了缅甸共产党等左派力量的不满和抗争,并导致缅甸共产党与吴努一派分道扬镳。另外,掌握军权的奈温将军等部分高级军官比较倾向于缅甸实行社会主义道路。缅甸这种复杂的意识形态斗争状况注定其发展道路会出现一些混乱,如缅甸独立后,政治上实行资本主义议会民主制,但在经济上也有一些社会主义经济制度的色彩,出现不同道路杂糅的局面。

　　四是缅甸独立前后,美、苏两大阵营的冷战已经开始,美国和苏联两个大国对东南亚的争夺也日益激烈,新生的缅甸也受到影响。当时,美国积极拉拢菲律宾、泰国、印度尼西亚等国为资本主义阵营"效力",美国、法国还在越南南部扶持傀儡政权。苏联则积极扶持越南北部的越南民主共和国,并支持中南半岛的社会主义发展。同时,亚非拉广大的殖民地国家纷纷开展独立斗争,西方的殖民体系土崩瓦解。在这种复杂的国际和地区背景下,缅甸很难独善其身,国内政治社会思潮、政治制度、经济政策、外交等层面自然受到资本主义阵营和社会主义阵营斗争的深刻影响,受到亚非拉殖民地国家纷纷独立的影响。在国际格局的夹缝中求生存,也对缅甸发展不利。

二、吴努等领导人的施政成绩与失误

吴努政府施政是在一个非常艰难、复杂的环境中展开的,在从 1948 年 1 月缅甸独立至 1962 年 3 月吴努政府被奈温将军领导的军事政变推翻的 14 年间(含吴巴瑞、奈温等人短暂执政时期),吴努前后多次出任总理,主政时间共约 12 年:1948 年 1 月—1956 年 6 月吴努第一次出任总理(其后吴巴瑞在 1956 年 6 月至 1957 年 2 月出任总理);1957 年 3 月—1958 年 10 月吴努第二次出任总理(其后奈温将军 1958 年 10 月至 1960 年 2 月出任看守政府总理);1960 年 4 月—1962 年 3 月吴努第三次出任总理。

由此可见,在这 14 年间,缅甸政治跌宕起伏,动荡不安。1948 年 1 月独立后,受反法西斯人民自由同盟内部矛盾尖锐、政府高层变动频仍、多支少数民族地方武装(简称"民地武")武力反抗联邦政府等因素的影响,缅甸大选间隔不规律:第一次大选被拖延至 1951 年举行;第二次大选在 1956 年举行;第三次大选一度拟定在 1959 年 4 月举行,但因为局势不稳导致奈温看守政府延长执政,大选延迟到 1960 年 2 月才举行,选后的吴努政府执政才两年,又在 1962 年 3 月被奈温将军领导的军方推翻。

这 14 年,缅甸政治上主要是效仿西方的资产阶级议会民主制,而经济上则采取了社会主义色彩浓厚的诸多政策。其间,执政不到一年的吴巴瑞政府以及执政一年多的奈温看守政府也在国家稳定与发展方面采取了一些举措。

吴努政府发展国家的举措　在经济、社会、民族关系等方面,吴努政府采取了诸多举措,力图让缅甸从战争废墟上快速发展起来。

在经济方面,面对独立初期的高失业率和民众不满,吴努政府加强经济发展的计划性,提出建设"福利国家"的口号,力图改变殖民地时期的畸形经济,使缅甸从一个依靠农产品和原材料出口的国家成为自给自足的工业国,并改善民众福利,努力让缅甸成为繁荣的现代化国家和幸福之地。[①]

---

① David I. Steinberg, *Burma: A Socialist Nation of Southeast Asia*, Colorado: Westview Press, 1982, p.63. 缅甸 1989 年将国名改为"缅甸联邦"(Union of Myanmar),简称"缅甸",国名英文名称简称从"Burma"改为"Myanmar"。但由于历史和现实中的多种原因,国际上有些媒体报道、文献中仍使用"Burma"。本书脚注中有些文献是引用原文,没有任何政治意涵。

　　有专家估计,缅甸独立后要进行战后重建,大约需要 30 亿美元,这在当时可是个庞大数字。[1]虽然昂山将军在世时,就已着手规划独立后的经济发展,但因其遇刺,这项工作起了波折。1947 年底,缅甸精英融合了缅甸人的需求和观念、英国人的经济理念、马克思主义思想等,制订了一个缅甸独立后的两年发展规划,这项规划的社会主义经济色彩浓厚,力图削减资本家的利润和缓解劳资纠纷,振兴缅甸。但因为缅甸经济底子太差,发展计划本身也存在设计缺陷,再加上当时复杂的政治斗争,"民地武"武力反抗联邦政府,政府没有太多精力去落实规划,该规划最后收效甚微,大米出口等重要经济指标均未达到预期水平,缅甸经济并未有多大起色,依旧落后。

　　后来,缅甸在英美等国专家支持下,在 1952 年 1 月至 1959 年 9 月之间实施第一个八年发展规划,尽管这一规划的目标比较务实,但也需要大量资金来落实。联邦政府投资能力弱,是缅甸当时经济发展动力不足的重要原因,也是造成恶性循环局面的原因之一——政府投资不足,导致经济发展不佳;这又进一步导致税收等政府资金积累不足,如此循环。而且,实施八年规划的过程也出现了不少失误。当时,缅甸是个以农业为主的国家,大米出口创汇超过缅甸外汇收入的 80%,[2]而民族工业非常落后;缅甸大多数人为农民或者城市贫民,要改善民生必须从农业和小工厂等处着手。但这个八年发展规划却更加重视发展工业、交通运输业、能源等产业,力图尽快使缅甸成为工业化国家,甚至在思路和做法上有些牺牲农业发展来推动工业发展的色彩。发展这些重大产业需要耗费大量投资,而政府资金匮乏,也缺乏足够外汇储备来进口大批机械设备,缅甸自身工业基础又弱,缺乏工业发展所需要的专家队伍和技术工人。因而远大的目标与现实可操作程度发生错位,目标落实并不顺畅。

　　后来,意识到八年规划存在问题,吴努政府又在 1952 年单独出台了一个农业自给与发展五年计划,力图废除大地主土地所有制,推进土地国有化,让"耕者有其田";着力降低住房贷款利率,让"居者有其屋"。但这些计划因为触动既得利益者,推进起来困难重重,而且在政府总体上重视

① David I. Steinberg, *Burma: A Socialist Nation of Southeast Asia*, Colorado: Westview Press, 1982, p.65.

② Ibid., p.67.

重大工业发展项目的背景下,这个农业发展计划也难以获得足够资源来实施。政府对农业、畜牧业等产业投入不足,对种苗、化肥、农业科技等方面的支持严重不足,农业机械化程度提高缓慢,水利设施也落后。当政府意识到这个八年规划实在较难推进和实现时,又在 1956 年出台了一个新的四年计划。1960 年大选后再度上台的吴努政府接着又推出了一个四年计划。这就等于在某一时期几个计划重重叠叠,或者一个计划刚废弃,另一个计划又来了,政府也缺乏足够多合格的官员去推动这些发展计划。整个吴努政府时期的施政总体科学性差,连续性差,乱象环生,各个层面的执行者也有些不知所措。吴努政府是文人政府,对国家的管控较弱。当时,缅甸商人为谋取短期利益而贩卖进出口许可证给外商,商人投机倒把,哄抬物价,扰乱了金融秩序。到 1962 年 3 月,吴努政府被奈温将军领导的军队①推翻,其推出的四年计划也就中途夭折了。

奈温看守政府稳定和发展国家的举措 在 1948 年 1 月至 1962 年 3 月共 14 年多的时间里,吴巴瑞总理执政仅约 8 个月,又被吴努抢回总理职位,这一政治斗争比较激烈,吴巴瑞政府发展经济的举措并非十分突出和有效。奈温看守政府执政约 14 个月,稳定局面的能力较强,也采取多项举措发展经济,取得一定成效。奈温看守政府上台后非常强势,行事果断,整顿了经济秩序,打击了社会犯罪,采用强制手段降低了市场物价,并通过增加商品供应和改善流通来稳定物价。奈温看守政府还组建和运营"国防军服务处"②,其实就是组建一个庞大的企业集团,经营电厂、商店、贸易公司、邮局、银行、酒店等诸多产业。此举对经济的影响很大,对稳定供应和市场形势也发挥了一定作用。当然,政府也从中谋取了较大利益。奈温看守政府在打击经济犯罪时的成效显著,逮捕的经济罪犯比前任吴努政府多很多。奈温看守政府还在仰光周围清理了 16.7 万名非法占地者,以向农民增加土地供应,扩大大米主产区的产量。总体而言,奈温看守政府采取简单有效的方式来管理经济,短期效果立竿见影。但这种强硬手段忽视了市场经济规律,弊端也十分明显,那就是可持续效果较差。③

---

① 缅甸独立后,缅甸军队被称为"缅甸国防军",本书在不同地方出于内容需要或者是行文便利等,有时候会用"国防军",有时则会用军队、军方等词汇指代国防军,特此说明。

② 或者译为"国防军服务协会",在奈温军人看守政府交权后,更名为"缅甸经济发展集团"。

③ David I. Steinberg, *Burma: A Socialist Nation of Southeast Asia*, Colorado: Westview Press, 1982, p.70.

综合来看,一方面,上述三个不同政府推出多个发展计划,并争取美国、英国、苏联、中国等国的经济援助,获得日本战争赔款,改善缅甸公共管理和经济发展环境,确实给缅甸带来了一定的发展。在 1948 年 1 月至 1962 年 3 月这段时间,缅甸经济社会发展取得一定成绩,年均经济增长率在 4.5％左右,部分经济社会指标逐渐恢复到"二战"前的水平,民众的住房、医疗、教育、交通等福利状况有所改善,尤其是教育机构培养了一批批人才服务国家。[1]但是,另一方面,毋庸讳言,因为缅甸经济发展思路杂糅了民族主义、社会主义以及西方资本主义等思潮,比较混乱。缅甸独立后的发展长期受制于国家经济基础差、财力匮乏、局势动荡、政策失误、市场活力差等因素,独立后的十多年间总体缺乏良好的发展环境,最终导致发展进程磕磕绊绊,效果不彰。十几年的年均经济增长是在缅甸一穷二白基础上的恢复性增长,属中速增长,并非高速增长。

一些关键数据也说明上述部分发展规划在有些关键领域并未达到预期目标。1955 年缅甸的外汇储备价值仅为 6.28 亿缅元,仅为 1953 年 6 月的一半左右。1958—1959 财年,缅甸实际总出口额为 8.9 亿缅元,仅仅完成计划目标额的 40％,还存在较大贸易逆差。1959—1960 财年,缅甸大米出口近 210 万吨,达到战后历史新高,但由于出口量总体不大、国际大米价格波动等因素的影响,总出口额仅为 8.56 亿缅元,远低于原定的 18.35 亿缅元的出口目标。[2]最终,吴努承诺的"福利国家"的目标落空。而且,在缅甸独立后的这 14 年间,由于多个政府在政策上、资金上不重视,缅甸私营经济领域的发展并不活跃,国家支柱产业——农业并未获得应有发展。到 1962 年初吴努政府下台时,国家农业、工业、服务业等产业结构相比独立初并未有大的改变,缅甸仍是一个以农业为主的国家,农业人口占总人口的比重仍有 2/3 左右;工业仍旧落后。这对解决缅甸基层民生十分不利,国家发展后劲也不足。同时,这一时期,缅甸人口持续增长,年均通胀率经常是年均经济增长率的两倍左右,因此,百姓并未从经济发展中获得预期的实惠,生活质量的改善不尽如人意,对政府也比较失望。[3]

---

[1] 贺圣达主编:《当代缅甸》,四川人民出版社 1993 年版,第 176 页。

[2] 1948 年 1 月至 1971 年 12 月,汇率为 1 美元兑换 4.76 缅元。

[3] David I. Steinberg, *Burma: A Socialist Nation of Southeast Asia*, Colorado: Westview Press, 1982, p.67.

三、跌宕起伏的政局

昂山将军生前曾希望缅甸独立后走出一条介于资本主义和社会主义之间的道路,希望建立一个强有力的一党领导的国家。但这一理想在缅甸独立后并未能完全实现,因为缅甸各派对国家发展道路的理念各异,权力博弈激烈,国家在政治上实行资产阶级议会民主制,在经济政策上有些社会主义色彩,但也杂糅着资本主义经济的色彩。这种混乱的局面是否符合昂山将军当年的理想不得而知,但却说明,在缅甸独立后的十多年间,缅甸总体上未能建立符合本国国情的政治、经济制度,资产阶级议会民主制在缅甸运行不畅,执政的反法西斯人民自由同盟对政权的控制越来越弱,并最终分裂。

在这 14 年间,大选不规律;因为战乱、交通落后、选民文化素质低等因素的影响,大选投票率和代表性也存在不足。政治存在不稳定性,而且政府的形态也曾经在文人政府和军人政府之间转换,说明西方民主政治体制在缅甸有些水土不服。因为缅甸经历封建社会、殖民地时期之后,经济社会发展总体落后,独立后的社会矛盾复杂。而且在独立前后,缅甸政治思潮和信仰多元,社会主义、资本主义、封建主义等各种思潮均在影响缅甸政治,佛教、基督教、伊斯兰教、原始宗教等各种宗教在不同族群中均有信众。而资本主义民主在西方社会已经发展多年,也是历经波折和斗争才逐渐成为西方主流政治形态的,当时西方的经济社会条件与资本主义政治架构基本适应。缅甸独立时的情况则不然,贸然照搬西方资本主义议会民主制是必然要栽跟头的。因此,在缅甸独立的 14 年后,资产阶级议会民主制度最终失败,吴努政府被奈温将军领导的军人推翻。

执政同盟内部分化　除了缅甸国防军与多支"民地武"的冲突因素(后文将对此有详细分析),反法西斯人民自由同盟内部斗争激烈是导致政府内部不断分化、最终分裂、政局不稳的一大重要因素。

反法西斯人民自由同盟成立于 1944 年缅甸反抗日本殖民统治的时期,是领导缅甸反对日本侵略及"二战"结束后卷土重来的英国的核心组织,其口号是"消灭法西斯,争取民族独立"。当时,反对外敌统治是同盟的核心任务,在组织武装斗争、罢工、罢课、示威游行等方面,同盟内部各派可谓同仇敌忾,热情高涨。当时,昂山将军威望甚高,担任同盟主席多年,也是团结同盟各派的核心人物。1947 年 7 月昂山遇刺后,吴努继任同盟主席,但同盟再无像昂山将军那样凝聚力强的领袖了,同盟内部向心力减弱。而且,缅甸独立后,反抗殖民统治的统一目标也消失了,这样一来,同盟内部诸多派系的两大"凝合剂"没了。再加之,同盟本身并非一个严格意义上的政党,是诸多团体组成的统一阵线,内部派系复杂,有信奉不同理念的左派政党和右派政党,有军人和准军事组织,有政治上活跃的民间团体,有代表农民的团体和代表工人的团体,等等。各方的理念与利益本身就非常多元,独立后同盟执政,其政策选择以及收益分配把原先同盟内部各派的理念分歧与利益矛盾凸显出来,各派博弈日益激烈,同盟内部日益分化,直至消亡。独立初期,面对纷繁复杂的内外局面,缅甸需要的是一个强有力的领导组织来引领国家,而当时没有这个条件,这也是缅甸政治发展的缺憾,是缅甸当时发展不好的一大原因。

反法西斯人民自由同盟执政后,出现了多种问题。尽管缅甸当时贫穷,但是,某人出任高官意味着政治、经济、社会地位的提升,会得到丰厚的利益。执政收益对于那些曾经为独立事业奋斗的党派和人士而言,犹如"久旱逢甘霖",他们终于可以有机会享受胜利果实了。因此,有的政党斗志减弱,论功行赏的心理增强,处心积虑地想在政府里谋求高官厚禄。同盟内部派系、精英众多,利益自然难以兼顾,于是各派斗争激烈。另外,同盟领导的新政府施政理念和政策取向也较难统一,其中有左派人士,倾向于走社会主义道路,要求政府更加关注工农大众利益;也有右派人士,主张效仿西方资本主义制度;还有主张中间路线的人士。除了政治理念和路线上的差异之外,缅甸的宗教局面也非常复杂。缅族及部分少数民族信奉佛教,这些人占缅甸人口的 85% 以上;但是,在克钦族、克伦族等族群中,信奉基督教的人不少,也有一两百万人之多;有些人信奉伊斯兰教;还有些人信奉原始宗教。这种复杂的宗教局面与族群关系交织在一起,导致宗教问题不仅仅是信仰问题,也是影响政治与社会稳定的重大问题。①

上述问题导致执政的反法西斯人民自由同盟日益分裂。因为独立后的缅甸大致效仿英国的议会民主制度,缅甸总理类似英国首相,掌握政府实权;总统类似象征性的元首,其有部分权力,但比总理小得多。因此,总

---

① 贺圣达、孔鹏、李堂英编著:《列国志:缅甸》,社会科学文献出版社 2018 年版,第 32 页。

理之争在吴努和吴巴瑞两派之间非常激烈。两派的政治理念也有略微差别,吴努认为佛教和马克思主义是无法相互适应和兼容的,而吴巴瑞则认为两者是可以兼容的。两派斗争持续了十余年。吴努在 1948 年 1 月缅甸独立后就出任总理,在 1951 年、1956 年和 1960 年的三次大选中,又赢得了 1951 年和 1960 年两次大选而出任总理。不过在 1956 年大选中,反法西斯人民自由同盟尽管胜出,但表现不佳,遭遇对手的严峻挑战,吴努作为同盟领导人负有主要责任,引咎请辞,并未在选后出任总理。因此,吴巴瑞在 1956 年 6 月至 1957 年 2 月短暂出任总理,但其稳定和发展国家的目标尚未实现,吴努就在 1957 年 3 月重新夺回总理之位。两派不仅角逐总理职位,还在执政同盟秘书长人选上斗争激烈,最终是吴努推出的人选胜出。

奈温将军是独立运动的"功臣",是缅甸现代军队的重要奠基人之一,1949 年初出任国防军领导人,长期担任总参谋长和总司令。他曾经与吴巴瑞等人共事,比较认同吴巴瑞的一些政策主张。奈温将军与吴努不和。因此,吴努一派与吴巴瑞、奈温一派的矛盾日益激化。

此外,吴努政府与反法西斯人民自由同盟内外其他部分党派、人士的矛盾也在激化。左派人士批评吴努施政脱离社会主义理念和道路;有些部长从政府辞职;缅甸共产党、部分工农政党和组织等左翼力量脱离执政同盟,与吴努公开对抗。缅甸共产党开展长期武装斗争,并组织罢工、罢课等活动,向吴努政府施压。左翼力量——"民族团结阵线"在 1956 年大选中给予吴努领导的反法西斯人民自由同盟以重击,这是造成吴努在大选后未能出任总理的重要原因。而"民族团结阵线"是由不满吴努政策而从反法西斯人民自由同盟分裂出来的人士组建的政党联合阵线,他们曾是同盟的中坚力量,但是现在化友为敌,成了同盟的政治对手。上述关键力量是推动同盟分裂的重要因素。而有些偏右的势力,则不满吴努政府对左翼人士有所妥协的做法,不满吴努推行一些带有社会主义色彩的政治和经济政策,希望吴努政府能在缅甸完全推行资本主义道路。

1958 年 4 月 22 日,同盟最终分裂为两个对立的派别:以吴努为首的一派称为"廉洁派",以吴巴瑞为首的一派则称为"巩固派"。两派斗争更加公开化和白热化。吴努一派利用执政资源加紧收买人心,巩固地位,如释放一批政治犯,并在政府、军队、警察中清理吴巴瑞一派的人士。而吴巴瑞一派也展开"针尖对麦芒"的斗争,该派内阁部长 1958 年 6 月集体辞职,在议会提出对吴努政府的不信任案,后者涉险过关。两派政治斗争超越政府、议会的合法平台,开始互相暗杀,局面快到不可收拾的地步。

奈温看守政府执政与 1960 年大选 祸不单行,1947 年宪法规定掸族等多个少数民族依据宪法,在联邦成立 10 年后,可以决定是否留在联邦内,1958 年正好是 10 年期限到期之日,少数民族要求高度自治乃至独立的态势令吴努政府也较难控制。此时通过举行新大选的方式来解决政治矛盾非但不合适,反而可能因此导致国家分裂。吴努政府迫于各方压力,只能交出政权,邀请奈温将军出面组织看守政府。经过议会表决同意,10 月 31 日,奈温总理领导的看守政府成立,当时国会仅授权看守政府执政 6 个月,以稳定局势,准备大选。但后来局势仍不稳定,议会又授权奈温看守政府执政至 1960 年 2 月举行新大选之时。奈温看守政府铁腕治国,打击犯罪,平息罢工示威,整顿金融和经济秩序,稳定了局面。不过,此时军人还不具备长期执政的条件,奈温将军如期交出政权。在 1960 年 2 月大选中,吴努领导的"廉洁派"再度大胜,赢得 159 个议席,该派 3 月将"廉洁派"更名为缅甸联邦党。而吴巴瑞一派领导的"巩固派"仅赢得 42 个议席,该派仍沿用反法西斯人民自由同盟的名称,但其政治势力远远不如同盟早期庞大。吴努 4 月再次出任总理。其选前曾许诺,若其再度执政,将推动佛教成为国教,此举赢得了大量佛教徒支持,而且吴努承诺要给予少数民族更多权益,这是该派在大选中击败吴巴瑞一派的重要原因。①

吴努政府虽赢得此次大选,后来却又痛失政权,以悲剧结尾。当选后,吴努一派不仅继续压制吴巴瑞等对手的势力,还力图削弱奈温将军领导的国防军对政治的影响。吴努与奈温将军等军方高层没有什么深厚的"战斗友谊",相反彼此之间分歧很大。奈温将军领导军队不断扩大势力,如扩充军队,改善装备,建立军校,等等。吴努担心政权被军方强行夺去,于是限制军方的"干政企图",将一些军官外放出任驻外使节,让警察队伍脱离军队,把警察的管辖权划归政府。吴努与政敌之间的矛盾越发激化,加之 1961 年,吴努政府欲推动佛教为国教,又激化了宗教和族群矛盾。当时,掸族等多个少数民族要求独立的呼声也高涨。

---

① David I. Steinberg, *Burma: A Socialist Nation of Southeast Asia*, Colorado: Westview Press, 1982, pp.71—72.

这些复杂的矛盾交织,难以解决,国家濒临崩溃。吴努政府举步维艰,1962年3月被奈温将军推翻。这标志着缅甸尝试了多年的资产阶级议会民主制破产。

四、内战绵延

缅甸独立后,政治斗争激烈,经济发展困难,而联邦政府和国防军与多个"民地武"之间的内战则是国家面临分裂与崩溃的另一大问题。缅甸独立不久,多个少数民族就自建武装,多支"民地武"反抗联邦政府的内战便开始了,并且持续多年。

民族冲突原因　那么,这一新生国家缘何独立伊始便深陷内战呢?为何联邦政府和"民地武"难以通过和谈解决矛盾,非要兵戎相见呢?

概而言之,是因为缅甸作为一个有着135个民族(族群)的国家,尽管在多个地区存在着缅族与少数民族"大杂居"局面,各民族之间也有一些交流往来,但也有很多少数民族生活在边疆地区,基本上处于"小聚居"局面。不同民族间的隔阂与矛盾较多。古代缅甸不同民族间就曾经发生过多次冲突,尤其是缅族建立的蒲甘、东吁和贡榜三个王朝与当时的一些少数民族政权发生过多次战争。缅甸独立后,政府未能做好现代多民族国家的政治构建工作,缅族和134个少数民族之间未能实现很好的包容、交流与整合,未能实现大小民族间的一律平等,少数民族的尊严与诸多权益未能得到切实保障。少数民族认为缅族存在"大缅族沙文主义",而缅族则认为诸多少数民族存在分裂主义或者说是小民族主义、地方民族主义。缅族与诸多少数民族的对立与发展失衡局面长期未能得到解决,诸多少数民族也未能形成对缅甸联邦这个新生国家的统一认同感。[①]

一是诸多少数民族和主体民族缅族之间的宗教信仰和文化习俗差异巨大,少数民族对本族群的认同要超越对国家的整体认同,民族国家的建设艰难,全国135个民族拧不成一股绳来合力建设和发展国家。

缅族是主体民族,约占全国人口2/3,其他134个少数民族约占全国总人口1/3。缅族人主要居住在仰光省、曼德勒省、伊洛瓦底省、勃固省等地理条件较好、工农业较发达的地区。但诸多少数民族居住在边远地

---

① 贺圣达主编:《当代缅甸》,四川人民出版社1993年版,第54—58页。

区,交通闭塞。缅族人基本信奉佛教。有些少数民族也信奉佛教,比如,掸族、若开族。还有些少数民族的宗教信仰则与缅族大为不同,如人数较多的克伦族和克钦族信奉基督教,那加、钦、克耶、佤等少数民族中也有一些基督教徒。有些少数民族还信奉伊斯兰教,还有些少数民族信奉原始宗教,等等。很多少数民族还有各自的语言以及文化习俗。①

缅甸独立时国土有 60 多万平方千米,有 130 多个民族,而封建王朝时期很少有政权能囊括如此多的民族、控制如此大的国土面积,多个少数民族都是新被纳入联邦之内的。在这个新独立的国家中,缅族相对于少数民族有优越感。缅族聚居区经济文化总体比少数民族发达,国家独立时已经进入资本主义经济阶段(尽管非常落后),对现代事物的接纳和运用比少数民族总体要强。而当时很多少数民族经济社会状况还处于封建社会末期,甚至有些处于部落时期,政治上由"土司""山官"等来领导和治理。这些因素导致不同民族间的政治理念和行为模式迥异。这些根深蒂固的差异短期内无法消除,甚至到 21 世纪的今天也难以消除。

在新生联邦内,一些大缅族主义者和虔诚的佛教徒主政,他们的一些理念转化为国家政策,激化了矛盾。缅族认为其在国家诸多民族中有优越感,部分精英奉行和推广"大缅族主义",利用政权力量在少数民族地区推行缅族语言文化,1952 年更是将缅语规定为公务用语,力图让缅族语言文化在全国各地都建立主导性态势。这从客观上迫使少数民族出于生活与交流需要学习缅族语言文化。但有些少数民族极力维护其独具特色的语言文化和族群特征,地方民族主义也非常强烈。比如,缅甸西部的若开邦,古代曾是阿拉干国,1784 年,被缅族主导的缅甸贡榜王朝消灭,后来改称若开邦,缅族与当地若开族人尽管基本都信奉佛教,但不同族群之间的血海深仇至今仍在,若开族人以频频示威、武装斗争等方式表达对缅族和联邦政府的不满。

宗教信仰在不同族群的生活中发挥着重要作用,吴努政府在 1961 年公然将佛教定为国教,激怒了克伦族、克钦族中的基督教徒,激怒了穆斯林,这些不同宗教信众的人数总计有数百万。

当然,缅甸不同少数民族之间也曾爆发冲突。但最突出的还是缅族与诸多少数民族之间的矛盾,是大缅族主义和地方民族主义之间的长期

---

① 贺圣达、孔鹏、李堂英编著:《列国志:缅甸》,社会科学文献出版社 2018 年版,第 21—23 页。

斗争,双方各有利益诉求,也各有各的问题,这类斗争从缅甸独立一直持续至今。

二是缅族与不同少数民族之间的利益冲突激烈,从封建时期到独立运动时期,缅族与诸多少数民族的冲突就未停息过,积怨甚深。而缅甸独立前涉及民族问题的两大文件——1947年《彬龙协议》和1947年《缅甸联邦宪法》尽管对于多民族协力建国有着重要意义,但这两个文件中的部分内容却为建国后民族矛盾的爆发和内战开启留下了隐患。

在1947年《彬龙协议》签署时,昂山将军的崇高威望和诸多承诺是推动掸族等多个少数民族同意团结建立新联邦的关键因素。而且,1947年宪法以国家最高法的形式确立少数民族高度自治权,并给予掸族等部分少数民族更大特权,即他们在联邦成立后10年,有权决定是继续留在联邦内还是独立建国。这些妥协性的举措在确保多个少数民族与缅族协同建立新联邦方面功不可没,缓解了部分少数民族对未来权益保障的疑虑,减少了缅族与部分少数民族的分歧。而且,当时摆脱英国殖民统治是缅族与多个少数民族的最大利益,也是较为一致的最大任务。因此,几个民族出现了"搁置分歧、合作建国"的可喜局面。但这种做法遗留的问题暂时被掩盖了,在后来难免爆发,尤其是在英国殖民统治被废除后,共同的外敌消失了,国内缅族与少数民族间的矛盾便凸显了。加上昂山将军本人去世,吴努1947年并未参与协议的谈判和缔结过程,缺乏足够的威望来征服诸多少数民族。①

其实早在《彬龙协议》签署后不久,昂山将军还健在时,少数民族就发现,昂山将军率团赴英国谈判缅甸独立这么重要的事情,代表团里居然全是缅族人,没有少数民族代表。昂山将军遇刺后,吴努领导缅甸精英与英国殖民者谈判缅甸建国事宜,仍基本没有少数民族参与。由此可见,大缅族主义在缅甸精英层中普遍存在,只是不同的人大缅族主义轻重程度不同,或者是在不同时刻,面临不同环境,大缅族主义的表现程度各异。在缅甸独立前,掸族、克钦族、钦族等参与签署《彬龙协议》的少数民族对缅族的不满就开始累积了。而克伦族抵制彬龙会议,力图凭借与英国的良好关系获得英国支持以独立建国。若开族、孟族代表未被邀请与会,佤族等族代表也缺席会议。因此,彬龙会议的代表性是不足的,《彬龙协议》保

---

① 贺圣达主编:《当代缅甸》,四川人民出版社1993年版,第54—57页。

障了掸族等几个与会少数民族在建国后的权益,而未能保障那些未与会的多个少数民族的权益,这就客观上又把不同少数民族的权益分成不同类别。克伦族、若开族等对于缅甸新联邦政府未能满足其诸多利益尤为不满。

1947年宪法把《彬龙协议》的一些精神和内容纳入进去。宪法规定新的国名是缅甸联邦,即缅甸独立后将采用联邦制,赋予多个少数民族高度自治权,允许少数民族保留其既得利益,延续其长期存在的土司等传统统治形式。宪法还允许掸邦和克耶邦在国家独立10年后自行决定是否脱离联邦。《彬龙协议》和《缅甸联邦宪法》是建国的基础性文件,它们的存在也使部分少数民族日后索求更多权益具有法律依据,而联邦政府不管是否兑现这些承诺,都将十分为难:兑现的话,势必造成国家分裂;不兑现的话,势必刺激少数民族抗争。[①]

缅甸独立后,最初在高层权力架构方面还有各大民族分享权益的色彩,至少在形式上有所体现。比如,内阁总理吴努是缅族人,掸族人苏瑞泰(Sao Shwe Thaik)出任首任总统,克伦族人史密斯·敦(Smith Dun)出任国防军总司令。吴努总理在执政初期,民族政策相对温和,在一些较大的少数民族庆祝民族节日时,吴努还经常带领官员穿上当地民族服装,亲自下基层,与当地少数民族人士一起载歌载舞,融洽感情。

但这种貌似平衡、和谐的局面很快出了问题。缅族精英逐渐实际主导联邦政府,因为内阁总理掌握行政实权,总统权力不如总理。后来因为克伦族人武装反抗联邦政府,1949年初,缅族的奈温将军又取代史密斯·敦出任国防军总司令。另外,由于内战爆发,军队中的克伦族士兵等倒戈,军队中扩招缅军士兵,缅甸独立时军队中有不少少数民族官兵的情况逐渐被改变,尤其是少数民族高级军官日益减少。少数民族军官到了一定层级之后就很难晋升,缅族军官和士兵逐渐成了军队主体。联邦政治、军事权力机构都逐渐被缅族主导,并未按照缅族与诸多少数民族的人口比例来分配国家权力。

而且,不管是政策相对温和的文人政府吴努政府,还是手段过硬的奈温将军领导的看守政府,缅族主导的联邦政府对原先承诺的给予少数民族高度自治的权益不仅没能完全兑现,对少数民族地区的资源投入反而

---

① 贺圣达主编:《当代缅甸》,四川人民出版社1993年版,第57页。

有时削减、收回、挤压,有违《彬龙协议》精神和宪法有关条款。吴努政府迟迟不愿建立克伦邦、孟邦和若开邦,因为这些少数民族建邦后的权力会增加。吴努政府拖延给予掸邦等少数邦在缅甸独立 10 年后决定是否独立的权力。掸邦等地区的少数民族土司等高层的权益逐渐丧失。奈温看守政府 1959 年甚至直接取消土司世袭权,更不愿给予少数民族诸多特权。从联邦政府和国防军的这些举措可以看出,缅族统治精英试图利用政权的力量在全国推行单一制的国家结构模式,即加强中央对地方的控制,而这违背了宪法中有关联邦制的精神和条款规定,与"缅甸联邦"这个国名不相符,因为真正的联邦制是赋予地方政府高度自治权的。因此,不管是少数民族高层,还是少数民族普通百姓,他们都是利益受损者。他们的政治权益、发展权益和民生权益均未得到保障,很多少数民族地处偏远地区乃至边境,他们的生活水平与缅族生活水平的差距不仅未能缩小,有些方面还在拉大,实现与缅族的权益平等更是不太可能了。因此,诸多少数民族对联邦政府的不满持续累积,他们反抗联邦政府。少数民族中支持联邦和国家统一的人不多,这令联邦政府很难在解决矛盾时对少数民族中的高层和民众采取分而治之的瓦解策略。

其他一些偶发恶性事件也激化了缅族与部分少数民族的矛盾。比如在 1948 年圣诞节前夜(平安夜)这个大批克伦族基督徒的重大节日,国防军士兵却在德林达依省克伦族一所教堂内杀死基督教徒,在接下来的数周内,又在仰光附近杀死一批克伦族平民。这些事件导致克伦族加强武装反抗,1949 年初兵临仰光北郊永盛镇区,令吴努政府措手不及。

三是英国殖民统治缅甸 100 多年,长期分而治之的策略也在缅族与多个少数民族之间种下了仇恨的种子。英国殖民统治者深知,要想长期控制缅甸,就不能让缅甸各族民众团结起来对抗英国,而应让各民族条块分割,要在他们之间制造矛盾,让缅甸这个多民族国家变成一盘散沙,这才符合英国的利益。英国在 19 世纪打败缅族人主导的贡榜王朝,在后来反抗英国殖民统治的力量中,缅族人的力量最强,因此,英国人重点要打压的是缅族人的抗争。可是,单靠英国人是无法实现控制缅甸并镇压缅族抵抗力量的。英国人在缅族聚居区仰光等地区直接实行殖民统治,建立殖民统治体系;而在部分少数民族地区实行与缅族聚居区不同的政治制度,重点拉拢克伦族、克钦族等少数民族精英,允许这些少数民族保留封建统治体系,并在仰光大学等高校内给予克伦族等少数民族学生超过其占全国人口比例的份额,而缅族学生的份额则低于其占全国人口比例。不仅如此,英国人在克伦族、克钦族等几个少数民族区域持续传播基督教和英国文化,为克钦族创立字母文字,让更多少数民族信奉基督教,学习英国文化,更多使用英文来交流,这样就培养了很多亲英人士。

英国人征集克伦族等少数民族的士兵来打压缅族人抵抗殖民者的独立斗争,"二战"时期,昂山将军则领导缅族等抗英力量一度联合日本军队打压部分少数民族。当然,在"二战"末期,昂山将军等缅族独立力量也发现日本法西斯统治的残暴,掉转枪口反抗日本。上述这些因素就导致缅族与多个少数民族仇上加仇,可以说,英国人统治缅甸 100 多年间对不同民族分而治之的政策恶化了缅甸民族关系,对缅甸独立后民族矛盾爆发和激烈内战有着不可推卸的历史责任。

四是军事因素。缅甸独立前经历了长期的民族独立武装斗争和"二战",各个政治派别、武装乃至一些平民百姓手里都有武器,很多人解决重大利益纠纷时形成"尚武"习惯,这也为诸多"民地武"反抗联邦政府提供了非常便利的条件,因为筹措武器装备不是大问题,招募武装人员也不是大问题。而缅甸独立初期的国防军则相对比较弱小,陆海空国防军仅约2 万人。在各兵种中,陆军为主,但装备落后,重武器匮乏;空军只有飞机32 架。昂山将军在缅甸独立前,就对缅甸军队的弱小表示了担忧。他表示,缅甸这么大的国家,应该有 100 万军队,空军须有 500 架战机,这样的军队规模在战时才够用。缅甸军队的弱小不仅体现在人数和装备等硬件方面,还体现在软件方面。比如,一直到 1953 年,国防军还没有像样的军事院校,没有系统、科学的训练体系,这导致缅甸军队整体战斗力不强。

绵延不断的内战 缅甸独立后,上述多种错综复杂的矛盾刺激多个少数民族建立武装,揭竿而起,反抗联邦政府,谋求高度自治乃至独立建国。在多支"民地武"中,克伦族的武装力量最强,抗击政府的声势最大,在 1948 年底和 1949 年初克伦族平民被杀事件,以及 1949 年 1 月奈温将军取代克伦族的史密斯·敦成为缅甸国防军最高领导人事件的刺激下,国防军中的克伦士兵迅速哗变,更是壮大了其他少数民族武装反抗联邦政府的气势。1949 年初开始,克伦族武装的攻势更加猛烈,不仅宣布在东吁建立"国家",还一度兵临当时的首都仰光北部郊外的永盛镇,围困首都 100 多天,吴努政府危如累卵。缅甸古都、第二大城市曼德勒也一度被克伦族等武装短期控制,克钦族武装从缅甸北部一直打到距离仰光 100

多千米之地。

不过,有两大主要因素导致"民地武"难以打败国防军。一是国防军尽管实力不强,但其两万左右的总兵力比任何一支"民地武"都要强大很多,装备也总体比任何一支"民地武"都要好。而且面对"民地武"的武力抗争,国防军也在尽快扩增实力,从国外进口武器,扩充兵员,争取更多民兵组织的支持,国防军逐渐对"民地武"形成更大优势。反观"民地武",因为不同民族组建各自的武装,各个武装追求的目标不一样,有的是向联邦政府索要更多自治权,有的则是直接要求独立建国。部分"民地武"尽管在反抗联邦政府上有些合作,但由于地理位置分散、协调不力,各支"民地武"之间未能组成有力的统一战线,未能形成一个整体军队来与国防军作战,这种各自为战的局面使"民地武"的战斗效果打了折扣,容易被国防军切割,各个击破。

缅甸内战在独立后的两三年间最为激烈。吴努政府这个本应管辖60多万平方千米国土的联邦政府,一度被称为"仰光政府",因为仰光之外的很多地区被诸多"民地武"控制,很多少数民族对本民族和本民族"民地武"的认同和支持要大于对联邦政府的认同和支持,联邦政府对仰光以外的很多地区难以实施有效控制。

直到1950年,国防军才重挫"民地武"。1950年8月,国防军重击克伦族武装,大挫其锐气。同时,1951年10月,议会修宪,成立克伦邦,满足克伦族人部分要求。此后大规模内战暂时明显缓解,冲突范围和激烈程度有所减轻,1958年,部分"民地武"与吴努政府签订停火协议。

到了1958年,如果依据宪法,掸邦有权通过民众投票来决定是否留在联邦内,但联邦政府和驻掸邦的国防军丝毫没有让掸邦独立之意。1959年,奈温看守政府向掸族土司施压,欲令其交出世袭权力,导致后者再度开展武装抗争。1960年12月,钦族人士要求成立邦,而掸族领导人则提议弱化联邦政府对掸邦的统治,要扩大掸邦地方财权等,或者直接让掸邦独立。1961年,吴努政府将佛教定为国教的政策,刺激信奉基督教的克钦族组建克钦独立军,谋求独立建国。直至1962年3月吴努政府被推翻前,多支"民地武"实力犹存,抗争未停。1962年初,民族矛盾激化再度把缅甸推上分裂边缘。掸族30多位领导人开会,合力施压,要求吴努政府扩大少数民族地方自治权,并且若联邦政府再不应允,就要走上脱离联邦之路。吴努政府在1962年3月1日与30多个掸族代表在仰光开会磋商,国家面临分裂危险,刺激奈温将军领导军队发动政变,用高压手段稳定局势。①

五、可圈可点的外交

如前文所述,从 1948 年 1 月缅甸独立至 1962 年 3 月吴努政府被军人推翻的 14 年时间里,缅甸政治不太稳定,经济社会发展不如人意,民族矛盾尖锐,可以说,缅甸国内发展态势总体不佳。但同期的缅甸外交局面却比内政局势要好一些,这有赖于缅甸地缘重要性以及吴努、吴巴瑞、奈温等领导人在不同执政时期的努力。

缅甸独立后面临的外交环境　其实,在 1948 年 1 月独立时,缅甸这个新生国家面临的外交环境不太好,需要化解诸多不利因素,尽量争取更多国际资源支持。

一是缅甸被殖民者、侵略者统治过 100 多年,经历过长期的战争蹂躏,不仅国力衰弱,而且其间外交权基本丧失,被殖民者、侵略者长期把持。同时,缅甸独立后执政的吴努等政治领导人,其早期外交经验主要还是同英国、日本这两大国打交道,争取缅甸独立。这些政治精英在缅甸独立前鲜有代表缅甸出访其他国家进行国家间外交的活动,他们的外交经验不算很丰富。

二是缅甸的周边外交环境不太稳定,要与邻国开展正常的外交活动和经贸往来都存在难度,更难从邻国获得多少实际支持。缅甸邻国泰国是东南亚唯一未被殖民过的国家,但缅甸和泰国在古代曾是宿敌,"二战"后泰国倒向美国为首的资本主义阵营。而缅甸独立后奉行中立主义和不结盟外交,与泰国的外交理念不相符,两国基于历史和现实因素制约,关系难以太好。越南正在开展抗击法国的独立斗争,因此缅甸很难与越南开展正常的外交活动和经贸活动。东南亚其他一些国家,如印度尼西亚、马来亚(后来改称马来西亚)、菲律宾、老挝、柬埔寨等国或者尚未独立,或者正在开展独立斗争,个别刚刚独立的国家也是百废待兴。总之,当时的东南亚国家很难有能力帮助缅甸加快国家发展。

三是缅甸独立后受到冷战的深刻影响。当时,美国为首的资本主

---

① 贺圣达、孔鹏、李堂英编著:《列国志:缅甸》,社会科学文献出版社 2018 年版,第 96—97 页。

义阵营和苏联为首的社会主义阵营之间的冷战已经持续多年,已经深刻影响东南亚地区,这不仅体现在资本主义和社会主义这两种意识形态在东南亚的对立和竞争,还体现在美苏军事力量部署向东南亚地区的渗透,乃至美苏明里暗里在东南亚扶持军事代理人进行对抗。当时,不管是正在开展独立斗争的国家,还是刚刚独立的新生国家,基本都会感受到冷战带来的影响,有些国家主动或被动地卷入冷战,外交难以自主。缅甸是东南亚国土面积第二大国家,资源丰富,地缘位置重要,连接中国和印度两个大国,连接东南亚和南亚两个地区,西部还毗邻孟加拉湾(印度洋),历来是大国竞逐之地,英国、美国、日本等国在"二战"时期曾经激烈争夺对缅甸的控制权。冷战开始后,缅甸自然被美国和苏联同时争夺,两个超级大国均想把缅甸拉到己方阵营,至少不要让其倒向对方阵营。缅甸不仅要面对美苏两个超级大国的争夺,同时,还毗邻来自两个阵营的泰国、越南等国,这些国家作为缅甸邻国,是搬不走的。

缅甸作为新生的弱国,面临着美苏两个超级大国的威逼利诱,在上述复杂的国内外环境之下,其外交政策取向如何?到底是在美苏之间"选哪边站队",还是不倒向任何一个阵营?最终,吴努等执政精英将缅甸外交原则定为"中立主义"和不结盟外交。缅甸毕竟是东南亚较大的国家,古代曾是中南半岛强国,民族自尊心和自豪感仍然较强,其不愿屈服和投靠美、苏任何一个阵营,不愿甘受大国摆布,不愿成为大国博弈的棋子。而且当时不管缅甸倒向美苏哪个阵营,都不仅会导致缅甸被超级大国再度控制,还势必导致缅甸与另外一个阵营为敌,这样的代价让缅甸难以承受,因为缅甸在"二战"时期曾经成为大国博弈的战场,那些惨痛经历记忆犹新。此外,缅甸独立后,国内的资本主义思潮和社会主义思潮并存,也相互斗争,影响着缅甸内外政策的选择。因此,缅甸奉行中立主义原则,在大国间搞平衡外交,尽量少得罪人,尽量成为大国争相拉拢的对象,相机而动,争取有利的国际环境,才是当时符合缅甸国家利益的最佳选项。后来,这14年的外交实践和成绩也证明此种外交原则是基本成功的。

缅甸与美国、苏联等国的关系 缅甸对以美国为首的资本主义阵营国家的态度复杂。美国认为缅甸较为重要,也希望缅甸为美国在东南亚的冷战政策服务,但也对缅甸未能全心全意配合美国战略而有所不满。因此,缅甸与美国的关系也就时好时坏,起起伏伏,既有合作,也有斗争。

缅甸独立时百废待兴,自身发展能力差,亟须国际援助来推动经济社会发展,自然需要美国这个"二战"后最强大的超级大国支持,尽管其不甘愿受美国摆布,但争取美国支持也是必要的,更不能得罪美国。因此,缅甸独立后便与美国建交,在随后的三四年间,缅美关系尚可。缅甸独立后,美国就派出专家为缅甸制定经济社会发展规划,并提供一些经济技术援助,部分美国专家还常驻缅甸,对缅甸发展给予现场指导。此外,还有一些英国专家和联合国专家帮助缅甸发展。美国等国的援助促进了缅甸教育、医疗、经济等多领域的发展。不过,美国对缅甸的援助方案和拨款是一年一次审议,受到美国内政和外交形势的影响,数量多少不太稳定,美国没有长期的对缅援助方案,不利于缅甸有计划地发展一些重大项目。①

后来,因为美国支持逃入缅甸的中国国民党军队残部,缅甸对美国干涉别国内政的举动非常不满,在 1953 年停止接受美国援助,尽管少量未完成的美国援助项目在 1954 年仍在执行,但其对缅甸经济社会发展的作用已经微乎其微。②

不过,缅甸不愿完全切断与美国的联系,因为与美国断交对缅甸的伤害也很大。因此,后来两国关系逐渐走出低谷,开始恢复。1955 年 2 月,美国国务卿约翰·杜勒斯访问缅甸,与吴努总理等缅甸领导人会谈。这是美国国务卿首次访问缅甸,杜勒斯此行的目的是拉拢缅甸加入美国的反社会主义阵营。缅甸在公开场合并未完全配合美国的言行,也并未加入美国当时与菲律宾、泰国等成立的军事同盟性质组织——东南亚条约组织。同年 7 月,吴努总理应邀访问美国,去争取美国的贷款、技术等援助。此访较为成功,极大改善了美缅关系。因为美国对缅援助自 1953 年起基本中断,到吴努访美时已经中断两年了。美国担心拒绝缅甸的援助请求会推动缅甸靠近苏联,后续多次给予缅甸援助,如援助缅甸 340 万美元建设医疗中心,向缅甸军队和警察援助 2 000 万美元,并提供了一些贷款。从 1948 年到 1962 年,缅甸断断续续接受美国各类援助共计约 1 亿美元。美国算是缅甸独立后较大的援助国之一。③

---

① 李雪华:《吴努政府时期美国对缅援助探析》,《东南亚南亚研究》2016 年第 1 期,第 47—52 页。

② 贺圣达、孔鹏、李堂英编著:《列国志:缅甸》,社会科学文献出版社 2018 年版,第 338 页。

③ Kenton Clymer, *A Delicate Relationship: The United States and Burma/Myanmar since 1945*, New York: Cornell University Press, 2015, pp.158-161.

独立后,缅甸与英国、日本这两大国的关系也算可以。缅甸国防军在平息克伦民族联盟等"民地武"的军事反抗斗争时,争取英国等国的军事援助。缅甸还请英国等国的专家帮助其制订经济社会发展计划,与英联邦成员也维持一定的合作关系。比如,1954 年,缅甸也参加"科伦坡计划"组织,该组织在 20 世纪 50 年代由英联邦国家发起,旨在通过以资金和技术援助、教育及培训计划等形式的国际合作,来加强南亚和东南亚地区的社会经济发展。①不过,缅甸独立后并未留在英联邦成员体系内,不再希望受到英国的继续控制。缅甸曾经惨遭日本法西斯的蹂躏。但缅甸独立后,日缅关系得到发展,两国 1954 年签署《和平协议》,日本在此后 10 年以物资、现金等不同方式向缅甸提供补偿,还向缅甸提供支持以组建缅日合资企业。②

缅甸与苏联的关系比较微妙。缅甸独立后并未在政治上建立社会主义制度,但其采取了诸多具有社会主义色彩的经济政策。缅甸独立后,出于国家利益需要,也重视与苏联发展关系。而苏联与美国当时正在争夺对东南亚的影响力,也希望在东南亚更多国家中推行社会主义制度,希望拉拢缅甸,力图让其倾向社会主义阵营,来帮助苏联对抗美国。缅甸独立后与苏联建交,当缅美关系在 1953 年前后出现倒退时,缅甸与苏联的关系便有所升温,这是缅甸灵活处理与大国关系的体现之一。1952 年 4 月,缅甸官员出席在莫斯科举行的一个大型经济会议,与苏联磋商经济合作事宜。同年下半年,缅甸官员再度访问苏联,主要学习其发展集体农业的经验。1955 年是缅甸与苏联外交关系发展史上的重要年份,11 月,吴努总理访问苏联两周,同年底,苏联领导人赫鲁晓夫访问缅甸。1960 年 2 月,赫鲁晓夫第二次访问缅甸。20 世纪 50 年代,缅甸经常派遣一些军官赴苏联深造。不过,缅甸与苏联的经贸合作很少,苏联给予缅甸的经济援助也较少,在 1954 到 1979 年间,仅仅有 1 500 万美元。苏联支持缅甸建设的项目不多,仰光的茵雅湖酒店算是其中的标志性项目之一。③

---

① L.P.古纳蒂勒克:《"科伦坡计划"组织和执行情况》,《东南亚经济资料汇编》1960 年第 1 期,第 46—47 页。

② 贺圣达、孔鹏、李堂英编著:《列国志:缅甸》,社会科学文献出版社 2018 年版,第 311 页。

③ Renaud Egreteau, and Larry Jagan, *Soldiers and Diplomacy in Burma : Understanding The Foreign Relations Of The Burmese Praetorian State*, Singapore: National University Press, 2013, pp.102 - 104.

缅甸与中国的关系 1948 年初至 1962 年初,缅甸与中国的关系大致经历了"先冷后热"的过程。在 1954 年 6 月周恩来总理访缅之前,中缅相互之间存在一些误解和猜疑,关系一般,往来不多。而在周总理 1954 年成功访缅后,两国关系日益密切,开展诸多合作。

缅甸 1948 年 1 月独立,在 1949 年 10 月 1 日中华人民共和国成立后,缅甸便及时调整与中国的关系,成为最早承认中华人民共和国的资本主义国家之一,两国于 1950 年 6 月 8 日正式建交。不过,一直到 1953 年,两国关系并不热络,较为平淡,双方对彼此还存在一些误解。缅甸自古至今,天然对中国这个巨邻存在疑惧心理,即便中国长期对缅甸是采取友好政策的,缅甸仍时刻观察中华人民共和国的外交政策,还是担心出现"大国欺负小国"的情况。因为缅甸毕竟是资本主义国家,与中华人民共和国这个新生的社会主义国家在政治理念和发展道路上存在较大差别,而且当时以美国为首的资本主义阵营与以苏联为首的社会主义阵营之间的冷战已经波及东南亚地区,缅甸处于非常微妙的国际环境中,必须谨慎行事。①

缅甸独立之后奉行中立主义外交政策,力图与所有国家都交好的外交目标,也对缅中关系产生一定影响。比如,缅甸奉行一个中国政策,不干涉中国内政,承认一个中国原则,并顶住美国压力,向中国出口橡胶、汽油等战略物资。但同时,在一些涉及大国博弈的重大国际问题上,缅甸对中国、美国等大国则用"大国平衡政策",不想绝对支持哪个大国而得罪另一大国。

1954 年是中缅关系发展史的重要年份,从这一年开始,两国关系一改以前的平淡状态,迅速升温,"胞波"(兄弟)友好关系处于黄金时期,这也与当时两国国家利益需求以及国际环境变化有关。对于缅甸而言,在 1954 年,其面临的内外局势不太有利:国内方面,内战高潮刚刚过去,经济社会发展状况不佳;国际方面,缅甸与美国的关系一度变差,苏联对缅甸援助也不多;缅甸的东南亚邻国也是自顾不暇,与缅甸的经贸往来不多。因此,缅甸需要重视改善与中国的关系,争取中国更多支持。对于中国而言,1954 年这一年,也需要改善与缅甸的关系。当时,抗美援朝战争刚刚结束,中国经济社会发展受到战争的掣肘;而且中国与美国及其亚洲

---

① David I. Steinberg, and Hongwei Fan, *Modern China-Myanmar Relations*: *Dilemmas of Mutual Dependence*, Copenhagen: Nordic Institute of Asian Studies Press, 2012, pp.20 - 25.

盟国、欧洲盟国以及整个资本主义阵营的关系也变差,在东北亚、东南亚则面临着美国及其盟国(主要是东盟的海岛国家)的封锁和压制。位于中国西南方向的缅甸在"二战"时期有中国抗战物资的关键输入通道。在1954年,缅甸在中国外交中的作用再度凸显,因为缅甸独立后的一些重大外交举措显示其并非倒向资本主义阵营,而是尽力保持中立主义外交,所以,缅甸是中国突破美国为首的资本主义阵营封锁的关键缺口,搞好对缅关系,让缅甸成为中国外交的重要对外交往通道之一,对中国显得尤为迫切。而且当时对于中缅两国而言,还有一个非常重要的共同利益,那就是如何清剿盘踞在缅甸北部多年、经常作乱、损害中缅边境稳定的国民党军残部。中缅任何一国的单独行动都难以解决这个难题,中缅两国携手才能解决好这个问题。在中缅关系改善的过程中,两国对彼此需求增加固然重要,同时,周恩来总理兼外长在1954年6月访缅时,再次展现的其平易近人、纵横捭阖的外交魅力,也极大地推动了两国关系的发展。他与吴努总理共同在国际关系中倡导"和平共处五项原则"①,让吴努等缅甸领导人切身感受到体现在中国领导人身上的坦诚、平等的大国风范,这对缓解缅甸对华疑虑、增加缅甸领导人对华好感起到重要作用。

1954年11月和12月,吴努总理率团回访中国,在中国的行程长达17天,深深被中国人的热情好客所感染,并表达反对美国及其盟国成立"东南亚条约组织"的立场,向中国保证缅甸不会允许外国军队驻扎,不会成为大国的附庸。缅甸这种不与西方结盟的表态得到中国赞赏。②两国政治关系的友好也带动了经贸关系的发展,中国同意在1955—1957年每年进口缅甸15万—20万吨的大米,③尽管当时中国不缺大米。因为当时缅甸经济形势不好,大米出口是缅甸主要的外汇渠道,大米所创外汇占了缅甸进口货物所需外汇的80%,但国际大米贸易需求减少,价格持续下跌,从1951年的每吨80英镑跌至1954年的40多英镑,缅甸大米库存增

---

① 印度也参与倡导该原则,最终是中国、印度、缅甸三国共同倡导该原则。

② 《吴努总理在临别宴会上的讲话》,《新华月报》1955年第1号,第97—98页。转引自:范宏伟:《和平共处与中立主义:冷战时期中国与缅甸和平共处的成就与经验》,世界知识出版社2012年版,第28页。

③ 梁志:《走向和平共处:中缅关系的改善及其影响(1953—1955)》,《中共党史研究》2018年第11期,第87—100页。

加,外汇紧缺,亟须增加大米出口数量,需要中国此时帮一把。同时,缅甸也从中国进口了机械设备、日用品等。双方互惠互利的贸易往来日益发展起来。中国还多次给予缅甸经济技术援助。①

此后,双方的外交互动明显密集起来,"胞波"情谊日益深厚。吴努在一些国际场合帮助中国,比如,1955 年缅甸顶住部分国家的压力,支持中国总理周恩来率团参加在印度尼西亚万隆举行的第一次亚非会议(即万隆会议)。1956 年 12 月,正在缅甸访问的周总理与缅甸总理吴巴瑞从缅甸北部经中国畹町陆地边境口岸进入中国,两国总理在畹町桥头发表了重要讲话,肯定了中缅友谊,并同赴德宏州府芒市参加中缅边民联欢大会,两人还在当地的芒市宾馆亲手种植了象征中缅友谊长存的缅桂花树,②两棵树至今仍枝繁叶茂地矗立在芒市宾馆门前。

双方关系日益发展,推动了双方边界问题的解决,促进了双方采取共同行动清理在缅北的国民党军残部。在国际关系中,军事交往与合作的多少是衡量两国互信程度高低的重要指标。在 20 世纪五六十年代,中缅两国的高级军官之间的互访与交流也十分密集,而 1960 年和 1961 年则是两国军事安全合作领域的重要年份。1960 年 10 月,两国总理签订《中华人民共和国和缅甸联邦边界条约》。③缅甸是较早与中国签订陆地边界条约的邻国,为中国与其他邻国解决陆地边界问题提供了良好的示范作用。1960 年底和 1961 年初,两国军队联合清剿中缅边境国民党军残部,清理了中缅边境的重大不稳定因素。1961 年 1 月,周恩来总理再度访缅,推动两国"胞波"情谊更上一层楼。④

综上所述,缅甸独立后 14 年的外交亮点不少,在复杂的冷战国际形势下不仅有被动反应式的外交,还在国际舞台上积极开展主动外交,提升缅甸的国际地位。吴努总理本人在治理缅甸内政方面成绩不彰,但在外交上十分活跃。他与贾瓦哈拉尔·尼赫鲁、艾哈迈德·苏加诺等发展中

---

① 范宏伟:《和平共处与中立主义:冷战时期中国与缅甸和平共处的成就与经验》,世界知识出版社 2012 年版,第 31—32 页。

② 韩成圆、张若谷:《开放的云南与世界相拥》,《云南日报》2018 年 11 月 5 日。

③ 中华人民共和国外交部条约法律司编:《中华人民共和国边界事务条约集(中缅卷)》,世界知识出版社 2004 年版,第 3—6 页。

④ 范宏伟:《和平共处与中立主义:冷战时期中国与缅甸和平共处的成就与经验》,世界知识出版社 2012 年版,第 113—115 页。

国家领导人共同反对冷战时期西方大国在亚非拉搞的"新殖民主义",支持亚非拉国家争取民族独立和发展自强的运动。1953 年 1 月,缅甸在首都仰光举办亚洲社会党会议成立大会,①该会议由印度、缅甸、印度尼西亚三国社会党领导人发起,当时出席会议的有亚洲八个国家的社会党代表团。该会议的总部和秘书处设在仰光。缅甸 1954 年还举办了第六届国际佛教大会活动,提升缅甸在世界佛教国家和信众中的影响力。缅甸与中国、印度一道积极在国际上倡导"和平共处五项原则"。1955 年 5 月,吴努出席在印度尼西亚万隆举行的由 29 个亚非国家和地区代表团举办的亚非会议,呼吁与会各方用"和平共处五项原则"和联合国宪章来指导国际关系发展。缅甸还参与"不结盟运动",在亚非拉国家中的威望较高,影响力较大。②

缅甸较为活跃的外交服务了缅甸的国家发展,也支持了亚非拉国家反对殖民主义和帝国主义的民族解放运动和独立自强运动,维护了世界和平事业。缅甸在 1955 年万隆会议的活跃外交使其在亚非拉国家中的道义地位很高。缅甸的吴丹(U Thant)在 1961 年至 1971 年间担任联合国秘书长,这不仅与他的卓越外交才能直接有关,也与缅甸当时较高的国际地位息息相关。

不过,东南亚有句俗语说出了中小国家在外交方面的尴尬局面:东南亚就像是个草坪,不管大象(东南亚国家通常把域外大国视为"大象")是在草坪上玩耍,还是打架,草坪都可能遭殃。这种说法在缅甸外交上也同样适用。缅甸坚决奉行独立自主的不结盟外交政策,既没有努力帮美国对付社会主义阵营,也没有努力帮苏联对付资本主义阵营,自然受到这两个超级大国的挤压。在复杂的国际形势和国际斗争格局中,缅甸长期坚守其外交原则,确实需要克服重重压力。缅甸在大国间艰难而巧妙地践行中立原则,尽量顾及不同大国的部分要求,以免遭遇某个大国高压,但也不是完全遵从某个大国的意愿而去向其他大国施压,争取做到不完全得罪任何一个大国,尽量与不同大国维系基本友好的关系。③缅甸外交的

---

① 李天庆:《战后初期及五十年代的欧亚社会党之比较》,《当代世界社会主义问题》1986 年第 4 期,第 53—61 页。

② 贺圣达主编:《当代缅甸》,四川人民出版社 1993 年版,第 266—267 页。

③ Kenton Clymer, *A Delicate Relationship*: *The United States and Burma/Myanmar since 1945*, New York: Cornell University Press, 2015, pp.158 – 161.

中立主义原则,以及吴努与中国和印度领导人在 20 世纪 50 年代共同倡导的"和平共处五项原则",也算是吴努执政时代留下的外交遗产,这对缅甸日后的外交与国家发展长期有用。

作者点评:

缅甸 1948 年 1 月独立时是一个脆弱的新生国家,在经历摆脱殖民统治的喜悦后,其国内发展也取得一些成绩,外交上也较为活跃,尤其是在亚非拉国家中,奠定了其较高的国际地位。不过总体看,缅甸独立后的 14 年间,国运多舛,难题纠结,发展艰难。到 1962 年 3 月,缅甸资产阶级议会民主制被军人推翻,说明其多年来探索符合本国国情发展道路的努力严重受挫。其中原因非常复杂:有缅甸领导人在独立前临时变换的负面影响;有吴努个人威望、能力等政治素质的影响;有缅甸独立前经历的 100 多年的殖民统治的影响;还有独立后社会主义、资本主义等各种思潮均存在的影响;更有缅甸局势不稳,国内阶级矛盾、民族矛盾尖锐,多支"民地武"叛乱的影响;而且缅甸邻国多数经济社会发展落后,整个国际环境对缅甸发展的带动作用不理想,有时反而会影响缅甸的对外经贸合作;等等。

在 20 世纪五六十年代,缅甸外交总体坚持中立主义和不结盟运动的原则,重视发展与中国的关系。中国也同样重视拓展与缅甸的合作,当时,面对美国为首的资本主义国家的重重封锁,中国领导人前往东南亚、非洲、欧洲等地区访问时,飞机通常经停缅甸当时的首都仰光,再转往目的地访问。缅甸对中国打破西方封锁起到重要作用。

第九章 "竹幕后"的国家

　　缅甸军队在独立运动时期就是一支强大的政治力量,有远大的政治抱负,虽然其在独立初期实力比较弱小,但在独立后,逐渐发展壮大,日益成为左右缅甸政局的关键力量。1958年10月至1960年2月奈温将军领导看守政府时期,军人短暂执政,但由于当时总体处于民主选举产生政府的资产阶级议会制度时期,军人长期执政条件并不成熟。不过,奈温将军领导看守政府是军人在掌权方面的一次"小试牛刀",为1962年3月2日奈温将军发动政变并长期执政做了一次有益的尝试。一直到1988年9月18日缅甸另一批军人领导层发动政变之前,以奈温将军为领导的军人集团以不同形式(含短暂的文官代理人政府)执政长达26年。其中,1962年3月至1974年1月是奈温将军等军人直接领导军人政府统治缅甸时期,其间,尽管奈温将军等多名高级将领在1972年4月退役,奈温名字前面冠以民间通用的尊称"吴",改称为"吴奈温",形式上"军转民",但军人统治的实质基本未变。1974年1月至1988年9月是吴奈温领导军队扶持组建的社会主义纲领党政府时期,形式上是以政党执政,但实际仍是退役和现役军人掌握国家大权。军人执政对维护缅甸统一起到一定积极作用,但在其他诸多方面的负面作用凸显,总体对缅甸而言是弊大于利,缅甸在吴奈温统治后期陷入严重危机之中。奈温为维系强权统治,使得缅甸较为封闭,孤立于国际社会,导致缅甸发展与国际发展潮流长期脱节。

一、乱局催生奈温军人统治

　　军人干预政治,尤其是发动政变推翻民选政府,需要具备多种主客观因素,比如,军人有政治抱负或者是有强烈的政治野心,军人具有相对于其他政治、社会组织的实力优势,国内及国际上具备有利于军人干政的条件,等等。①下文就从上述几个方面来分析一下奈温将军领导军队在1962年3月2日推翻民选的吴努政府的背景。

缅甸国防军总司令奈温将军是个有强烈政治抱负的人,他有强烈的干政欲望,这是他领导军人发动军事政变推翻吴努政府的重要主观条件。奈温1911年出生,早年与昂山将军等人都是领导缅甸独立运动的"三十志士"之一,曾接受过日本的军事训练。他是缅甸现代军队的缔造者之一,是缅甸独立运动的重要军事领导人之一,在军队中的地位当时仅次于昂山将军。奈温将军在指挥军队打击英国和日本殖民统治者方面发挥了重要作用。由于缅甸独立运动不仅仅是一场军事斗争,也是一场艰苦卓绝的政治斗争,因此,奈温将军等缅甸高级军官本身也肩负着重大政治使命,也长期在缅甸政坛上发挥着重要作用。奈温将军本人希望缅甸独立后能够推行社会主义,但吴努政府在缅甸推行资产阶级议会民主制度14年,引发奈温将军强烈不满,希望用武力手段来改变国家发展道路。另外奈温将军等军官曾领导看守政府一年多,具备一定的执政经验,也尝到了执政的甜头,建立了一些政治经济利益网络,也想去继续拓展军人的政治经济利益。只不过1960年奈温看守政府在议会授权期限到来后,需要移交权力。因为当时军人长期执政的条件还不具备,所以不得不照办;当后来条件具备时,奈温将军自然就领导军人执政了。②

奈温将军及其领导的军队有干政的强大实力。这是军队能够成功干政的重要的"硬件资本"。缅甸军队不管是在缅甸独立运动中,还是在独立后打击"民地武"、维护国家稳定和统一的过程中,均发挥了中流砥柱的作用。从1948年独立初期的约2万人增长到20世纪60年代初超过10万人,缅甸军队的实力比缅甸任何一个政党、组织、团体均要强大,其他政治和社会组织难以阻止军队干政。③

刺激奈温将军领导军人干政的国内因素有两个。一个是吴努总理想

① Samuel E. Finer, *The Man on Horse Back*: *The Role of the Military in Politics*(*The Fourth Printing*), New Jersey: Transaction Publishers, 2002, pp.23 – 84.

② 张锡镇:《当代东南亚政治》,广西人民出版社1995年版,第111页。

③ 贺圣达主编:《当代缅甸》,四川人民出版社1993年版,第256—257页。

方设法削减军人权益,力图弱化军人地位。吴努意识到其在军队中缺乏威望,较难掌控军队,不愿看到奈温将军领导的军队势力日益坐大,威胁吴努政府执政地位,于是,他多管齐下,削减军人权益,削弱军人地位。比如,1960年初,吴努政府调整军队编制,将原先属于军队管辖的警察划归政府管辖,交由文官控制,这就损害了军队原先掌控的控制国内治安的权力。吴努政府还力图削减军队的经济利益,并让一些军官出国担任驻外使馆的武官,或者退役经商。这些举措自然触怒军队,刺激其反击政府。另外一个因素是,吴努政府较难控制国内安全局势,20世纪60年代初,其因再次控制不住民族矛盾爆发而引发乱局,国家再度面临分裂和动荡危机。这也为军人执政提供了较为合理的理由——维护国家统一和稳定,确保国家不分裂、不动荡,使军人干政的私利色彩不那么明显,反而公利性突出。

当吴努领导的文人政府无法稳定国家局势而使国家处于危机之时,军队必须出手稳定局势,因为此时,只能用武力来维护秩序,日常的法律难以发挥效用。如前所述,奈温看守政府以及吴努政府并未严格遵守涉及民族问题的两大文件——1947年《彬龙协议》和1947年《缅甸联邦宪法》,在缅甸1948年1月独立10年后(即1958年),未允许掸邦等少数民族的民众投票决定是留在联邦内还是完全独立。到了1961年,民族和宗教矛盾交织在一起,局势面临失控危险。当年8月,吴努总理为兑现此前的竞选诺言,定佛教为国教,引发克钦族、克伦族这两个基督教徒较多的少数民族抗争。掸族尽管主要信奉佛教,但希望高度扩大地方自治权,威胁要脱离联邦。吴努政府作出妥协,1962年3月1日与30多个掸族代表在仰光开会磋商相关事宜。当时,国家面临严重的分裂风险,联邦政府、军队与"民地武"的大战可能再度一触即发。吴努领导的文人政府治理国家失败,为奈温军人集团发动政变夺权提供了非常好的理由。[①]

这次军事政变,不仅具备较为有利的国内条件,还具备较为有利的国际环境,使得军事政变几乎没有受到多少国际压力,此后建立的军人政府也未遭遇多少国际谴责。因为当时亚非拉很多发展中国家受到局势动荡、发展落后等因素的影响,出现过军人统治的现象。这

---

① 张锡镇:《当代东南亚政治》,广西人民出版社1995年版,第111页。

在当时的国际社会,属于"见多不怪"的事件。缅甸的邻国泰国就长期经历军人统治。加之当时在美苏冷战的国际格局之下,缅甸是一个地缘位置重要、资源丰富的国家,美苏均想把缅甸争取到己方阵营,至于缅甸政府是何种形式,倒显得次要了。况且,美国出于冷战需要,还支持泰国等多个国家的军人政府,因而没有理由过分打压缅甸的军人政府。苏联以及东欧社会主义国家更不会激烈反对奈温领导的军人政变和后续建立的军人政府了,因为奈温宣称他要建设"缅甸式社会主义"。

二、奈温政府的强势统治

军人政变的发生与奈温军人统治的建立 1958 年 10 月奈温将军与吴努政府和议会经过权力移交手续领导看守政府,是文人政府认为治国困难而被迫移交权力给军人,但当时奈温将军领导的军人政府只是看守政府,只是临时、短期执政。奈温将军 1962 年领导的军事政变与上次临时执政完全不同。3 月 2 日上午,奈温将军领导军队逮捕吴努以及与会讨论掸邦未来地位的掸族代表,扣押吴努政府其他高官、最高法院大法官等可能制约政变的人士,解散国会和选举委员会,宣布成立联邦革命委员会,后来称为革命政府,行使职权,稳定秩序。他发布的政变宣言很简单:由于联邦形势急剧恶化,军队掌握权力,担负保卫国家安全的职责。整个政变过程较为顺畅和短暂,仅仅造成一人死亡,没有大规模流血事件。这一次奈温建立的可不是军人政府的临时统治,而是后来长达 26 年的统治。此次政变后,奈温直接解散其他能威胁军人统治的立法、司法等机构,从政治体制层面消除了对其统治的威胁。奈温军人集团宣称的政变理由基本都是为了国家和公众利益,如吴努政府掌控不了国家局势,掸邦可能脱离联邦而导致国家分裂,等等。这些为政变争取到合法性。客观而言,军人统治最初至少在稳定局势、防止国家分裂方面是有积极意义的,解决了国家当时面临的最大危机。当然,政变结束了此前运行 14 年多的资产阶级议会民主制,有扩大军人权力的私欲,有不少人一开始就不认同这一做法。不管政变的公心和私欲各占多大比例,后来的事实证明,总体而言,奈温将军和军人集团的国家治理是有不少失败之处的,对国家而言弊大于利。①

下文从政治、经济、社会、民族关系等层面梳理奈温 26 年统治②的主要施政举措。

政治层面 奈温将军等军人曾经接触过社会主义思想,其发动政变的一个缘由是不满吴努政府长期在缅甸推行资产阶级议会民主制,因此,奈温政府多措并举,要纠正缅甸以前的政治发展模式,推行"缅甸式社会主义"。在思想理论指导层面,1962 年 4 月 30 日,奈温政府发布文件《走向社会主义的缅甸道路》,抨击此前资产阶级议会民主制度的诸多弊端,提出缅甸要建立社会主义民主政治制度、经济制度,建设社会主义。在政党组织层面,奈温政府在 1962 年 7 月 4 日组建缅甸社会主义纲领党,到20 世纪 70 年代初,该党正式党员超过 7.3 万人,多数为现役和退役军人。该党逐渐在全国各地以及军队中建立起共 600 多个基层党组织,随后成为执政党。③该党重视对党员的意识形态培训,在培训中表现优异者会受到提拔,而那些不合格者的晋升空间较小。在法律层面,1974 年 1 月 3日,政府公布《缅甸联邦社会主义共和国宪法》,将国名"缅甸联邦"改名为"缅甸联邦社会主义共和国",随后召开新一届人民议会,组建新政府,这一国名和政府形态一直持续至 1988 年 9 月 18 日吴奈温亲信吴貌貌(U Maung Maung)领导的政府被新军人政变推翻。其实,早在 1972 年,奈温将军等部分高级军官已经形式上从军队退役。④1974 年,吴奈温等人主要是通过其领导的缅甸社会主义纲领党执政,并出台了 1962 年 3 月军事政变以来的首部宪法,在形式上改变军人直接统治的状况。但实际上仍是军人在主导政府,"换汤不换药"。⑤

奈温政府最初在权力尚未完全稳固时,对待社会不同机构和阶层的

----

① David I. Steinberg, *Burma: A Socialist Nation of Southeast Asia*, Colorado: Westview Press, 1982, pp.74 – 75.

② 这 26 年,政府名称多次调整,此处为行文方便,统称"奈温政府",因为不管政府名称和形式如何变化,奈温都是政府的绝对权力掌控者。

③ 贺圣达、李晨阳编著:《列国志:缅甸》,社会科学文献出版社 2005 年版,第 118—119 页。

④ 奈温将军 1972 年 4 月 20 日退役,故其后他的名字之后去掉"将军"二字,之前冠以表尊称的"吴",称为吴奈温。但本书有些地方需要总体概括奈温执政情况,为了行文方便,就用"奈温"一词。2011 年 3 月底出任总统的吴登盛的称谓也存在类似情况,也做类似处理。

⑤ Michael W. Charney, *A History of Modern Burma*, Cambridge: Cambridge University Press, 2009, pp.109 – 110.

手段尚且柔和,比如,并未立即取缔所有政党,并未立即严格控制全部媒体。他希望争取一些政党支持他,希望争取大量精英支持他,希望社会舆论支持他,但效果不彰,甚至受到后者一些批评,不同群体的示威抗议活动频发,这令奈温感到恼火。随着他的统治愈发巩固,对社会不同阶层尤其是异己力量愈发强硬,强力压制反对力量,不管这些反对力量来自执政集团内部,还是社会层面。

奈温将军打击政敌的手段可谓十分多样,态度也十分强硬。在打击其他政党层面,1963 年 8 月和 10 月,以涉嫌反对政府为由,政府抓捕了社会主义纲领党之外的部分政党人士和社会人士;从 1964 年 3 月开始一直到 1988 年 9 月吴貌貌政府下台,取缔除社会主义纲领党以外的全部政党,坚决不允许威胁军人及其扶持的社会主义纲领党统治地位的政党存在。此前存在了 10 多年的多党林立局面不复存在。对军人集团内部挑战者,奈温也绝不手软,不过在高压维系统治的同时,他也日积月累了很多矛盾,为自己树敌甚多。他严格防范别人效仿他的夺权模式来推翻自己,类似"野心"人物只要一露头,就会遭遇严厉打击。

奈温将军强化对下级军官和官员的控制。政府设立国家情报局和军事情报局,严格监控各级军官、官员和社会人士的言行,不允许他们随意发表意见,不允许他们随意集会,不允许他们有挑战其权威的任何行为。在统治集团内部,重用那些逢迎拍马者,"清洗"了昂季(Aung Gyi)将军等与奈温将军政见不合的高官。昂季将军在奈温将军发动军人政变时以及政变后施政初期,一度发挥着奈温"左膀右臂"的作用,掌握奈温政府的经济大权,但因昂季将军主张务实、理性地发展国家经济,没有一味地迎合奈温将军,不同意一些激进的经济政策,导致奈温将军心生怨恨。1963年昂季将军被迫辞去官职,1965 年被捕,一度被关押。这使昂季将军在 1988 年成为反对吴奈温统治的重要"领军人物之一"。①

在其统治的 26 年间,政府镇压了 10 多次大规模的学生示威,打死打伤一批学生,曾经短暂关闭部分大学。而 1962 年奈温政府在驱散学生示威时,下令炸毁仰光大学学生会大楼,引发的社会反响甚大。因为此大楼早年曾是昂山将军、奈温将军等独立运动领袖领导反抗英国殖民统治活

---

① Michael W. Charney, *A History of Modern Burma*, Cambridge: Cambridge University Press, 2009, pp.120 – 121.

动的基地,缅甸独立之后,该大楼也长期是缅甸大学生活动的中心。奈温
这个仰光大学的"学长"为了维护自己的统治地位和政治利益,对自己母
校和学弟学妹们暴力相向,使他的社会声望严重受损。然而学生运动始
终是奈温统治时期无法根除的抵抗活动,并成为 1988 年最终推翻奈温统
治的关键因素。①

　　奈温政府想方设法打压知名异见人士或其他能挑战其声望的政治人
士,在对待一些重要的政敌方面,依据不同情况采取柔和或者强硬的手段,
目的只有一个——让其不要威胁政府的统治。为了向社会做出和解姿态,
奈温政府一度释放了一些知名的政要,如吴努、吴巴瑞等前政府高官,甚至
吴努等人被纳入奈温政府建立的 33 人国内团结顾问委员会中。奈温的政
策是,只要这些政敌表示不再挑战政府统治,他们就可以获得自由,一旦他
们再度开展反对活动,政府就会立即逮捕他们。吴努等人获释时对政府表
态不再"挑事",但久而久之,他们又想在政治上东山再起,开展更多的政治
活动。奈温对待这些再度挑战其统治的政敌,或者再度关押,或者让其出
国"就医",或者使其流亡国外,防止他们再度掀起大的政治风浪。②

　　吴奈温在政治上还削弱吴丹的影响力。1974 年 11 月 25 日,缅甸籍
的联合国前秘书长吴丹(1961—1971 年在任)去世。吴丹不仅是缅甸人
的骄傲,也是亚洲人的骄傲,因为他是首位来自亚洲的联合国秘书长,在
全世界都有崇高威望,去世后回国安葬应该受到"国葬礼遇"。但吴奈温
和吴丹早年不和,因为吴丹和吴努是政治密友,吴丹回国下葬引发轩然大
波,对吴奈温统治不利。吴奈温政府不仅不给予吴丹礼遇,还不允许民众
参加 12 月 5 日的吴丹葬礼。军人从民众手中抢夺吴丹灵柩还酿成军民
流血冲突事件。政府如此对待吴丹葬礼以及参加葬礼的民众,使民众对
政府更加失望。③

　　在政治层面,奈温建设的"缅甸式社会主义"并没有科学的理论作为
指导,政策失当,没有取得应有的成就。

　　经济层面　奈温将军领导的军人集团在经济政策方面做了较大调
整,大力推进国有化,其主要有两大考量。一是不满前吴努政府在经济政

---

① 　Michael W. Charney, *A History of Modern Burma*, Cambridge: Cambridge University
　　Press, 2009, pp.115 – 117.

② 　Ibid., pp.128 – 130.

③ 　张锡镇:《当代东南亚政治》,广西人民出版社 1995 年版,第 116 页。

策方面未能在全国较全面地推行社会主义经济制度,存在大量私人资本,奈温政府执政后要纠正这种状况;二是奈温将军以及军人集团曾经是缅甸独立运动的重要力量,对外族人或外国控制缅甸有着强烈的提防心理。奈温政府认为,缅甸本土人士经营的商业企业对经济的影响力不够大,大量外族私人资本及外国资本存在于缅甸,对缅甸经济的影响较大,导致国家对经济的掌控不够有力。奈温政府要重点清除华人资本、印度人资本、英国资本等被视为"非缅甸本土人掌控的资本"(即便有些华人和印度人已经加入缅甸国籍),要让缅甸政府以及本土人士掌握国家经济命脉。综上所述,因为要建设"缅甸式社会主义",缅甸要清理"外国资本",就要大规模推进国有化,加强政府对经济的控制。而且,从后来国有化的实际发展情况来看,奈温将军领导军人集团推进国有化似乎还有另外一个目的,就是让大量军人出任很多国有企业领导人,加强军人对经济的掌控,也让军人从中获得大量经济利益。在后来缅甸市场物资长期供应匮乏的时期,缅甸军人还将国企物资以高价卖到黑市,从投机倒把中赚取大量钱财。这是军人执政收益的重要组成部分。国有化进程让很多军人中饱私囊,加剧了军人腐败。

不过,奈温政府推进国有化的进程也是时快时慢,起起伏伏,有时因为出了问题而有所"刹车"。

1962年3月军事政变后初期,奈温政府还并未在国有化方面操之过急。一个重要原因就是当时对国情较为熟悉、较为理性的昂季将军协助奈温将军管理国家经济。昂季将军曾一度被视为奈温将军未来的接班人,他认为推进国有化要注意方式方法,不能一哄而上,要一步一步推进。并且,他重视发展缅甸农业,因为缅甸是个农业国。1962年年中开始,国有化进程持续推进,最初力度仍不是太大。首先被国有化的是英国等外国公司在缅甸的大型企业,因为这些企业长期控制缅甸石化等关系国计民生的行业。但是,奈温将军不满昂季将军的国有化做法,希望加快国有化进程。1963年2月,奈温将军任命丁佩(Tin Pe)将军取代昂季将军来掌管经济事务,让丁佩将军出任商务部部长、财政委员会主席等要职,令其更为激进地推进国有化进程。丁佩将军对奈温将军言听计从,一度深受奈温将军器重,他迅速推进国有化进程,将缅甸所有外资银行和私有银行国有化。奈温政府还宣布要加快所有主要工业企业的国有化进程,禁止成立新的私营公司,以实现国家对主要商品的生产、流通、进出口等环节的掌控。私营公司只被允许存在于零售业等少数行业。即便这样,国家对私营商店的利润也是严格控制。1964 年 4 月,缅甸成立社会主义经济建设委员会来管理全国商业运营。国家不再鼓励私人投资,并且还想方设法"毁掉"私人资本以及外国人手中的资本,以减少他们对缅甸经济的影响力。比如,1964 年 5 月,奈温政府强行废除面值 50 缅元和 100 缅元的大额缅币的流通,却不给予个人补偿,很多人的财富严重缩水。此后奈温政府多次突然采取废钞行动,给予民众有限的补偿,导致奈温统治后期,平民家庭非常贫困。因为缅甸当时银行系统不发达,且当时人们担心钱存进银行后不知道会遭遇何种厄运,所以很多人家里自存大量现金。后来,有些人为了防止再次遭遇类似事件冲击,就把财富储存从现金方式改为部分投资金银、玉石等来保值增值。大批没有缅甸国籍的印度人和巴基斯坦人被迫丢掉长期在缅甸的资产而离开缅甸。①

奈温政府执政前十年,是国有化非常激烈的时期,这最终导致缅甸经济运行出了系统性的问题。一方面,奈温政府片面重视发展工业,将国家投资重点放在工业上,而忽视对事关国计民生大局的农业的投资与发展。缅甸是农业国,农业是国民经济的基础,也是重要支柱产业,农业养活了缅甸 2/3 左右的人口,其中,大米不仅是缅甸主要粮食作物,大米出口创汇还是缅甸外汇的重要来源,这是缅甸当时的基本国情。无农不稳,忽视农业发展会导致缅甸经济发展出现重大问题。而且缅甸农业自然资源丰富,这也是缅甸发展可资利用之处。但奈温政府舍本逐末,却单单重视发展缅甸本来就弱的民族工业,希望让本国产品来大量取代进口产品。结果,一方面,农业发展因为国家政策失误、投入不足等原因而发展缓慢,大米出口十年间不仅未增长,反而出现负增长,导致缅甸农业收入减少,外汇减少。同期,缅甸人口却在持续增长,导致国家粮食供应日益紧张。另一方面,缅甸民族工业本来就弱小,奈温政府国有化政策对内打击工商业发展,对外得罪国际资本。缅甸国有企业尽管有一些发展,但管理不善、人才缺乏、资金缺乏、原材料和零部件供应不足等难题凸显,整体效率低下,生产日益失去活力。而私营企业因为备受挤压更是生产经营艰难,加之进口商品的外汇不足,导致缅甸国内市场供应不足,物资短缺的问题愈

---

① Michael W. Charney, *A History of Modern Burma*, Cambridge: Cambridge University Press, 2009, pp.120 – 125.

发严重,物价飞涨。此时,掌控国企的军人大肆投机倒把,将很多国企商品弄到黑市高价卖给民众。军人腰包鼓起来,百姓却怨声载道。因为开展正常经济活动很难赚钱,有一些人和企业为了快速赚钱,便通过对外走私木材、玉石、矿产等自然资源赚钱。而政府对此较难下决心管控,因为有很多官员直接参与非法活动,加之政府财政困难,也需要通过收取走私者的费用来给部分公务员发工资。①

尽管奈温政府后来也调整了一些国有化的方式方法,但其总体思路和做法并未发生大的改变,最终经济出现问题,社会问题凸显,局势不稳定。因此,从 1970 年到 1988 年,政府更加清楚地认识到缅甸是农业国的基本国情,在经济产业发展方向上做了一些调整,不再单一强调推动工业发展,不再意图将所有企业国有化,②而是更加注重基于缅甸的资源禀赋优势来发展经济,农业、渔业、畜牧业等行业的发展受到更多重视。只是此时,有些政策和举措为时已晚,这些产业终未能挽救缅甸病入膏肓的经济。同时,政府还效仿其他社会主义国家,力图通过制定经济社会发展规划来解决发展中的问题,提振经济活力。从 1971—1972 财年开始,政府实施五个"四年计划",第一个和第四个"四年计划"效果极差,第二个和第三个"四年计划"实施效果尚可,但也无法扭转颓势,第五个"四年计划"因为 1987 年和 1988 年局势大动荡和吴奈温政府垮台而被迫中断。

也就是说,奈温统治 26 年间,经济政策和发展规划的制定层面出现较大失误,国民经济最终走向崩溃边缘。

社会层面 奈温政府除了重视控制政治社会精英之外,还将社会各阶层民众纳入不同的组织进行管理。如让工人、农民、青少年等社会不同阶层人士各自加入不同的由缅甸社会主义纲领党控制的社团组织,以加强对民众的控制。因为僧侣地位较高,同时是一支强大的政治力量,奈温政府高度重视控制僧侣。废除佛教的"国教地位",压制僧侣的反政府活动等,其目的就是不让佛教组织冲击军人的绝对统治地位。政府还恩威并举,通过一些社团组织民众开展一些集体活动,如清扫街道,开展生产运动,禁毒,建设道路、医院等。政府组织这些活动的目的主要是控制民

---

① 贺圣达主编:《当代缅甸》,四川人民出版社 1993 年版,第 180—181 页。
② 其时,缅甸大部分重要企业的国有化进程已经基本完成了,若要将全部企业实现国有化,就要很多小企业都国有化,奈温政府最终因为国有企业经济活力差、市场缺乏活力等因素,并未持续将全国所有企业国有化。

众行为,基本不给予劳动者以符合市场价格的报酬,其实际效果不佳,对国家和社会发展的正面效应较小,反而引发民众的反感。①

总体而言,在吴努政府时期,各个阶层有较大自由度,均享有一些基本权利,并非由哪个阶层绝对统治其他几个阶层,即便存在"精英文化"或者"精英统治",这些精英的来源也较为多元,并非主要出自某个阶层。而在奈温统治时期,占总人口少数的军人绝对掌控国家权力和资源,其他阶层多被边缘化,或者依附于军人生存,或者被军人阶层所挤压乃至盘剥。谁敢反抗军人和政府,就会遭遇军警的打压。民众不敢提出与政府不同的意见,媒体也不敢发出与政府不一致的声音,政府堵塞了言路,听不到善意的提醒,民怨日积月累,最终像火山一样爆发。

在奈温统治的 26 年间,整个社会的阶层流动性很差,导致很多人才被埋没,民众怨声载道。而且,受到政治控制、经济困难等多方面因素的影响,缅甸普通百姓的基本权利也受到严格限制,很少能与国外接触和交流,很少能看到外国电影、书刊等,很少能享受到喜欢的文化生活,很少能自由地行使手中的选举权等基本权利。缅甸之外的很多国家都在进步,而缅甸却在退步,百姓生活不管是在精神层面还是在物质层面都极其匮乏,最终到了"饭也吃不饱,基本权利也享受不了"的悲惨境地。加之,在奈温政府统治时期,教育非常落后,有些大学还被短暂关闭过,出版行业长期停滞,出版的书刊数量很少,可圈可点的学术著作更是寥寥无几,文化的传承与发展陷入困境。这也就出现一种现象:缅甸现在很多 30—50 岁的人文化素质、英语水平、国际视野等综合能力还不如那些七八十岁的老一辈人。而今,21 世纪,在缅甸政治转型与发展急需各类人才的时候,却出现了严重的"人才断层",因为前者总体生活在奈温执政的封闭年代以及 1988 年 9 月之后的另一个军人政府 20 多年的统治时期,很难接触到世界发展潮流和先进知识,而后者中青年阶段还生活在吴努时期较为自由开放的时代,与国际社会有些交往。因此,奈温 26 年军人统治以及 1988 年 9 月之后的军人政府对缅甸长远发展的负面效应极其巨大,需要花几十年来弥补。②

---

① Michael W. Charney, *A History of Modern Burma*, Cambridge: Cambridge University Press, 2009, pp.117 – 119.

② 贺圣达主编:《当代缅甸》,四川人民出版社 1993 年版,第 158—159 页。

民族关系层面 奈温将军坚决反对少数民族高度自治和分裂国家的行为,这点也是他 1962 年 3 月发动政变的重要理由。不过,奈温政府对待少数民族的政策并非一以贯之,而是多次调整,总体而言,奈温政府对待少数民族的政策少数时间较柔和,大部分时期较为强硬,这一时期也是缅甸内战规模最大、持续时间最长的时期。

1963 年,奈温政府与部分"民地武"经历了短暂的和谈时期,但和谈最终失败。最初,在当年 4 月,奈温政府特赦那些放下武器的武装分子,6 月不再悬赏民众抓捕"民地武"领导人,并逮捕一些阻碍和谈的人士。政府还向"民地武"伸出和谈的橄榄枝。不过谈判没有获得什么重大成果,多数"民地武"不满奈温政府和军方展现出来的"大缅族主义"姿态,不满政府提出的和谈条件。因为政府和谈条件的核心原则是"让'民地武'交枪换和平",让他们屈服于国防军。年底,双方谈判破裂。政府再度指责有些"民地武"企图联合另立政府、制造国家分裂,指责他们要让国家分崩离析。①

随后,政府与"民地武"的关系再度恶化。政府对"民地武"的政策再度强硬,而"民地武"则继续对抗政府,双方又陷入长期的大规模内战之中。奈温将军领导的军队成员多数是缅族人,少数民族官兵在军队中的比例较小,也极少能够占据中高层军官职位。因此,缅族在关于国家结构及民族关系层面的观点会深刻影响军方在民族关系方面的政策取向。占人口多数的缅族人认为,掸族等多个少数民族要求国家采取联邦主义制度,赋予各个少数民族以极大自治权,是试图打着联邦主义的幌子分裂国家,很多缅族人希望国家采取单一制的国家治理模式,认为政府要加强联邦对各个少数民族地方的控制,不能像吴努政府那样对少数民族的要求做出大量妥协,应该对少数民族更加强硬。这影响了奈温政府的民族政策。1974 年宪法虽然将国家名称新定为"缅甸联邦社会主义共和国",也申明民众享有很多权利,并为了安抚少数民族而新成立了孟邦、钦邦、若开邦三个省级邦,但宪法强调联邦政府对地方的领导,地方政府没有多少实质权力。在奈温统治时期,"联邦"徒有虚名,联邦政府十分强势,基本上是采取"单一制"国家治理模式。②

---

① Michael W. Charney, *A History of Modern Burma*, Cambridge: Cambridge University Press, 2009, pp.125 – 128.

② 林之豪:《缅甸奈温时期社会主义民族政策研究》,《当代世界社会主义问题》2022 年第 1 期,第 97—102 页。

在缅北掸邦等地的多支"民地武",因为其辖区自然条件恶劣,难以靠发展正常的经济产业来维持军队对抗政府,其地又处于缅甸、老挝、泰国交界处赫赫有名的种植和贩卖毒品的区域——"金三角",便加大种毒、贩毒力度,以获取更多资金来养护军队,壮大辖区经济实力。奈温政府单靠国防军无法完全在军事上压制住二三十支"民地武"。因为政府必须有25%乃至更高比例的开支用于军费,难堪重负,所以便支持一些地方民兵组织来帮助政府打击"民地武"。但政府仍没有足够资金支持这些民兵组织来打击"民地武",最终也只得纵容其贩毒来筹集军费。此外,为了拉拢住那些投诚的"民地武",奈温政府也默许他们贩毒,以促使他们不再抵抗政府,甚至调转枪口帮助政府打击其他"民地武"。这些状况导致缅北掸邦等地的毒品种植、贩卖情况在奈温时期非常严重,一些大毒枭很快积累起巨额财富。[①]

缅北掸邦、克钦邦的毒品产销量长期维持在高位,导致缅甸国际形象严重受损,奈温政府面临国际社会高压。1974年,奈温政府颁布禁毒法律,加强打击种植、加工、贩卖毒品的行为,有些罪责重的毒贩被判处死刑。1985年,缅甸与美国开展禁毒合作,购买美国直升机开展禁毒行动。其实,这些直升机不仅用于禁毒,也用在打击"民地武"上。美国之所以通过援助、出售直升机等方式帮助缅甸禁毒,主要是毒品泛滥对美国在泰国、菲律宾等地的很多驻军造成伤害。越战期间不少美军官兵吸食缅甸毒品。有些毒品甚至直接销往美国本土,成为美国毒品市场的重要来源。[②]

综上所述,"民地武"问题与毒品问题交织在一起,不仅导致缅北的"民地武"问题没有得到多少实质解决,武装冲突绵延不断,而且缅北毒品问题持续严重,长期是"金三角"的核心毒品生产区。此外,除缅北地区外,缅甸东南部克伦邦和孟邦、西部若开邦的"民地武"与国防军的冲突也不断,缅甸多个邦冲突频发。掸族、克伦族、孟族、钦族等族的多支"民地武"还一度组建"联合民族解放阵线",持续招兵买马,号称拥有包括正式军人和非正式军人在内的数万武装人员,影响力遍及缅甸大片

---

① 林之豪:《缅甸奈温时期社会主义民族政策研究》,《当代世界社会主义问题》2022年第1期,第100—102页。

② 贺圣达、李晨阳编著:《列国志:缅甸》,社会科学文献出版社2005年版,第478—492页。

国土。该阵线用武力攻占政府控制的部分城镇、乡村。前总理吴努还曾与这个阵线联合反抗奈温政府,但后来又放弃了与该阵线的合作。该阵线虽然声势浩大,但本身是多个武装的松散组织,凝聚力差,总兵力不足,在资金、武器、人员素质等方面也远远不敌国防军。最终该阵线没能推翻奈温政府,只好走向衰落和分裂。在奈温统治时期的大部分时间里,缅甸陷入了"越打越穷、越乱"的恶性局面:冲突地区越来越得不到发展,一些少数民族对政府的仇恨也越来越深,于是冲突就越发停不下来。①

三、孤立外交

1962 年 3 月奈温政府执政后,立即对外宣布缅甸不会放弃其前政府奉行的"积极中立的外交政策"。次年,缅甸政府要求驻外使节在代表缅甸开展外交活动时,恪守不结盟的中立外交政策。因为奈温等执政者认为,冷战格局之下,越南战争是美苏在东南亚争霸的重要体现之一。面对这种复杂的地区和国际形势,缅甸不应卷入大国博弈中去,保持中立,才符合缅甸国家利益。同时,奈温政府推行的是军人统治,除了加强对国内的严格控制之外,还要减少缅甸与外国的接触,防止国外一些不利于军人统治的言论影响缅甸社会思潮和民众言行。这种与国际社会大幅减少交往的统治方式,被称为"竹幕式"的统治。缅甸与世界隔着一个"竹幕",而缅甸是在"竹幕"后的国家,与国外只是进行有限的交往与合作。在多种因素的影响下,"积极中立的外交政策"在实践中却变成了消极孤立的外交。这与吴努时期真正的积极中立的外交政策有着明显不同。如前所述,吴努执政时期,缅甸在国际事务中尽量保持中立的同时,外交却非常活跃,缅甸在地区和国际事务中发挥了一定作用,尤其是在亚非拉世界的国际地位较高。②

缅甸与部分亚洲国家的关系 在与东南亚部分国家的外交方面,奈温也比较消极,这尤其体现在其对新成立的东南亚国家联盟(简称"东

---

① 贺圣达、李晨阳编著:《列国志:缅甸》,社会科学文献出版社 2005 年版,第 477—479 页。

② Renaud Egreteau, and Larry Jagan, *Soldiers and Diplomacy in Burma: Understanding The Foreign Relations of The Burmese Praetorian State*, Singapore: National University Press, 2013, pp.114-117.

盟")的态度上。泰国、菲律宾、马来西亚、新加坡、印度尼西亚等五国于1967年8月建立东盟,东盟五个创始成员国都是资本主义国家,与美国为首的西方阵营关系密切,其中泰国、菲律宾还是美国的缔约盟国,允许美国在其领土建立军事基地和驻军。奈温政府宣称当时缅甸是社会主义国家,奉行"不结盟"的中立主义外交政策,因此,奈温政府从自身利益出发,不支持东盟,也不加入东盟。奈温统治时期,缅甸与泰国的关系一般。因为泰国不仅是资本主义国家,是美国的盟国,而且吴努等前政要流亡泰国,在泰国开展一些反对奈温的活动。缅甸的克伦族武装是对抗奈温政府的重要力量,他们经常从泰国走私武器和物资,其武装人员有时还到泰国避难。

缅甸与印度的关系较为特殊,它与这个较大邻国的关系可谓跌宕起伏。缅甸的佛教最早是从印度传入的,在被英国殖民统治时期,缅甸曾经是英属印度殖民地的一个省,因此,缅甸在衣食住行、文化方面受印度的影响很大。在被英国殖民时期,印度不仅帮助英国殖民者统治缅甸,还有大批印度人移民缅甸,掌握缅甸大量财富。"二战"时期,印度人口占缅甸首都仰光的人口比重较大,有些印度人从事的是"高端职业",比如公务员、军官、商人等,而缅甸很多本土民众却很贫穷,只能服务于当地印度人,甚至受到印度人的盘剥,因而对印度人十分不满,甚而仇恨。缅甸独立后,很多印度人留在缅甸,但其中不少人没有获得缅甸国籍。吴努政府时期,缅甸与印度关系较好,印度人在缅甸总体未遭遇多少排挤。奈温政府有很强的民族主义色彩,当时缅甸社会上存在着强烈反对印度人等外国人士控制缅甸经济的思潮,认为缅甸要维护本土人对国家经济命脉和财富的控制,就必须清除印度人等外族人士的影响。实施国有化、废除面额50缅元和100缅元纸币的目标之一就在于此,这两招令很多印度人的财富化为乌有。到20世纪六七十年代,共有数十万印度人陆续逃离缅甸。不过,邻居是搬不走的,尽管缅甸和印度的关系存在上述不愉快,但两国还是保持了一些交往与合作,1967年两国达成边境划界协定。奈温在1964年、1965年、1966年、1980年等年份访问了印度。1969年3月,印度总理英迪拉·甘地(Indira Gandhi)访缅,讨论共同应对两国边境武装分子流窜问题。1987年,印度总理拉吉夫·甘地(Rajiv Gandhi)访缅,但当时奈温政府及其领导的缅甸已经日益陷入严重危机,无暇与印度大幅提升合作。①

　　缅甸与日本的关系仍继续保持友好。双方对彼此的感情都比较特殊,缅甸在"二战"时期曾经是日本的殖民地,尽管日本殖民统治残暴,有些缅甸人厌恶日本,但有些缅甸人对日本的印象并不是很差,尤其是那些曾经受到过日本恩惠的一部分缅甸精英,他们甚至认为是日本这个亚洲国家帮助缅甸摆脱了英国这个西方国家的殖民统治,对日本存在一定的感恩心情。因此,缅甸人对日本的情感比较复杂。奈温将军本人与日本的关系则非常密切,他早年作为领导缅甸抵抗英国殖民统治运动的"三十志士"之一,曾经接受过日本的军事训练,与日本一些军政要员关系较好。日本在缅甸独立后也曾援助缅甸发展,长期是缅甸最大的外国援助国。奈温执政时期,日本并不太关注缅甸政府性质发生了根本变化,一如既往地发展与缅甸的友好关系。因此,在奈温政府时期的缅甸外交关系中,相比当时缅甸与西方时好时坏的状况,缅甸与日本的关系是相对友好的,中间并未出现大的外交事件和波动。1962 年,两国签署日本增加对缅甸战争赔款的协定,日本的赔款与持续援助一定程度上缓解了缅甸经济困境,这也是奈温政府非常看重的。两国高层互访也十分密集,奈温将军四次访日,和其访问邻国印度的次数相当,而日本则有五位首相访缅。缅甸与日本的高层互动比缅甸与西方国家的高层互动要频繁很多。②

　　奈温政府与西方的关系时好时坏　由于意识形态的差异,奈温政府执政最初几年,一度对西方存在厌恶乃至敌视态度,于是着手清理外国的人员和机构等,清除他们在缅甸的影响力;关闭西方在缅甸的教育、文化机构,将在缅甸的西方私立学校收归国有。当时,缅甸严格限制外国人进入缅甸活动,尤其是限制外国人在缅甸开展长期活动,因此,缅甸给予外国人的签证很少,并将外国人在缅活动时间限制得很短,通常是一两天。连外国驻缅外交官获得签证都较为困难,外国游客经常是只能停留 24 小时。外国电影、杂志、选美比赛、赛马等也被视为"腐朽之物"而被禁绝了。奈温政府还清理西方在缅甸的基督教人员。外国新闻机构和人员在缅甸的活动也大为受限,有关缅甸的新闻很难及时、全面地传播到国际社会,

①　Renaud Egreteau, and Larry Jagan, *Soldiers and Diplomacy in Burma : Understanding The Foreign Relations of The Burmese Praetorian State*, Singapore: National University Press, 2013, pp.119 – 124.

②　Ibid., pp.157 – 160.

而外国新闻要传入缅甸,一般需要由官方媒体统一编译成缅甸语进行发布。缅甸政府发布的外国新闻有限,时效性也差,因而缅甸民众所能得到的国际信息十分有限。同时,官员、民众出国也被严格限制。在官员层面,只有奈温等少数官员可以多次出国,多数官员无法出国公干;民众因为政府限制、家庭贫困、交通不便等也较难正常出国;①缅甸出国留学的学生也极少,仅以派往苏联、东欧等社会主义国家为主,很少被派往西方留学。②

而西方国家对待奈温政府的态度也较为复杂。奈温将军发动政变时正是冷战时期,因此,美国对其上台不仅未作激烈的敌对反应,且在政变仅五天后便给予了认可。美国的政策目标是,即便无法让缅甸倒向资本主义阵营,也要通过各种方式确保其不倒向社会主义阵营。尽管对西方存在较强的提防心理,在20世纪60年代,与西方的交往也不多,奈温政府仍很重视从美国那里通过购买或接受援助的方式获得一些武器来打击国内的“民地武”,美国不仅向缅甸以援助、出口等形式提供了步枪、战机、巡逻船等武器装备,还培训了一些缅甸军官。缅甸当时还从美国那里获得一些经济、技术援助,来建设一些基础设施,但因为两国关系时好时坏,美国实质给缅甸的援助也时多时少。奈温将军1966年访美,但此次元首互动在外交上的象征意义大于实质意义,主要是奈温将军想修复因为缅甸关闭美国在缅的教育文化机构、基金会等而给两国关系造成的损害。此次访问没能够推动缅甸与美国关系实现跃升,双方的经贸合作仍较少。因为当时双方在意识形态上存在差异,并且美国侵略越南、在东南亚驻军、允许缅甸前总理吴努在美国开展反对奈温政府的政治活动等事件,也引发奈温政府的不满。③

20世纪70年代,缅甸经济困难,自身无法去解决这些难题,奈温政府也开始反思其孤立外交政策带来的问题。因此,从那时起,奈温政府主

---

① 当然,奈温时期也有不少人逃离缅甸,比如,有数十万受到奈温政府打压的政要,遭受排挤的华人、印度人等逃离缅甸;靠近泰国的缅甸边境,有很多缅甸人因为受到战乱、贫穷等因素的影响而作为难民长期滞留泰国;等等。

② Renaud Egreteau, and Larry Jagan, *Soldiers and Diplomacy in Burma*: *Understanding The Foreign Relations of The Burmese Praetorian State*, Singapore: National University Press, 2013, pp.116 - 119.

③ Ibid., pp.134 - 136.

动争取西方援助或优惠贷款,以缓解国内经济困局。1976 年,世界银行组织英国、美国、日本、澳大利亚等国的专家联合协商如何采取较为一致的对缅援助政策,而缅甸方面也希望吸引国外资金、技术和管理经验,开发其较为丰富的资源,但前提是不能损害缅甸主权和社会主义经济制度。20 世纪 80 年代,美国还向缅甸的农业、医疗等行业提供了援助,帮助缅甸改善民生。不过,从后来的实践来看,缅甸总体上还是个较为落后和封闭的国家,其与西方企业在合资合作方面实质动作不多,成效有限,没有多少外资企业能在缅甸立足和长期发展。1985 年 9 月,美国前总统尼克松访缅,随后,美国邀请缅甸总统吴山友(U San Yu)访美,双方关系进入较好时期,但不很密切。好景不长,1988 年奈温政府下台后,另一个军人政府上台,打压杜昂山素季(Daw Aung San Suu Kyi)等民主力量,美缅关系又持续恶化 20 多年。①

缅甸与社会主义国家的关系 奈温政府与苏联、东欧国家关系总体不错。缅甸允许销售苏联和东欧国家介绍社会主义的书刊,也派缅甸多个行业的精英赴这些国家深造。缅甸发展也得到苏联和东欧国家的支持,苏联还派遣顾问支持缅甸发展。尽管当时冷战格局下的社会主义阵营和资本主义阵营界限分明,但奈温政府仍坚持缅甸中立主义外交原则,并未与苏联建立类似结盟的外交关系,没有卷入苏联与美国的冷战斗争中去,而是同时与西方保持一定的交往。

奈温政府时期,缅甸与中国的关系总体较好,但 1967 年的断交风波对两国关系的冲击一度很大,对两国利益均造成了较大损害。对于缅甸而言,当时,缅甸因为采取国有化、废钞、清理在缅甸的印度人和华人等行动而同时与中国和印度两大邻国闹僵,这是不明智的伤害国家利益之举,这也反映了当时奈温将军等执政精英在内政外交方面的不成熟,或者说反映了他们强烈的民族主义色彩。

在奈温政府时期,华人在缅甸的数量较大,掌握的财富不少,引发了缅族精英和民众的疑忌。奈温政府对缅甸华人和在缅甸的中国人、中国机构一度非常强硬。在奈温将军执政时期,缅甸出现反华排华浪潮,华人境遇悲惨,很多华人的财富被掠夺。

---

① Kenton Clymer, *A Delicate Relationship*: *The United States and Burma/Myanmar since 1945*, New York: Cornell University Press, 2015, pp.252-256.

20 世纪 50 年代,奈温将军担任缅甸军队领导人和看守政府总理时期,对华比较友好,也曾访华,较为积极地推动两国边境问题的解决。1962 年 3 月奈温政府上台后的最初几年,中缅关系发生了较大起伏,奈温在处理对华关系时,有些事件做得比较极端,最终引发缅中两国关系短期大倒退。

奈温政府上台后的前五年左右时间,中缅高层保持较为密集的互动。1962 年 3 月奈温政府上台后,中国秉承"和平共处五项原则",承认奈温政府。1963 年 4 月,中国国家主席刘少奇率团访问缅甸,两国重申将遵循"和平共处五项原则"发展友好关系,重申所有国家都有按照本国国情选择各自政治经济体制的权利。[1]1964 年 2 月和 7 月,中国国务院总理周恩来两度访缅,与奈温将军磋商两国、地区和国际问题。1965 年 4 月,周恩来在出访欧洲、非洲和印度尼西亚时三次经停缅甸,与奈温将军等缅甸领导人会晤。1965 年 7 月 24 日,奈温将军率团访华六天,受到毛泽东等中国领导人接见,两国领导人表示要加强经贸等领域的合作。1966 年 4 月,刘少奇再次访缅。[2]

但中缅关系在 1967 年恶化至断交。奈温政府将在缅甸的中国银行分部和交通银行分部资产国有化,这是明显侵犯中国国家和企业利益的行为,不符合外交惯例和国际商业规则。其实,在中缅断交之前,奈温政府对华已有不少不友好动作。1965 年,奈温政府便开始国有化在缅华人学校,限制中国对缅甸的影响。虽然在 20 世纪五六十年代,中国已经开始重视与印度尼西亚、缅甸等东南亚国家解决在当地的华人双重国籍问题,鼓励华人加入当地国籍,更好地融入当地社会,与当地民众和谐共处。但是,缅甸很多华人仍没有缅甸国籍,在奈温将军等缅甸执政精英民族主义情绪高涨、意欲清理外国人和机构的背景下,在缅甸的印度人和公司、英国人和公司等都遭遇了激烈排挤,华人及其资产自然也不例外。[3]

加之 1967 年缅甸国内经济社会矛盾较多,国家发展多方面出现困局,民众对奈温政府的不满较多,政府面临很大的国内压力,却又无力扭

---

① 尤洪波:《冷战期间缅甸的中立外交政策》,《南洋问题研究》2002 年第 1 期,第 80—85 页。
② 贺圣达、李晨阳编著:《列国志·缅甸》,社会科学文献出版社 2005 年版,第 347 页。
③ 范宏伟:《和平共处与中立主义:冷战时期中国与缅甸和平共处的成就与经验》,世界知识出版社 2012 年版,第 43—45 页。

转局势。因此,缅甸部分人想利用这些事件来转移国内矛盾。而且,有些缅族极端民族主义者也想伺机严控华人。在多种因素综合影响下,1967年6月底,缅甸发生了罕见的排华浪潮,中国驻缅甸大使馆、中资机构、华人社区等受到缅甸极端人士冲击,在缅甸的一些中国人撤回国内,大量缅甸华人逃离缅甸,继续留在缅甸的华人则长期谨小慎微,在公开场合不敢讲汉语,而要讲缅甸语。缅甸排华事件发生后,两国关系降至冰点,互撤大使,断绝外交关系。中国暂停对缅援助,撤回在缅甸的工程技术人员等援助人员,中国援助缅甸的一些桥梁、水电站等项目被迫延期。①

这次排华事件的影响很大,因为两国是近邻,关系闹僵是双输局面,持续时间越长就越损害双方利益。所幸两国断交后,双边关系在经历两年短暂低谷后,1968年开始有所缓和。1970年8月,缅甸多名高级军官出席中国驻缅大使馆武官魏精元举办的纪念中国人民解放军建军43周年招待会,10月1日,缅甸领导人奈温将军首次致信中国国务院总理周恩来,祝贺中华人民共和国国庆。同年11月,缅甸驻华大使到北京赴任,次年3月,中国驻缅大使到仰光赴任。1971年8月,奈温将军应周恩来总理邀请访华,这标志着两国关系恢复正常。②奈温将军就1967年缅甸排华事件向中方表示歉意,与中方领导人讨论了缅甸华人问题以及一名中国工程师在缅甸排华事件中丧生的赔偿问题。中方重启对缅甸的一些工程项目援助。退役后,吴奈温又多次访华,受到中国高层领导人接见。中国多位领导人也曾访缅,比如,1985年,中国国家主席李先念访问缅甸,提升两国关系。20世纪七八十年代,中国又增加了一些对缅援助。同时,两国贸易也总体持续增长,尤其是缅甸与中国云南的边境贸易快速发展起来。③

在1950年至1988年近40年中缅关系发展史上,尽管两国关系有过波折,但总体而言,"胞波"情谊还是比较深厚,高层领导人的密集互动在推动两国政治、经济、人文等领域的合作方面所起到的推动作用是巨大的,比如,周恩来总理共9次访缅、奈温共12次访华,成为中缅关系史上

---

① 范宏伟:《和平共处与中立主义:冷战时期中国与缅甸和平共处的成就与经验》,世界知识出版社2012年版,第148—158页。

② 贺圣达、李晨阳编著:《列国志:缅甸》,社会科学文献出版社2005年版,第346—347页。

③ 范宏伟:《和平共处与中立主义:冷战时期中国与缅甸和平共处的成就与经验》,世界知识出版社2012年版,第179—183页、第192—200页。

流传的佳话。①

综上所述,奈温政府口头上表示继承吴努政府的中立主义外交,但这种中立政策更加消极,相比前吴努政府时期缅甸在国际舞台上的活跃形象,奈温政府的缅甸外交比较低调,对一些重大国际事务,即便是涉及缅甸利益的一些重大国际事务也比较冷淡,缅甸外交在此时期没有大的作为。

不过,奈温政府出于政治、经济、禁毒等方面的需要,有时也与国际社会进行一些交往与合作,尤其是从 20 世纪 70 年代开始,由于国内外困境凸显,奈温政府意识到实施多年的孤立主义外交对国家的负面影响较大,开始注意与国际社会展开更多交流,尽管这总体还是有限的对外交往。不管是苏联、东欧国家、中国等社会主义国家的援助,还是西方、日本的援助,对于缅甸缓解国内经济社会困局而言都是重要的。因此奈温政府在接受国际援助时,总体并未严格区分对方的意识形态,既接受社会主义国家的援助,也接受资本主义国家的援助。

四、吴奈温政府垮台

吴奈温统治后期,国家积弊丛生,各种矛盾尖锐,民怨沸腾。加之 20 世纪 80 年代末,世界范围内的"第三波民主化浪潮"也席卷东南亚菲律宾等国家,1986 年,菲律宾发生推翻费迪南德·马科斯(Ferdinand Marcos)独裁统治的"人民力量革命",这对缅甸国内民众多少有些"启示"。而 1988 年,缅甸"国父"昂山将军之女杜昂山素季回国领导的"民主运动",更是加剧了吴奈温统治的崩溃。可以说,吴奈温统治最终是在内外多种因素的综合作用下,走向终结的。

吴奈温政府垮台的原因 一是政治层面,吴奈温遭遇来自执政党、军队的内部挑战。1976 年 7 月,政府宣布破获一起政变未遂案,十多名军官企图谋杀吴奈温、吴山友、丁乌(Tin Oo)等军队高级将领和政府官员。这些"谋反"的军官最终被法办。1977 年 2 月,面对国内恶化的政治、经济、社会形势,执政的缅甸社会主义纲领党提前半年召开代表大会,大会

---

① 王介南:《缅中关系与我国西南周边安全》,《世界经济与政治论坛》2004 年第 4 期,第 57—60 页。

选举出新的中央委员会。但高层人事方面出现了一些问题,时任总理吴盛温(U Sein Win)等部分高层未能进入党的中央委员会,后来他们卸任总理等政府职务,因为他们要为当时日益恶化的经济形势负责。吴奈温也在这次会议上遭遇尴尬,因为他在党代表选举中央委员会的投票中,得票数少于吴山友,随后,中央委员会将党代表所投的票作废,士兵包围党的总部,最终有 113 名中央委员被清理出党。用这种方式吴奈温才保住其党主席的职位。其实,这次事件表明,党内很多人对吴奈温的最高领导人地位已经有很大不满,后者维系统治已经愈发困难。而被吴奈温先后清洗出军队高层的昂季将军、丁乌将军,在吴奈温统治末期,成为反对吴奈温统治的重要旗手。①

二是社会层面,民众的不满始终伴随吴奈温政府的统治,1987 年和 1988 年的民怨总爆发,是促成吴奈温政府垮台的关键因素。民众不满由于经济困难导致的民生艰难。到 20 世纪 80 年代,缅甸经济已经"病入膏肓",而政府的经济政策不仅没有有力改善经济颓势,反而出现多次失误。吴奈温政府不仅不放开外国资本进入缅甸,并且在 1985 年 11 月以打击黑市经济为由,在事先未告知民众的情况下,废除 100 缅元纸币,代之以流通新的 75 缅元纸币。1987 年 9 月再度突然宣布废除 25 缅元、35 缅元、75 缅元等面额的纸币。奈温的废钞行动还有一定的迷信色彩,他认为"9"是他的幸运数字,因而仅保留 45 缅元和 90 缅元的纸币,因为这两种纸币面值是"9"的倍数。政府在多次废钞行动中,几乎没有给百姓多少补偿,让很多百姓的生活陷入困境。尤其是 1987 年 9 月废钞,正值学生缴纳学费之际,导致很多大学生交不起学费,上街抗议,最终政府关闭多所大学一个月。②

同时,以下几组数据也能说明缅甸经济凋敝之严重。1981—1987 年,缅甸官方出口额下降了 54.2%,官方进口额下降了 67.5%,而且同期缅甸因为出口产品主要是大米、木材等初级产品,其工业品出口质量不高、数量不大,加之当时国际市场的初级产品价格波动,所以缅甸出口产品的价格总体是下降的(个别年份略有增长)。而同期缅甸进口的产品价

---

① Michael W. Charney, *A History of Modern Burma*, Cambridge: Cambridge University Press, 2009, pp.140 - 141.

② Ibid., pp.145 - 147.

格却是总体上升的,因为其进口的产品中,国际工业品所占比重较大。因而国家外贸逆差上升,外汇收入下降,国家外债在持续增长。1986 年的外债大约 28 亿美元,是 1981 年外债的两倍。1986 年外债是缅甸同期年度出口额的六倍多,缅甸外债利息额相当于当年外贸出口额的近 60%。而到了 1988 年,外债再度猛增到 40 亿美元。[①]1987 年 11 月,联合国宣布缅甸为"世界上最不发达国家之一",有资格接受国际低息乃至无息的贷款,因为当年缅甸人均 GDP 跌至 190 美元,这个数字从绝对值上都远远低于缅甸 1948 年独立时的人均 GDP,更何况经历了近 40 年的通货膨胀之后,1987 年的同数量货币比 1948 年的同数量货币的购买力势必下降很多。[②]"世界上最不发达国家之一",这是令缅甸人感到无比耻辱的事情,因为缅甸曾经是世界最大的大米出口国,而到了吴奈温统治后期,国内大米供应反而不足,几乎到了无米出口的尴尬境地。缅甸可耕地较多,自然资源丰富,从"世界粮仓之一"、独立时的亚洲发展情况较好的国家之一,成为"世界上最不发达国家之一",大部分缅甸人将这个责任归咎于奈温政府的失败。缅甸独立后不久,仰光是亚洲城市发展的典范,新加坡的李光耀曾到仰光考察。然而,到吴奈温统治末期,大概距离李光耀考察仰光后 30 年,局势却发生了戏剧性的变化,仰光凋敝不堪,而新加坡则成为亚洲乃至世界城市发展的典范,成为世界重要的贸易、金融中心,市政建设和现代化水平在东南亚首屈一指。

　　1988 年上半年,面对国内风起云涌的民众抗议示威,奈温政府意识到必须尽快改革,也做了些调整,比如,在交通、商品流通、出口贸易等领域允许私营经济参与,但由于当时受到企业设备匮乏、物资匮乏、私营企业过分逐利、官员腐败、黑市猖獗等因素的影响,此举反而再度推升物价。国家经济积弊难返,调整为时已晚。经过物价高涨、废钞行动等一系列影响,百姓手中的钱不仅没有增加,反而购买力大幅下降。缅币已很难获得百姓信任,很多人将大米作为"实物货币"在日常交易中使用。在这种情况下,日子好过的主要是军官、政府官员、国企负责人等少数人,多数民众在艰难度日 20 多年后,对政府已经忍无可忍了。

---

① Michael W. Charney, *A History of Modern Burma*, Cambridge: Cambridge University Press, 2009, pp.145 - 147.

② 贺圣达、李晨阳编著:《列国志:缅甸》,社会科学文献出版社 2005 年版,第 242—243 页。

三是国际因素的影响。奈温政府将缅甸长期孤立于国际社会,让缅甸总体上较难接触和吸收世界政治、经济、科技等领域的先进理念,缅甸这个"躲在竹幕后的国家"愈发像个孤岛,与世界发展潮流的距离越来越远。而20世纪80年代中后期,世界范围的"第三波民主浪潮"席卷全球,很多国家的强人统治纷纷垮台,包括东南亚的部分国家,这在一定程度上鼓舞了缅甸人民反抗奈温政府的斗争。

奈温政府倒台的过程 在上述因素的综合作用下,各阶层民众的示威由小到大,最终演变成为全国性反对奈温政府的示威。缅甸1987年9月废钞后,很多学生交不起学费,生活也很拮据,学生开始抗议示威,一些僧侣、社会大众也发起示威。学校被短暂停课,后又复课。1988年3月,几名大学生斗殴后被捕,其中一名学生之后被释放,因为其父是官员。这种不公平的现象再次点燃学生心中的怒火,学生再度掀起反政府示威,三四个月后,示威已经蔓延到全国各地,出现全国性总罢工。示威者要求奈温政府下台,实行多党制。政府出动军警镇压示威,导致双方流血冲突频发。①

于是,政治改革还未来得及实施,抗议示威局势已经失控。7月23—27日,缅甸社会主义纲领党召开特别代表大会,党主席吴奈温表示认识到其执政存在的问题,辞去党主席职务。但缅甸社会主义纲领党不同意举行是否实行多党制的政治公投,因为缅甸社会主义纲领党政府应该首先解决经济问题。7月27日,执政团队让盛伦(Sein Lwin)将军出任缅甸社会主义纲领党主席和缅甸总统。盛伦是军人,行事强硬,口碑较差,8月8日开始,军警与示威者发生大规模暴力冲突,盛伦很快就在8月12日被示威民众逼迫下台。随后,吴奈温的亲信吴貌貌出任总统,但吴貌貌没有实际权力,也缺乏力挽狂澜的能力,局势最终失控。

而在吴奈温统治走向崩溃前夕,缅甸民主运动领导人杜昂山素季崛起,整合并领导反对吴奈温的主要力量,成为推翻吴奈温统治的重要推手。杜昂山素季是缅甸"国父"昂山将军之女,昂山将军1947年遇刺时,她年仅2岁,对父亲的印象较为模糊。杜昂山素季青年时期在英国等地留学,1972年嫁给英国学者迈克尔·阿里斯(Michael Aris)。婚后,她一方面过着相夫教子的生活,一方面力图在学术研究上有所造诣,尤其是孜

---

① Michael W. Charney, *A History of Modern Burma*, Cambridge: Cambridge University Press, 2009, pp.148 – 150.

孜不倦地研究缅甸局势、父亲昂山将军的经历等问题,生活已远离缅甸,与当时的缅甸政治不太沾边。但是,1988年杜昂山素季和国家再度紧密联系在一起,她的命运发生了历史性的转折——从一名普通妇女立即成长为缅甸民主运动领导人。1988年4月初,她返回缅甸照料病重的母亲,但长期挚爱祖国的情感使她无法置身于缅甸政治斗争之外,她曾试图以她的影响力斡旋于奈温政府和反对派之间,试图使他们在政治改革等问题上达成和解,但最终失败。

当时,全国各地、各个阶层的示威此起彼伏,却缺乏一个足够有威望的人士去领导这场反对吴奈温及其继任者的运动。杜昂山素季的出现让缅甸人更加深刻地怀念昂山将军,也把国家稳定与发展的希望寄托在她身上。短期内她举行了很多场演讲,她的演讲能力较强,言谈举止也有些像父亲。8月26日,她在缅甸地标性建筑——仰光大金塔,面对数十万民众进行了极有说服力的政治性演讲。之后,杜昂山素季不惧刺杀、谣言,坚持领导民众展开示威斗争,其政治影响力和个人威望也迅速上升,快速成为缅甸民主运动中公认的领导人,所到之处,一呼百应,令政府和军队畏惧。

9月10日,缅甸社会主义纲领党决定三个月内举行自由、公正的多党制大选,选出议会,再由议会组建政府,并对宪法进行必要的修改。然而,民众认为改革可能只是执政者安抚民众的幌子,对政府"一而再、再而三"的缓兵之计失去了耐心,杜昂山素季、前将军丁乌、前将军昂季等反对派领导人也拒绝了缅甸社会主义纲领党的大选提议,继续领导民众示威。①

就在示威快要推翻吴貌貌政府时,1988年9月18日,苏貌(Saw Maung)将军发动军事政变接管政权,平息了示威。而苏貌等发动政变的将军是吴奈温老部下,政变后也没有人立即追究奈温此前相应的责任。

作者点评:

奈温政府在政治体制上日益僵化,经济政策上失误太多,社会管控过严,外交上又孤立于国际社会,长期没有进行符合时代潮流的改革。其用

---

① Michael W. Charney, *A History of Modern Burma*, Cambridge: Cambridge University Press, 2009, pp.156-158.

人则任人唯亲,谁与政府有不同意见,甚至挑战其权威,就会被边缘化,乃至被解职、投入监狱。

奈温政府长期采取政治高压手段,却无法实际缓解社会持续累积的不满情绪,缅甸长期处于内战和示威之中,经济日益凋敝,一个曾经在亚洲发展水平尚可的国家,成为"世界最不发达国家之一",曾经的世界最大大米出口国,最后几乎无米出口。缅甸民众生活日益艰难,最终忍无可忍。

奈温统治对缅甸的弊大于利,到1988年,社会上的不满情绪最终像火山一样爆发,推动奈温统治最终崩塌。

第十章 跌宕起伏的政治转型进程

1988 年 9 月 18 日,苏貌将军领导军人发动政变,缅甸进入另一个长期军人统治时期,这次军人统治一直持续到 2011 年 3 月 30 日军政府解散。军政府最高领导人先是苏貌将军,1992 年,丹瑞(Than Shwe)将军取代苏貌将军成为政府最高领导人,直到 2011 年 3 月卸任。

一、混乱中上台的苏貌军人政府

1988 年 8 月 8 日,缅甸各界人士的示威达到高潮,这就是后来人们常说的"8888"民主运动。9 月 18 日,国防军总参谋长兼国防部部长苏貌将军领导军人发动政变,推翻吴貌貌领导的缅甸社会主义纲领党政府,解散议会,接管政权,废除宪法,建立由军人组成的"国家恢复法律与秩序委员会"(The State Law and Order Restoration Council,简称"恢委会";1997 年更名为"国家和平与发展委员会",The State Peace and Development Council,简称"和发委"),用武力逐渐平息示威,禁止民众集会,实行宵禁,并派兵包围杜昂山素季住所,切断其与外界的通信联络。苏貌将军随后出任军政府总理(后改称"恢委会"主席)、国防部部长、外交部部长,尽管其曾是奈温将军部下,但苏貌将军为首的新执政团队与奈温将军的施政举措差异较大。总体而言,苏貌领导的"恢委会"施政初期主要做了两件事:稳定局势和举办 1990 年大选。最终,"恢委会"稳定局势的成绩尚可,但 1990 年大选却失败了,并导致局势一度混乱。

"恢委会"在全国各地也设置分支机构,建立起对联邦和地方层面的统治。在地方政府机构中,军官是掌权者,其他核心成员还包括地方名流、不卷入党派活动的办事员等。苏貌宣布"恢委会"的四项紧迫任务:建立法律、秩序、和平与安宁,建立安全和通畅的交通,缓解民众在衣食住行等需求方面的紧张状况,举行民主的多党大选。

"恢委会"最紧迫的任务是维护稳定。宵禁以及武力平息抗议示威的举措从 9 月 18 日持续到 10 月中下旬,反对"恢委会"的党派、组织和个人受到严厉打击。然而,对于其中发生的暴力冲突,各方至今也无具有公信力的伤亡数字。

"恢委会"打击官员渎职腐败行为,清除仰光等多个大城市长期设立的大量路障,恢复社会运转。在对待抗议学生方面,对逃往泰缅边境和泰国的缅甸学生采取特赦政策,并设置接待处,有些学生因此回国。不过,仍有很多学生与位于泰缅边境的克伦民族联盟等"民地武"合流,反抗政府。有些学生接受克伦民族联盟的军事培训,一个名为"全缅学生民主阵线"的组织管理学生在仰光等地的抗议活动。这些学生的目标是通过多种方式在缅甸推翻军人统治,建立民主政府。然而 20 多年的事实证明,这个目标实现起来非常困难。

1988 年,"恢委会"将国名从"缅甸联邦社会主义共和国"(The Socialist Republic of the Union of Burma)改回为"缅甸联邦"(Union of Myanmar),将原国名中的一个英文词汇"Burma"改为"Myanmar",并告知国际社会。外界解读"恢委会"更改国家英文名称的理由,主要有以下几种说法:其一,"Burma"是英国殖民者起的名字,而缅甸已经独立很多年,要努力去除殖民者的影响;其二,"Burma"与缅甸主体民族缅族的英语"Bamar"相近,容易让缅甸很多少数民族指责大缅族主义盛行,激化民族矛盾,而"Myanmar"这个词彰显国家更具有多民族包容性。[1]

在处理"民地武"方面,"恢委会"在执政后的几年内,与全国多支"民地武"以口头或书面形式达成双边停火协议,也尽力瓦解了部分"民地武"和部分党派反对军人的松散合作机制。其中,钦纽(Khin Nyunt)将军发挥了重要作用,因为他非常务实和灵活,和"民地武"建立了很好的关系,获得"民地武"高度信任。"恢委会"主要通过和平手段结束了奈温执政时期大规模内战局面,因为其需要缓解来自"民地武"方面的武装斗争压力,需要稳定的局面来举行 1990 年大选、发展经济。而"民地武"方面在经历

---

[1] Michael W. Charney, *A History of Modern Burma*, Cambridge: Cambridge University Press, 2009, p.160;贺圣达主编:《当代缅甸》,四川人民出版社 1993 年版,第 162 页。

长期的内战消耗后,面临人财物、军事等方面的困境,也需要通过停战来休养生息。可以说,在20世纪80年代末和90年代,一直到21世纪初前几年,缅甸武装冲突规模较小、次数较少,大大减轻了政府的军事和财政负担,使政府能集中精力应对缅甸全国民主联盟(简称"民盟")等政治力量的挑战。当然,这种停火只是双方出于现实需要做出的临时妥协,"民地武"拥兵自立、占地自管的局面并未发生改变,政府为了停火而默许"民地武"的"割据"状态,默许一些和政府关系好的"民地武"发展非法经济,维系生存。因为政府无力向"民地武"提供足够的发展资金来消除当地黄赌毒泛滥的情况,无法让当地走上良性的经济发展轨道。因此,政府与"民地武"在地方高度自治、地方资源分配等方面的深刻矛盾没有解决,这种停火的基础是脆弱的。

经过一段时间的整顿,缅甸社会秩序有所稳定,"恢委会"也重视推动国家经济社会发展,毕竟民生艰难是民众上街抗议的重要原因,如果贫困状况得不到缓解,势必也会威胁"恢委会"统治。"恢委会"表示要改变奈温政府时期缅甸经济封闭的状况,建立市场经济体制,扩大缅甸对外开放,吸引外资,扩大出口,使缅甸经济与世界经济发展更加接轨。1988年12月1日,"恢委会"颁布《缅甸联邦外国投资法》,以期望吸引更多外资发展经济。在新理念和新举措刺激下,缅甸经济有所发展,不过,这种发展速度和质量总体不如人意。因为,所有改革措施都是小幅度的,都是以维护军人利益为前提的,"恢委会"也担心改革步子太大会导致西方思潮和资本涌入缅甸。当时,很多改革举措实际上反而滋长了"军人裙带资本主义"的发展,一批依附于军人的权贵的资产迅速膨胀,而百姓的就业机会和实际收入增长幅度有限,贫富差距反而被拉大了。而且,由于缅甸自1988年9月"恢委会"上台后便遭遇西方20多年的制裁,西方大部分资金撤出缅甸,能投资缅甸的主要是亚洲国家,因此,缅甸吸引外资的数量不多,其产品也很难出口西方,纺织业等产业遭受重挫。缅甸经济在1988年9月至2011年3月的近23年间,总体较差,民生艰难,一些儿童营养不良,教育落后,人才匮乏。这些又都成为长期拖累缅甸发展的关键因素。

二、大选失败与政局恶化

"恢委会"是靠武力而非选举上台的,也就是说,1988 年缅甸民众示威要求的多党民主选举并未举行,民众在此方面给"恢委会"的压力很大。杜昂山素季领导的民主力量集合了全国诸多党派和人士,仍在持续要求尽快举行大选。军人与民主力量之间的矛盾仍很尖锐。社会上的不满情绪在滋长,还因此出现了一些不稳定因素。1989 年 1 月 2 日,杜昂山素季为其母亲举行葬礼,十万民众冲破"恢委会"的阻挠,参加葬礼。这其实是在向"恢委会"示威,"恢委会"迫于民意压力,必须尽快举行大选,过分拖延大选可能会酿成新的全国性示威局面,导致局势再次失控。当然,"恢委会"加快组织选举工作还因为其在稳定局势后错估形势,盲目自信,认为其赢得了民心,也掌握了丰富的执政资源,其扶持的政党可以轻松赢得选举。这样,举行大选既可以缓解压力,也可以通过"民主"方式把政权合法交到军方扶持的政党手里。然而 1990 年大选中,军方扶持的政党遭遇重挫,一败涂地。

"恢委会"组织选举的重要一步是放开党禁,允许政党有一些自由的活动空间。1989 年 2 月,缅甸《选举法》制定委员会宣布将在 1990 年 5 月举行大选。政府表示要放松对政党的管制,也采取了一些举措,后来允许成立政党,因此,很多大大小小的政党纷纷成立。政党可以通过赢得议席,在政治上获取好处。但多数政党成立较为仓促,因为自 1962 年 3 月奈温将军执政至 1990 年 5 月大选之前,缅甸长期缺乏自由公正的多党制大选,很多政治人士无法通过以前被控制的选举来谋取政治职位,而当"恢委会"突然放开党禁后,很多政治人士欢呼雀跃,一时间很多政党涌现出来,但多数人由于此前长期缺乏从政经验,成立的政党有明显的临时拼凑痕迹。

而"恢委会"组织选举的目的是实现"换汤不换药"式的执政,将政权从军人左手(直接执政的军人)交到右手(军人支持的政党),不想将政权拱手相让给民盟等反对派。因此,"恢委会"要想方设法使军方扶持的党派获胜。1988 年 9 月,"恢委会"组建民族团结党,实际上是将改造之后的缅甸社会主义纲领党的主要成员、党产、组织体系等转到新的民族团结党。尽管政府有时刻意回避其与该党的密切联系,但还是明里暗里利用政府资源全力支持该党开展竞选活动。各街区张贴着各种宣传军人正面形象和重要作用的图画,不仅是有意提升政府威望,也有暗中提升民族团结党形象的目的。1989 年 2 月,政府提高公务员工资,并要求官员、教师等公职人员不要参与党派政治,以减少民盟等政党的支持者数量。

"恢委会"对日益活跃的其他政党有所顾忌,提防其力量扩大,防止其威胁"恢委会"统治,于是对政党活动做出不少限制,不让其完全自由、大张旗鼓地搞竞选活动,尤其是不遗余力地打压杜昂山素季等反对派,因为杜昂山素季等人 1988 年 9 月成立的民盟号称党员很快达到 250 万人。[1]其政治威望和声势甚大,对政府和民族团结党的威胁最大。"恢委会"一直严控杜昂山素季等人领导的活动,限制民盟的竞选宣传。在 1989 年,"恢委会"逮捕了大批民盟成员,还在 7 月 20 日以"试图在国家制造危险形势、试图让缅甸人不喜欢军队"为由软禁杜昂山素季等民盟领导人。这些举措都是希望在大选前重挫民盟。[2]

"恢委会"貌似掌控选举进程,但实际上,民众的诸多举动显示,民意基本不在军人一边,而在杜昂山素季领导的民主力量一边。"恢委会"一度非常自信民族团结党能赢得大选,但是最终,该党一败涂地。

1990 年 5 月 27 日是大选投票日。其实,在竞选过程中,民众对民盟和民族团结党的反应细节就已说明民族团结党败局已定。当时缅甸很多民众尽管并不认识每一个民盟候选人,但他们就认杜昂山素季和民盟标志,在大选投票时,很多选民看到某位议员候选人来自民盟就把票投给他(她)了。这说明,杜昂山素季尽管已经被软禁,很难到各地协助民盟其他候选人造势,但她领导的民盟在缅甸民众中已经有很大影响力。

这次大选是 1960 年大选之后的首次多党制大选,共有 93 个政党参加,其中包括一些少数民族政党,这也是缅甸独立以来参选政党最多的一次大选。大选投票率为 72.59%,也是缅甸独立以来投票率较高的一次大选。投票和计票过程也基本自由公正,缅甸政府最初不想邀请外国记者观摩大选,但后来出于国际压力以及对大选结果高度自信等原因,允许一些外国记者观摩大选。即便是部分选票结果显示对民族团结党不利时,

---

[1] 李晨阳:《军人政权与缅甸现代化进程研究》,博士学位论文,云南大学,2006 年,第 160 页。
[2] Michael W. Charney, *A History of Modern Burma*, Cambridge: Cambridge University Press, 2009, p.167.

政府也并未通过舞弊得出一个有利于民族团结党的选举结果，而是基本公正地统计了选票。①

选举最终结果是民盟获得大胜。由于采取"一选区一个议席、赢者通吃"的选举规则，即某个选区议席由得票最多的候选人获胜，而得票第二、第三的候选人尽管也得到不少选票，但不能获得议席。民盟候选人在多数选区都得票最多，因而这部分议席都归民盟候选人所有。最终，民盟赢得了近60％的选票，赢得了485个议席中的396个议席，超过总议席数的80％，远远超过其总得票率。而民族团结党尽管赢得21％左右的选票，却因为很多候选人在各自选区并非得票最多者，最终只赢得10个议席，还不如其他两个少数民族政党：掸邦少数民族民主同盟（获得23席）和若开民主同盟（获得11席）。②民族团结党候选人在缅族聚居区不敌民盟候选人，在掸邦、若开邦等少数民族地区的选区则不敌当地少数民族政党候选人，陷入被"左右挤压"的困境。如果政府采用"大选区制"，即一个大选区涵盖的选民很多，议员候选人也很多，最后的议席数是每个选区2—3个，那么，民族团结党的议席数可能会增加一些，会和其在大选中的总得票率相近，不至于输得那么惨，而民盟议席也有可能会下降一些，不会赢得那么多。

然而，民盟大胜、民族团结党惨败的悬殊结果给缅甸政局带来了严重不利的影响。一方面，"恢委会"恼羞成怒。如前文所述，"恢委会"举行大选的目的不是要把自己赶下台，而是要用选举这种方式向其扶持的民族团结党移交政权，让权力还留在军人手中。而选举结果却是个很难收拾的残局。军方提出的交权前提是民盟新政府要保证军方人员安全，军方有权独立管理军队事务而不受政府干预，是个相对独立于政府的机构。但民盟有些人则因为选举大胜而心理膨胀，并且缺乏政治斗争经验，认不清政治形势，做出了错误抉择。选举后民盟要求召开新议会，其执政理念是政府可以管控军队。有些民盟成员甚至称，执政后要清算高级军官。这让军方无法接受，甚至感到焦虑乃至恐慌，因为民盟不仅要"夺权"，还

---

① 贺圣达、孔鹏、李堂英编著：《列国志：缅甸》，社会科学文献出版社2018年版，第101页。

② James F. Guyot, "Myanmar in 1990", *Asian Survey*, Vol. XXXI, No. 2, February 1991, p.210; Khin Kyaw Han, "1990 Multi-party Democracy General Elections", in *Democratic Voice of Burma*, MP-NLD, Yenangyaung（2）; Donald M. Seekins, *The Disorder in Order：The Army-State in Burma since 1962*, Bangkok：White Lotus Press, 2002. p.210.

要让很多军官上法庭、入监狱。不同的政治处境与心理状态导致朝野双方在是否承认选举结果、是否移交政权、如何移交政权等核心政治议题上难以达成一致,陷入激烈斗争。"恢委会"毕竟仍掌握国家机器,于是变本加厉地打压民盟,逮捕民盟更多骨干,将杜昂山素季软禁期限延长 5 年,拒绝依据大选结果向民盟交出执政权。而民盟部分当选议员组建与"恢委会"并立的政府。有些极端人士逃到缅泰边境等部分偏远地区,与部分"民地武"合作,甚至成为武装人员,开展武装反抗"恢委会"的斗争。有些民盟人士则流亡到泰国、印度乃至西方国家,建立一些反政府的媒体或者非政府组织,如《伊洛瓦底江》杂志及其新闻网站、"缅甸民主之声"新闻网站,在国外制造反对缅甸"恢委会"的舆论,以博取国际社会的同情和支持,争取国际社会施压缅甸政府。①

三、丹瑞政府推动国家政治转型

"恢委会"的强力统治貌似是稳定的,但其实面临一些重要挑战。从外部而言,其至少面临"民地武"和民盟两大势力的挑战,尽管"恢委会"执政初期暂时安抚住了多数"民地武",但"民地武"的隐患长期存在,政府与"民地武"的矛盾随时可能激化。而民盟虽然遭遇"恢委会"多次打击,但其在国内外多种力量支持下,持续挑战"恢委会"多年。在"恢委会"内部,"恢委会"主席苏貌将军领导一派势力,其理念、政策和人事受到吴奈温的影响,而副主席丹瑞将军等一派势力则与吴奈温和苏貌将军在理念、政策上有差异。在苏貌将军主政前期,丹瑞将军等人势力暂时蛰伏。而苏貌将军随着执政时间越来越长,暴露出来的身体、性格与执政能力等方面的缺陷越来越多,在政府内外引发的不满也越来越多,1992 年丹瑞将军取代"健康不佳"的苏貌将军成为"恢委会"主席,开启了具有丹瑞将军特色的约 19 年的执政时期。丹瑞将军逐步清理了吴奈温对政府和军队的影响,主导了政府和军队的高层人事权,并推动"有纪律的繁荣民主"转型进程。不过,丹瑞将军执政时期,政府内部权力斗争也未停止,最典型的就是时任总理钦纽将军一派大批人士被清洗。也就是说,从1988 年 9 月到 2011 年 3 月的大约 23 年间,执政政府内部权力斗争以及政府与在野多

---

① 张锡镇:《当代东南亚政治》,广西人民出版社 1995 年版,第 121—122 页。

个势力的博弈始终存在,影响着缅甸政局的发展。

丹瑞政府努力稳定局面 苏貌将军的威望在 1991 年和 1992 年明显衰弱了,逐步失去对政权的掌控,这也与他自身的能力与健康状况有关。苏貌将军曾经表示 1990 年大选后要交权给民选政府,但最终食言,大选败局引发多方不满,这些不满者包括执政集团内部、在野党派和普通民众。苏貌政府辞退了一批曾经上街示威反对军人的公职人员,以清除政府中的反军队力量,但此举伤害了一批人的心,最终反而增加了反对派的力量。而杜昂山素季尽管没有能够执政,其国内外的支持者却越来越多,因此成为反对政府的象征性人物。缅甸国内经济社会发展的政绩本来就不好,又面临这么多的国外压力和西方层层加码的制裁,"恢委会"执政困境凸显。苏貌将军的身心状况也出现问题,1991 年底因病住院两天,并短暂昏迷。①

1992 年初,"恢委会"内外交困,苏貌将军地位岌岌可危,丹瑞将军迅速崛起,4 月取代苏貌将军成为"恢委会"主席,兼任总理、国防部部长、国防军总司令等要职。此次权力博弈中,丹瑞将军获胜,而深受吴奈温喜爱的钦纽将军则未能胜出。丹瑞将军和钦纽将军在理念和行为模式上存在分歧。丹瑞将军较为稳健,而钦纽将军则较为开放和活跃。虽然他俩不和,但最初双方的斗争并不激烈,而是为了政府稳定"斗而不破",直到苏貌将军于 1997 年病逝。

丹瑞将军一直执政到 2011 年 3 月 30 日,其去职也并非被推翻,是其命令军政府自我解散,并顺利交权给民选政府,他自己实现了"平稳退休",且此后并未遭遇"清算",并能在退休后多年仍影响政局发展。由此可见,丹瑞将军政治手腕极为高明。在此之前,前文人总理吴努是被推翻下台的,下台后在国内外颠沛流离,一度遭到奈温将军打压。而政治强人吴奈温是被迫辞职的。苏貌将军去职也并非完全自愿,尽管他去职的公开理由是健康原因,但遭遇执政困境其实是他去职的主要原因。那么,丹瑞将军本人的高明之处在哪里? 其政策主张是怎样的?

丹瑞将军多管齐下,从多个方面强化政府控制国家的能力,同时强化其本人对政府、军队和国家的控制,这两种举措犹如一枚硬币的两面,对

---

① Michael W. Charney, *A History of Modern Burma*, Cambridge: Cambridge University Press, 2009, pp.176 - 177.

巩固丹瑞将军和政府的地位非常重要。

扩充军队数量是"恢委会"及后来的"和发委"长期执政的关键保障。奈温将军在1962年执政时,缅甸陆、海、空三军也就几万人规模,经过四次扩军,在其下台前,军队总规模达到约20万人。而苏貌将军和丹瑞将军执政约23年间,扩军速度和幅度远远超过奈温时期,①军费开支占政府开支比重较高。经过长期的军队扩张,到21世纪初,缅甸军队总数约40万人,如果加上警察部队约8万人,那么,缅甸武装力量近50万人。再算上军人家属估计有二三百万人。而且,缅甸军队的武器装备、培训等软硬件水平都有了很大提升。对比当时的东南亚各国军队,缅甸军队规模在东南亚国家中位居前列。也就是说,丹瑞将军及其领导的"恢委会"以及后来的"和发委"得到的来自军队及军属的支持比奈温政府时期增加了很多。在硬实力方面和软实力方面(如战斗力、行动力、组织性、纪律性等),缅甸军队比政党、社会团体等其他组织都要强,也是一支非常强大的政治力量。同时,缅甸军队的实力比"民地武"的实力优势也在明显增强,对后者有更大的震慑力。从这些方面而言,缅甸军队的扩充对丹瑞将军和政府地位的稳固具有绝对重要的意义。②

在扩充军队规模的同时,丹瑞将军也多次提高军人和官员的工资待遇,并清理钦纽将军等军队中的对手,确保他对军队和政府的控制。

2002年,丹瑞将军基本清除掉了吴奈温一派的政治影响。后者是缅甸军队的奠基者之一,也是政治强人,1988年7月被迫下台后,其影响力仍很大,继续干政多年。吴奈温在任时非常欣赏且快速提拔的钦纽将军在"恢委会"中出任第一秘书、军情局局长等要职,处理很多重要事务。吴奈温及其家族不仅想延续政治影响力,还想借助政治影响力来获取很大的商业利益。但在丹瑞将军1992年4月主政后,他与吴奈温的矛盾就逐渐公开化。丹瑞将军想通过反腐败等手段清除掉吴奈温的影响力。而吴奈温一派仍想继续获利,比如,吴奈温的女儿和女婿企图垄断缅甸新兴的通信产业,但遭遇失败,遂对丹瑞政府不满,居然策划政变,企图推翻丹瑞政府。2002年3月,政府以"阴谋推翻政府"为理由软禁了吴奈温一家,

---

① 贺圣达、李晨阳编著:《列国志:缅甸》,社会科学文献出版社2005年版,第271—272页。
② 贺圣达、孔鹏、李堂英编著:《列国志:缅甸》,社会科学文献出版社2018年版,第190—199页。

同年 9 月,吴奈温的女婿和外孙被判死刑,但并未立即执行,而是长期在狱中服刑。同年 12 月 5 日,92 岁的吴奈温去世,葬礼凄凉,官员未至,媒体未报。至此,缅甸独立时期的缅军创立者之一、叱咤缅甸军政界六七十年的吴奈温的影响力消失殆尽,其女婿和一个外孙在 2012 年获释,另外两个外孙在 2013 年获释。此后吴奈温后人在政治上难以东山再起,主要从事商业活动。

丹瑞将军出生于 1933 年,钦纽将军出生于 1939 年,丹瑞将军在军界的资历比钦纽将军要老。最初,丹瑞将军在政治上还指示钦纽将军去协助处理一些事情,比如,安抚"民地武",代表丹瑞将军与杜昂山素季接触。2003 年 8 月 25 日,丹瑞将军不再兼任总理职务,将钦纽将军从"和发委"第一秘书提拔为总理。8 月 30 日,钦纽将军就提出"缅甸民主化进程七步路线图"(简称"七步民主路线图",详见后文),从当时的权力架构上而言,这应该是受到丹瑞将军首肯的,否则,钦纽将军不敢擅自提出这么大的政治发展规划。

但总体而言,在 1992 年 4 月丹瑞将军主政后的 10 多年间,钦纽将军的权力日益扩张,威望日益提升,愈发危及丹瑞的地位。钦纽将军长期担任军事情报局局长等要职,后来担任总理,其在政治前台非常活跃。在国内,他代表政府在前台公布"七步民主路线图"等政策,接触国内各派政治力量;在国际舞台上,他经常代表缅甸政府与国际社会交往,而钦纽嫡系——外长吴温昂(U Win Aung)也经常执行符合钦纽将军理念的外交政策,而不是完全忠实地执行丹瑞将军的外交政策。因此,钦纽将军被国内外各界人士视为政策灵活、能力较强的"丹瑞接班人",一时成为缅甸政治明星。

钦纽将军掌控的军事情报局规模日益扩大,不仅监控反对派,还掌握很多官员的"黑材料",并清除了一些钦纽将军的政敌,这一态势引发丹瑞将军的警觉。其实,尽管钦纽将军在军队和政府的地位在蹿升,但他有一个重大软肋,那就是他这一派崛起主要是代表军队情报人员一派的崛起,这些人并非主要靠前线作战等实战性的军功崛起。以钦纽将军为首的情报派系在军中势力上升,自然引发丹瑞将军等靠一线作战的实战军功派军官的不满和提防。两派斗争最终激化。钦纽将军是后来的"和发委"的三号人物,上面还有"和发委"主席丹瑞将军和"和发委"副主席貌埃将军(Maung Aye,也兼任国防军副总司令、陆军司令)两位更高领导。如果钦纽将军成为"一号领导人",那么,这两位"老领导"势必要让位,或者被压制,钦纽将军是在还不是"二号领导人"的情况下冲击了两位上级领导的权威。丹瑞将军和貌埃将军都是战将出身,联合对付钦纽将军,钦纽将军自然在政治斗争中处于劣势。"和发委"2004 年 9 月 18 日解除外长吴温昂的职务。10 月 19 日,丹瑞将军亲自发布公告,宣布钦纽将军出于健康原因而从当日起退休。丹瑞将军任命性格较为温和的原"和发委"第一秘书梭温(Soe Win)将军升任总理。丹瑞将军和貌埃将军随后将钦纽将军掌控的军事情报局撤销,调整军情部门设置和管理,替换一批高级军官,并处理了一大批军情部门官员以及属于钦纽将军一派的政府官员。钦纽将军在 2005 年 7 月 29 日被法庭以贪腐等罪名判处44 年监禁,其派系多名高官或被勒令退休,或被判刑入狱,或被其他方式惩罚。这次清理钦纽将军一派的行动避免了"和发委"高层内部可能出现的极端对立和分裂情况,避免了因为内斗失控而极大削弱"和发委"的执政地位。[①]

在苏貌将军和丹瑞将军执政的 20 多年里,因为反抗政府的"民地武"数量明显减少,民盟等在野党派以及学生力量便成为政府的两大"心腹之患"。因此,丹瑞政府基本延续前苏貌政府的政策,采取多种方式对付杜昂山素季领导的民盟,也长期压制学生的反抗活动。

依据缅甸国内外形势的变化和执政需要,丹瑞政府采取时而严厉、时而温和的政策,压制杜昂山素季及其领导的民盟。执政初期,丹瑞政府取消"恢委会"1988 年 9 月开始实施的戒严令,减少社会恐慌情绪,便利社会生产,便利民众生活。丹瑞政府放松对杜昂山素季等政要的控制:1994年,丹瑞将军和钦纽将军还会见杜昂山素季,磋商国内政局;允许杜昂山素季在英国的丈夫、儿子等赴缅甸探望杜昂山素季,让其家人团聚;释放一批政要。丹瑞政府这些举措缓解了朝野对立局面,也向西方社会展示了一定的"善待政要"的诚意,减少了国内外压力。

不过,从根本上丹瑞政府和民盟是难以谈拢的,前者努力维护执政地位,后者则希望前者承认 1990 年大选结果而交权给民盟。双方均无法妥协,于是都未能抓住 1994 年关系缓和的机会,让政治对话得以持续进行并富有成效。1995 年,因为民盟不满政府主导制宪大会,双方

---

① Michael W. Charney, *A History of Modern Burma*, Cambridge: Cambridge University Press, 2009, pp.181 - 182.

发生激烈对抗,政府驱逐制宪大会中的民盟成员,而民盟成员一直到
2008 年宪法颁布之时,再也没有正式参与制宪大会进程。在丹瑞政府
时期,民盟多次庆祝其赢得 1990 年大选,民盟有些极端人士和学生领
袖甚至成立与丹瑞政府平行的流亡政府,在国内外(尤其是国外)长期
开展反对丹瑞政府的斗争。而这些活动,长期受到丹瑞政府的打压,民
盟越来越多的成员被关押,民盟各级组织的办公室基本被关,难以从事
正常的政党活动。

不过,在遇到国内外困境时,为了减轻内外高压,丹瑞政府有时也需
要与杜昂山素季和民盟进行一些和解。比如,2007 年 8 月和 9 月,缅甸
发生僧侣、民众等抗议政府提高燃料价格的示威(也称"袈裟革命"),示威
人数最多时达 10 万,示威者与军警发生严重流血冲突。国际社会再度向
缅甸施加高压,丹瑞政府再度陷入内忧外患之中,从 2007 年 10 月至
2011 年 3 月丹瑞政府解散,政府部长级联络官吴昂基(U Aung Gyi)与杜
昂山素季会晤了 7 次。①不过,在这期间,双方关系仍未摆脱"时而缓解、
时而紧张"的总体状况。比如,2009 年 5 月 3 日晚,美国男子约翰·耶托
(John Yettaw)游过小湖,进入杜昂山素季住所,并在屋内躲藏 3 晚,于 6
日清晨欲离开时被捕。缅甸政府拘禁约翰·耶托,并以违反软禁规定为
名指控杜昂山素季。而此事导致原本应该在 5 月 27 日到期的杜昂山素
季软禁期限再度被延长。8 月 11 日,缅甸法院判决杜昂山素季 3 年监
禁,但丹瑞将军给予杜昂山素季减刑,改为让其在仰光家中限制居住 18
个月。这就意味着,杜昂山素季在 2010 年 11 月 7 日大选前,无法获释,
无法参加大选。

丹瑞政府也长期压制学生的反抗运动。1988 年反对吴奈温和吴
貌貌的示威运动中,学生是其中的一股重要力量。有些学生加入民盟,
成为民盟党员,有些学生则自己成立组织,与民盟在反对政府方面形成
一定呼应之势。一批学生逃离仰光,组建全缅学生民主阵线、全缅学生
联盟等学生运动组织,他们或者独立开展反对政府的斗争,或者与缅北
的克钦独立军、缅泰边境(缅东南部)的克伦民族联盟等"民地武"联合
对抗政府。这些人大都直接或间接参与了武装斗争。有的缅甸学生则
逃亡到泰国、印度、美国、加拿大、英国、挪威等国,在国外建立反抗缅甸

① 贺圣达、孔鹏、李堂英编著:《列国志:缅甸》,社会科学文献出版社 2018 年版,第 106 页。

政府的组织,建立电台、媒体网站、刊物等在国际上壮大声势,争取更多国际人士、组织和舆论支持他们反对缅甸政府,甚至是希望国际社会支持他们推翻缅甸政府。丹瑞政府对国内的学生反抗运动,一方面实施打压政策,针对特别极端的学生和组织,或抓或关;尽管让大学基本都复课(有时也会短暂停课),但将仰光一些大学的校区迁至郊区,并压缩学生上课时间,导致学生相互之间熟悉起来比较困难,更难聚集闹事。另一方面,丹瑞政府也对学生采取安抚政策,对那些无法适应边境艰苦环境或者思想上放弃斗争而有所"服软"的学生,采取怀柔政策,允许他们回家;有时还收买一些学生,让其帮助政府搞宣传或者从事其他亲政府的活动,分化瓦解学生。最终,缅甸国内学生运动因为力量弱小、缺乏强有力的组织协调、受到政府压制等因素影响,在国内没再掀起大的风浪,无法实现推翻丹瑞政府的目标。反而是在国外的缅甸学生,由于其活动受到国际社会尤其是西方的同情和长期支持,在国际上的影响力较大。但由于丹瑞政府严格控制缅甸与国外人员的往来,也限制国外异己分子的声音传入国内,因此,这些流亡国外的缅甸学生在国内的影响力有限,远远低于其在国外的影响力。

总之,在丹瑞将军执政的约 17 年间,学生再也没有牵头掀起类似 1988 年那样的大规模示威,他们可能是类似 2007 年"袈裟革命"(僧侣领导)中大规模示威的参与者,但不是示威的主要牵头人和主力。在奈温政府后期,大学教育凋敝,在苏貌将军执政时期和丹瑞将军执政时期,大学生受到政府严控乃至打压,导致缅甸二三十年的大学教育落后,造成了缅甸大批中青年素质不高,长期无法支撑缅甸发展。

丹瑞将军和钦纽将军持续安抚"民地武",到 20 世纪 90 年代中期,政府与多数"民地武"基本实现了停火。在缅北的掸邦与克钦邦地区("金三角"核心地带就位于缅北),丹瑞政府继续苏貌政府 20 世纪 80 年代末与缅北"民地武"的和谈政策,1993 年与克钦独立组织(克钦独立军的政治组织)达成停火;到 1995 年,丹瑞政府与缅北几支主要"民地武"均实现了停火。此外,1996 年,在缅甸政府威逼利诱以及坤沙(Khun Sa)集团内部分裂等因素的综合作用下,"金三角"大毒枭坤沙率领大部分部下约万人投降缅甸政府,共交出轻重武器 6 000 余件,其中包括地对空导弹。这又解除了缅甸政府在缅北的一个心头大患,因为坤沙横行"金三角"多年,曾经拥兵自重,建立过所谓的"掸邦共和国",曾自任"总统",控制整个金三角地区毒品贸易的 70%—80%。此后,缅甸军队在仰光将坤沙及其四位夫人严密保护起来,坤沙生活较为舒适,但人身自由受到限制,于 2007 年逝世。美国要求引渡坤沙,对其审判,因为美国市场上的不少毒品来自曾经的坤沙贩毒集团,但缅甸政府为了安抚国内诸多已经与之达成和解的地方武装,避免失信,拒绝了美国的要求。①

总体看,丹瑞政府实施与"民地武"总体和解的政策,取得较大成效(苏貌将军主政时也有成果),这与钦纽将军在一线努力与"民地武"沟通协调有密切关系。1989—1997 年间,缅甸有约 17 支"民地武"与政府达成停火协议,共有数万人的武装力量停止攻击国防军。这种全国大部分武装基本与国防军停火的局面总体持续至 2009 年 8 月缅北掸邦果敢冲突之前,与奈温政府时期内战绵延不断的局面形成了鲜明对比。

不过,缅甸东南部的克伦邦等地区却仍不太平。克伦民族联盟拒绝与政府达成协议。后来由于克伦民族联盟内部的佛教徒反对该联盟被基督教徒领导人主导,1994 年 12 月,佛教徒分裂出来并组建民主克伦佛教军,并向政府提供有关克伦民族联盟的情报,导致 1995 年 1 月,克伦民族联盟不敌国防军进攻,受到重挫。不过,克伦民族联盟的对抗一直持续到丹瑞政府解散时还没有完全结束。在 2004 年等年份双方也曾举行过和谈,但未成功,双方的冲突时断时续。克伦民族联盟也成为丹瑞政府长期无法"制服"的较大"民地武"。

丹瑞政府推动国家政治转型的进程 在丹瑞将军巩固了个人及其政府的执政地位后,推出了几个影响缅甸长远发展的重要施政举措。

在政府名称层面,1997 年 11 月 15 日,"恢委会"改名"和发委",因为,"恢委会"全称是"国家恢复法律和秩序委员会",字面其实有一定的"临时"执政色彩,不利于军人长期执政,而丹瑞将军将其改名为"缅甸国家和平与发展委员会",意味着军人要长期执政了,因为这个委员会不再仅仅聚焦于恢复法律和秩序这样的短期任务,而是要领导国家发展,发展是个长期过程。从这次改名可以看出,丹瑞将军不仅仅是个"武将",还是个有一定的政治手段的领导人,他要为军人长期执政提供合法外衣,这似乎比苏貌将军想得更长远。

① 张欢:《大毒枭坤沙之死》,南方周末网,2007 年 12 月 18 日,http://www.infzm.com/contents/10074,访问时间:2007 年 12 月 19 日。

在国家首都层面,丹瑞将军决定将首都从南部沿海的仰光迁至中部内陆的内比都(缅甸古语,意为"京都""都城")。自古至今,缅甸首都经历了多次变迁,缅甸中部的曼德勒曾经长期作为缅甸封建王朝的首都,是缅甸的古都。19世纪中后期,英国逐步打败定都曼德勒的缅甸封建王朝,建立对缅甸的殖民统治,将缅甸首都从内陆的曼德勒迁到仰光,因为仰光是沿海城市,定都仰光有利于扩大缅甸同国际社会的交流,有利于英国殖民统治者从海路掠夺缅甸的资源和财富,也有利于英国等国际资金和货物进入缅甸。尽管在随后的一百多年里,仰光发展成为缅甸最大城市和有一定国际知名度的城市,但它毕竟是英国人给缅甸人选的首都。从1988年9月"恢委会"上台后立即更改缅甸的国家英文名就可以看出,新的缅甸领导人有着较强的民族主义情绪,在一些关键领域要消除英国殖民者的残余影响。2005年,丹瑞政府迁都内比都,内比都由8个镇区组成,面积为7 054平方千米,大约是仰光面积的9倍,主要居民为缅族人。新首都距离仰光约390千米,距缅甸第二大城市曼德勒约300千米,相比仰光,内比都算是靠近国家中心的地方。①

丹瑞政府早在2005年之前,在缅甸经济困难的情况下,就花费数年、耗费巨资秘密建设现代化的新首都。2005年,丹瑞政府强制政府机关和公务员立即搬迁至内比都,并要辞退那些限期内不搬迁的公务员。上述举措可能出于多重考虑:仰光靠海的地理位置是其安全缺陷,内比都部分地区山丘、树木较多,距离沿海较远的地形也有利于缅甸政府躲避美国可能的武力威胁;内比都的政府部门大楼较为分散,而且多数建在山中或者树丛中,隐蔽性较强,环境也优雅;仰光城市发展逐渐饱和,即将出现人满为患、城市发展空间不足的状况,迁都会大大减轻仰光的人口、交通等压力,而且,近现代以来,从独立运动到独立后的数十年,仰光长期是各种人士聚集和抗议示威之地,迁都内比都会在很长时间内让政府减少这种"烦恼";丹瑞政府当时也在谋划缅甸未来经济社会发展的长远规划,要剥离仰光的行政功能,将其建设为缅甸的经济中心;相比南部的仰光,内比都距离缅北掸邦和克钦邦、西北若开邦等缅甸民族和宗教矛盾较多的地区更近,便于中央政府加强对这些地区武装力量和极端分子的威慑。丹瑞

---

① 《缅甸为何迁都众说纷纭 有说源自占星士的建议》,国际在线,2005年11月8日,http://news.cri.cn/gb/8606/2005/11/08/1062@772063.htm,访问时间:2005年11月10日。

政府迁都对缅甸长远发展的影响是巨大的。如今,仰光经济社会发展态势较好,是缅甸经济中心,而内比都也从以前的人口稀少发展到有100多万人口的缅甸"大城市",而且,其交通等基础设施较为现代化,比如,马路经常是双向八车道、十车道,甚至十几车道,部分路段的宽度和硬度几乎可以起降战机。内比都逐渐发展起来,"首都经济"会在一定程度上带动周边地区发展,对缓解中部部分地区的落后局面有一定作用。①

不过,缅甸迁都毕竟是国之大事,牵扯各方利益,其所带来的后续影响在十多年后仍在继续消化中,很多问题仍未解决。国内而言,政府迁都并未提前通知,突然下紧急命令让大多数公务员措手不及,多数公务员的家在仰光,上班通勤是个大问题,且仰光的就业机会比内比都多得多,教育资源也更好,很多官员的家人一时难以搬到内比都。这只是迁都对国内影响中比较直接的一个方面,其他影响还有很多,不再一一列举。国际层面,缅甸突然迁都让新首都的工作部门和官员与国外使领馆的联系非常不便,对外交造成一定困扰,因为外国驻缅甸使领馆、国际组织驻缅甸办事处基本都在仰光,有的驻仰光的国际机构馆舍在迁都前后还在扩建或者翻修。近年来,外国驻内比都新使馆建设逐渐被提上日程,内比都专门规划了新的使馆区,估计新的使馆区建设完毕和从仰光搬迁完毕,尚需要数年时间。

而丹瑞政府推出的最重要的治国举措是:实施"七步民主路线图",这是丹瑞政府最重大的政治举措,事关缅甸军人前途和缅甸政治转型前景。纵观缅甸1948年以来的政治发展与转型,几乎没有完全成功者。缅甸独立之后至1962年3月,是吴努主政时期(吴巴瑞和奈温将军也短暂执政过),资产阶级议会民主制最终失败,吴努政府1962年3月被奈温政府所取代;奈温政府执政一直持续到1988年,被民众示威赶下台;1988年9月,苏貌将军领导的"恢委会"开始执政,但1990年大选出现不利于军人执政的结果,局势混乱。从历史经验来看,对于缅甸而言,政治转型与发展必须走"稳妥之路",不能过于剧烈,不能急功冒进,否则适得其反,最终生乱、生变。对于主导政治发展或转型的执政集团而言,必须处理好朝野

---

① 《缅甸为何迁都众说纷纭　有说源自占星士的建议》,国际在线,2005年11月8日,http://news.cri.cn/gb/8606/2005/11/08/1062@772063.htm,访问时间:2005年11月10日。

多方的关系,要保持转型期间的基本稳定。过分注重执政集团利益而忽视在野各党派和民众诉求的政治发展和转型,较难成功;而忽视执政集团利益一味满足在野党派诉求的政治发展与转型,也难以成功,因为执政集团利益如果得不到一定限度的保护,甚至主导转型的核心人物的人身和生命财产都不保,转型很难得到贯彻。

在国内外压力之下,丹瑞政府不推进政治转型是不行的,因为军人政府难以永续。但是,政治转型的前提是必须一定限度地保证军人集团的利益。因此,丹瑞政府必须在国内外环境较为恶劣的情况下,设计一条较为稳妥的政治转型之路,并确保他和军人集团的利益能在转型进程中不被侵害。丹瑞政府推动的政治转型思路是"建设有纪律的繁荣民主",这其实是在回应国内外多方的利益诉求。"繁荣"二字说明丹瑞政府政治转型的最终目标是建设真正的民主;而"有纪律"三字冠在"繁荣"前面则说明,这一政治转型进程是不能失控的,是能被政府所掌控的,是有章法的,不能再出现之前的败笔。

在这种大的思路指导之下,丹瑞政府2003年8月宣布实施"旨在推进民族和解、推进民主转型进程"的七步民主路线图:第一步,重启中断的国民大会,完成制定宪法的基本原则;第二步,成功召开国民大会,逐步推进真正的、有纪律的繁荣民主;第三步,按照国民大会指定的原则起草宪法;第四步,举行全民公投来通过宪法;第五步,依据新宪法举行自由公正的议会选举;第六步,依据新宪法召开由议员组建的议会;第七步,由议会选出的国家领导人带领建设一个现代、发达和民主的国家,同时,议会组建政府和其他联邦机构。从路线图的内容来看,政治转型的最终目标是要让类似西方的民主政治体制取代军人政府体制。但是,为尽力消除政治转型进程中的挑战和不稳定因素,丹瑞政府并未公布路线图每一个步骤的时间表,更没有确定举行新大选的时间。因为事先定死时间表,反而会令政府陷入被动情况,而边走边看、边解决问题,依据国内外形势变化及时调整转型进程,更便于政府掌控政治转型进程乃至结果。而如果这一政治转型进程成功实施了,依据新宪法举行新大选,组建新的议会和政府,那么,1990年大选结果自然就失去了合法性,杜昂山素季和民盟就无法从法理层面继续要求丹瑞政府承认1990年大选结果,民盟就无法再要求依据1990年大选结果而执政。以这种法理性的、和平的途径否定"民盟胜出的1990年大选结果"的合法性,比苏貌政府时期用"先制宪、后交权"的强力方式来否定 1990 年大选结果的合法性,要更能为各方所接受。①

　　丹瑞政府主导设计的转型进程比较巧妙,而且,从后来实施的情况来看,尽管中间充满艰难曲折,但最终基本达到"七步民主路线图"的目标,说明丹瑞将军确实在政治谋略方面有过人之处。这可能与丹瑞将军的个人生涯有些关系。丹瑞将军在一线军队担任过不同级别的指挥官,参与过实战,因此,其治国必然有铁腕色彩;同时,丹瑞将军青年时期曾在苏联留学过,在当年奈温统治时期的缅甸,"海归"绝对是凤毛麟角;他也在军队的心理战部门服役过,善于把握个人心理,善于把握国内外敌友的心理。因此,丹瑞将军的经历造就了他性格中既有坚韧、强硬的一面,也有善于运筹帷幄的一面。

　　缅甸政治转型是个系统工程,既需要政府能基本掌控局面,也需要其他配套举措。比如,在宪法等法律层面要为政治转型提供合法性保障,并在宪法基础上制定涉及选举的具体法律;在组织层面要有亲政府的团体做支撑,这主要指的是丹瑞政府成立亲政府的"联邦巩固与发展协会",扩大支持者队伍,并在 2010 年 11 月大选前,将该协会转化成为"联邦巩固与发展党"(简称"巩发党"),代表军人利益参加大选;政府想方设法把杜昂山素季及其领导的民盟等主要对手排除在大选之外,确保己方政党和候选人胜出;等等。

　　在法律保障层面,丹瑞政府艰难推进制定新宪法的进程。截至 1988 年吴奈温下台时,缅甸共有过两部宪法——1947 年的《缅甸联邦宪法》和 1974 年的《缅甸联邦社会主义共和国宪法》。这两部宪法的制定过程均较短,其中,1947 年宪法从起草到议会通过仅仅不到半年时间。但吴奈温下台后,第三部宪法的出现却用了近 20 年的时间,可谓一波三折。1988 年 9 月,苏貌将军领导军人发动政变夺权,废除了 1974 年宪法。1990 年大选结果出炉后,苏貌政府拒绝向赢得大选的民盟交权,其提出的口号是"先制宪、后交权",称要召开国民大会(也就是制宪大会)以制定新宪法,但未真正推进制宪进程。丹瑞将军随后掌权,1992 年 10 月 2 日,政府成立国民大会召集委员会;1993 年 1 月 9 日,政府召集首次旨在制定新宪法的国民大会,共有 702 名代表出席会议,代表主要包括政党代

---

① 　李永明:《缅甸向"军转民"体制过渡》,观察者网,2010 年 11 月 18 日,https://www.guancha.cn/america/2010_11_18_51108.shtml,访问时间:2010 年 11 月 20 日。

表、1990年大选时的部分议员(主要是未被捕的议员)、少数民族代表、知识分子代表、工人代表、农民代表、政府人员、其他被邀请的代表、与政府停火的"民地武"代表(2004年之后才与会),等等。从代表组成来看,基本上涵盖了缅甸主要利益群体。不过,多数代表是政府认可的甚至是被政府挑选出来的人士,而像杜昂山素季这样被政府软禁或者逮捕的政治人士,则无法参加国民大会,无法参与制宪进程。

新宪法涉及国家未来政治体制的设计,涉及朝野各方政治利益的分配,涉及军人未来利益的保障等重大问题,因此,制宪大会之中各派的博弈非常激烈,不管是军方还是民盟,或是其他少数民族党派,均希望将己方利益诉求更多地嵌入新宪法草案中去,以为本派在未来谋取更多权益。这就注定了制宪过程不会一帆风顺。1993—1996年,国民大会共召开6次会议,政府实际主导会议进程。这是大会运行的第一阶段,其主要成果是通过了关于制宪的104项基本原则,包括确保联邦不分裂、民族团结、一些少数民族和"民地武"有地方自治权、军队能在国家未来政治中发挥领导作用、国家元首不能与外国人通婚,等等。其实,国民大会在这三年推进制宪的过程中也波折不断。1995年7月,杜昂山素季被解除软禁,在政治上再度活跃起来,民盟人士指责国民大会的运行方式和新宪法原则不民主,同年底,民盟代表离开国民大会,以示抗议,此后向政府提出重新参会的条件,如释放民盟成员,允许民盟重新合法活动,但遭到政府拒绝。民盟又未参加国民大会,未能深度参与制宪进程。1996年,民盟的多个举动再度深深刺激了政府,如庆祝民盟在1990年大选中胜利6周年并要求政府承认那次大选结果而向民盟交权;庆祝民盟成立8周年,杜昂山素季再度多次公开进行政治活动。杜昂山素季当年再度被软禁,民盟256名成员也再遭逮捕,政府也中断了国民大会进程。①

2002年,杜昂山素季再度获释。2003年,民盟纪念其在1990年大选中获胜13周年,再度敦促政府认可大选结果。5月30日,杜昂山素季等人在缅甸中部开展政治活动时,其支持者与政府支持者爆发激烈冲突,政府再度软禁杜昂山素季等民盟部分高层。此举再度招致西方制裁和国际施压。8月,缅甸政府为缓解内外高压,公布"七步民主路线图",其中,第

---

① 赵天宝:《评缅甸新宪法的制定》,《东南亚纵横》2009年第1期,第35—36页。

一步就是重启 1996 年中断的国民大会,继续制宪进程。随后,国民大会在 2004 年、2005 年和 2007 年分别举行了三次会议,最终确定了宪法的原则、细节内容等全部条款。2007 年 8 月和 9 月,缅甸发生僧侣、民众等上街示威的"袈裟革命",政府再度面对国内外高压。2008 年 2 月 19 日,政府宣布完成新宪法起草工作,4 月 9 日向民众公布宪法文本,并定在 5 月 10 日举行新宪法公投。然而 5 月 2 日,缅甸遭遇了历史上最大的热带风暴——纳尔吉斯,风暴侵袭了伊洛瓦底省、仰光省、孟邦、克伦邦、勃固省等地区,其中,仰光省、伊洛瓦底省是缅甸人口密集区、重要的工业区和农业区。政府坚持部分重灾区的 47 个镇区推迟到 5 月 24 日举行新宪法公投,其余镇如期在全国大部分地区举行新宪法公投。最终,政府公布的公投结果是,全国投票率为 98.12%,赞成票率为 92.48%。[1]5 月 29 日,丹瑞将军签署新宪法,也就是 2008 年宪法。制宪完成,丹瑞政府主导推进的"七步民主路线图"完成了重要一步,缅甸将依据新宪法在 2010 年举行大选。但国内外对新宪法褒贬不一。

新宪法是自 1988 年军人废止宪法后时隔 20 年后颁布的又一部宪法,结束了宪法真空局面。新宪法规定,国家名称为"缅甸联邦共和国",实行立法、司法与行政三权分立的制度,要建立有纪律的繁荣的真正的多党制民主,设立联邦政府和地方政府。总统是国家最高行政长官,联邦及地方的省邦均有议会。其中,联邦议会分为人民院(俗称"下议院",有 440 名议员)和民族院(俗称"上议院",有 224 名议员),还设有各级各类法院。[2]这其实就是明确规定,新大选选出新政府后,将实施新政治制度,军人政府将不复存在。如果缅甸能建立新政治制度,那将是缅甸政治发展的重要里程碑,因为此前军人政府实际上是集行政、立法和司法三大权力于一身的。

宪法保障公民的基本权利和宗教信仰等自由,规定国家实行市场经济体制,承诺不再没收私有财产,不再废除货币。但宪法对有些重要事务

---

[1] 《缅甸今日以 92.48%高票通过新宪法草案全民公投》,中国网,2008 年 5 月 26 日,http://www.china.com.cn/news/txt/2008-05/26/content_15481545.htm,访问时间:2008 年 5 月 28 日。

[2] 本书关于缅甸该宪法的所有条款引用均来自李晨阳、全洪涛主编的《缅甸法律法规汇编(2008—2013 年)》(经济管理出版社 2014 年版)第 1—76 页的《缅甸联邦共和国宪法(2008 年)》及其 5 个附件。

有些特殊规定。在宗教领域,宪法尽管规定宗教信仰自由,尽管未明确佛教是国教以免引发宗教矛盾和冲突,但宪法强调佛教在国家具有特殊地位。在总统任职资格方面,宪法规定,总统人选的配偶或直系亲属不能为外国人。这条引发的争议也较大,支持者认为这是世界上多数国家的规定,而反对者则认为,这条是为限制杜昂山素季未来出任总统而量身定制的,因为杜昂山素季的亡夫和儿子为英国人。在军人权益方面,宪法规定,军人仍在国家政治生活中发挥领导作用,国防军享有不受总统和政府干涉的独立处理军务的权力,国防军总司令不受总统领导,军方可提名一名副总统人选,各级政府都应有军人参与管理政务,国防部部长、内政部部长和边境事务部部长由军人出任,国家国防与安全委员会的组成人员共 11 人,其中军人 6 人,文人 5 人。军人还有一定的立法权,军人议员在各级议会中占据 25%的席位(无须选举),各级议会中其余 75%的议席则由选举产生。同时,宪法又强化了军人议员的权力,即任何修宪案必须有 75%的议员同意方可通过,也就是说,只要军人议员不通过,任何党派均很难成功推动修宪。宪法还规定,当国家局势失控时,军队有权接管国家权力。这其实就是在未来的民选政府头上悬了一把剑。

不管缅甸国内外对宪法的看法如何,丹瑞政府在程序上是通过了新宪法,为日后举行新大选、成立新议会和政府等机构奠定了基础。

在政党组织层面,苏貌政府扶持的民族团结党在 1990 年大选中失败,证明该党严重缺乏民意基础,丹瑞政府不能再将其作为代表军方利益的政党来参加下次大选,因为军方决不能让其政党在下次大选中再次失败,不能再度面临被迫交权给对手的窘境。1993 年 9 月 15 日,亲政府和军方的联邦巩固与发展协会成立,该协会名义上是个民间组织,但其实是与政府关系密切、带有明显政治色彩的组织。[1]其成立时间本身就有政治含义,是在丹瑞政府宣布要召开制定宪法的国民大会之日后的两周成立的。因此,该协会明显是政府推动政治转型系统工程中的重要组成部分,其公开宣称的宗旨是维护联邦统一和国家主权,维护民族团结,支持国家发展,等等。政府合作社部部长(也还担任过农业部部长)吴泰乌(U Htay Oo)曾担任该协会总书记,协会中央执委等高层也都是政府官员。

---

① 马燕冰:《缅甸大选后的外交形势及其政策趋势》,《和平与发展》2011 年第 2 期,第 50—54 页。

而丹瑞将军则担任该协会名誉主席。该协会总部设在仰光,并建立从中央到地方的各级组织,广泛吸收国民参与,截至 2007 年 4 月,其成员号称有 2 600 万人,这相当于当时缅甸人口的一半,是当时缅甸最大的社团组织。[①]不过,加入协会的成员也是背景复杂:有些确实是政府和军方的支持者;有些是看重协会的特权,因为协会会员可以优先得到一些有油水的工作,可以获得部分紧缺物资,等等;有些则是被迫入会的,比如,一些青少年学生。如上文所述,联邦巩固与发展协会公开宣布的宗旨实质上就是支持政府的政策与施政行动。一方面,该协会确实也做了一些社会公益事业,也为政府赢得了一些民心;另一方面,该协会在政治方面积极宣传政府政绩,协助政府打压民盟及其支持者,还与民盟支持者多次发生冲突。比如,震惊缅甸国内外的 2003 年的冲突事件:2003 年 5 月 30 日,该协会成员与杜昂山素季支持者发生严重暴力冲突,造成多人死伤。[②]2010年 5 月 8 日,着眼于大选,丹瑞政府在联邦巩固与发展协会基础上成立巩发党,该党继承了联邦巩固与发展协会的组织和成员,成为当时最大的合法政党,并赢得同年 11 月大选。

丹瑞政府也一度"险象环生" 丹瑞政府多管齐下,从多个层面推动政治转型,最终推动缅甸政治转型朝着成功的方向发展。当然,这个过程并非一帆风顺,也是跌宕起伏,在施政与推动政治转型过程中,丹瑞政府也是面临诸多挑战。

苏貌将军主政缅甸不到 4 年时间,相比丹瑞将军主政缅甸约 17 年而言较短,算是一个过渡性领导人。除前文已提及苏貌时期政府就已面临的一些挑战外,丹瑞政府还面临一些内外部挑战。

政治层面,民盟对丹瑞政府执政的挑战始终存在,基本持续到丹瑞政府 2011 年 3 月解散。而杜昂山素季和民盟对丹瑞政府的挑战是多层面的。

杜昂山素季和民盟多次庆祝其赢得 1990 年大选,要求丹瑞政府承认那次大选的结果,交权给民盟,并要求政府恢复民盟的各级组织运转。这些活动直接挑战丹瑞政府的合法性和其执政地位。这是丹瑞绝对不能让

---

① 王斯祺:《关山已越,前路犹长——记缅甸大选与民主进程》,《当代世界》2020 年第 12 期,第48 页。

② 刘德会:《美缅关系的改善及对中国的影响》,《东南亚研究》2014 年第 1 期,第 39—46 页。

步的,因为民盟一旦执政,军人集团的下场可能会很悲惨,有很多人可能会被法办。杜昂山素季也曾因为几次软禁到期而获释,而她每次获释后,仍是频频公开活动,甚至违背政府禁令去外地开展政治巡游,宣传民盟,抨击政府,再度激发民众的政治热情。另外,"袈裟革命"等重大示威活动发生时,示威者经常声援杜昂山素季。以上种种让政府的统治面临不稳定性。可以说,杜昂山素季和民盟是苏貌将军和丹瑞将军执政时面临的最大对手。

杜昂山素季及其领导的民盟始终在与丹瑞政府和军方争夺民意,且其实际民意支持率长期比政府高。在丹瑞政府的高压统治之下,社会表面平静,但政府始终未能赢得大多数民众的真心支持,而民盟的民众支持率始终居高不下。杜昂山素季在缅甸民间有很高的地位,关于杜昂山素季拥有神奇力量的传说很多,有些出租车司机、民众家中公开挂着杜昂山素季的像。对比 1990 年大选和 2015 年大选中各党派得票数据(2010 年大选被民盟抵制,军方支持的巩发党胜出),民盟基本都赢得了七成的选票,在两次大选中均赢得联邦议会半数以上席位。而军方扶持的政党,在这两次大选中均惨败。这说明,民盟支持率在 20 多年间,长期居高不下,军方扶持的政党与民盟公平竞争时,其真实的民意基础远远弱于民盟。这也是令军方领导人较为恼怒的一点,长期执政并未使其获得多数民众认可,而反对者数量常年居高不下。

在国际层面,杜昂山素季在国际社会尤其是西方社会有着强大的个人魅力和政治影响力,她每次遭遇重大政治事件、被软禁、被释放等均能引起国际舆论广泛关注。而且,在西方的缅甸流亡分子也积极宣传杜昂山素季,借助杜昂山素季来争取西方支持。西方政要、媒体记者、非政府组织人士等也频频声援杜昂山素季,国外常有人庆祝杜昂山素季生日,西方媒体经常报道杜昂山素季。他们经常说,人们可能对缅甸了解甚少,但很多人都知道杜昂山素季,认为她是反对缅甸军人政府的象征。杜昂山素季也经常呼吁西方支持其斗争,向缅甸政府施压,推动缅甸尽快实现民主。这让缅甸政府在国际社会的形象较差,长期承受着巨大的国际压力和诸多制裁。杜昂山素季还一度呼吁国际游客不要到缅甸旅游,外国企业不要到缅甸投资,因为这些外国人的钱主要都进了政府的钱袋子,会帮助缅甸政府维持生存,延缓缅甸的民主进程。以杜昂山素季的巨大影响力,其呼吁的效果可想而知。她的做法引发一些缅甸人(尤其是政府支持者)的不满,因为她的呼吁可能令缅甸经济和民生雪上加霜。

在与"民地武"的关系方面,钦纽将军2004年被解职之后,丹瑞将军和貌埃将军对"民地武"的政策也有所调整,对比钦纽将军有时更显强硬。因为钦纽将军在"民地武"中的威望较高,双方建立了较高的互信,所以很多"民地武"高层主要认可钦纽将军。钦纽将军被解职后,丹瑞政府缺乏一个合适的人来赢得"民地武"的好感与信任,这导致双方的沟通与互信出现问题。

时过境迁,在丹瑞政府和多支"民地武"相安无事了十多年之后,随着缅甸国内政局的变化,双方矛盾再度凸显,因为双方根本矛盾一直未能解决。政府出于维护2010年大选前局势稳定等政治需求,在2008年宪法出台前,开始施压全国"民地武",要求他们解散武装,但效果不彰。2008年宪法出台之后,政府曾急于在2010年11月大选之前完成对大多数"民地武"的武装整编工作。整编方案的要点是:全国只有一支军队——国防军,"民地武"要整编为接受国防军统一领导的"边防部队",接受整编后的边防部队的正职领导为国防军军官,副职领导为原"民地武"军官;"民地武"接受整编的同时,要复员、分流原先的大部分武装人员,一般每支"民地武"只有不到一半的人员能成为"边防部队"成员;等等。尽管新宪法认可少数民族地区的地方自治权,但对全国约20支"民地武"接受国防军整编后原辖区的政治地位和权益等未做出明确规定,对接受整编的"边防部队"的待遇也未做出令"民地武"满意的承诺,对被分流人员的安置和发展出路也未给出令他们放心的方案。这就让"民地武"担心向国防军"交枪"后,不仅应得的权益不如预期,甚至连生命财产安全都不能完全保证,于是,多数"民地武"对整编计划采取虚与委蛇乃至抵制的政策,因为尽可能维持"拥兵自立、占地自管"的现状,才符合他们的最大利益。于是,丹瑞政府、国防军与"民地武"的整编博弈日益激烈,尤其是在"民地武"集中的缅北地区,双方武装力量的对立态势日益紧张,这就是2009年缅北果敢地区"8月8日武装冲突"的大背景。当然,这场冲突的发生还有其他一些因素的刺激。[1]

果敢军事冲突的直接诱因是,2009年8月8日,国防军要求进入果敢同盟军辖区——果敢特区缉毒和搜查枪械修理厂,双方发生激烈冲突,

---

[1]　祝湘辉:《缅甸果敢已经不能平静》,《世界知识》2009年第18期,第29页。

果敢同盟军随后被政府军击溃,果敢特区从原先被果敢同盟军领导人彭家声一派控制,改为由缅甸政府支持的白所成一派控制。冲突造成了一系列严重后果,果敢地区大批民众出逃,涌入中国云南边境避难,中国在果敢地区从事经商等活动的企业和人员遭受巨大损失。[①]果敢冲突最长远的影响恐怕就是缅北地区此前较为平静的局势被打破。政府和军方持续频频施压佤邦联合军、掸东同盟军、克钦独立军等多支"民地武",要求他们接受政府军的整编。而后者犹如惊弓之鸟,加紧备战,担心接受整编后被政府军控制,失去很多权益,高层军官生命财产安全也受到威胁。于是,"民地武"拒绝接受政府军整编,缅北地区此后进入了紧张对立的局面。果敢同盟军此后和政府军长期开展游击战,而其他"民地武"即便不与政府军直接交战,也与政府关系紧张。

此外,缅甸经济社会发展的长期滞后,引发的民怨持续累积,最终酿成 2007 年"袈裟革命",对丹瑞政府造成"重击"。丹瑞政府及其前任苏貌政府每年公布的缅甸经济增速较高。但实际情况却是,缅甸在 2010 年时(即 2011 年 3 月丹瑞政府解散前一年),经济发展水平仍然处于东盟十国的下游,一个约有 5 000 万人口的国家,GDP 在 2010 年时仍不到 500 亿美元,人均 GDP 还不到 1 000 美元,政府总债务占 GDP 比重从 2006 年起才降至 100% 以下。[②]

缅甸经济持续凋敝有着复杂的国内外原因。国内层面,不管是苏貌政府时期,还是丹瑞政府时期,缅甸都没有建立起完善的顺畅运转的市场经济体制。军人管理经济的方式通常简单粗暴,政府对经济社会发展的投入很少,因为大量政府开支都用于军队建设和控制社会上了。吴奈温执政末期,缅甸经济已濒临崩溃,此后又经历约 20 年的政府投入发展资金不足的状况,缅甸经济的自我发展能力较差。从外部而言,西方自 1988 年 9 月苏貌政府上台开始,一直到丹瑞政府 2011 年 3 月解散时,长期对缅甸实施经济制裁,西方企业陆续从缅甸撤资,导致缅甸与西方基本失去经济往来。祸不单行,缅甸 1997 年加入东盟,本来寄望东盟经济发展能带动缅甸经济,结果东盟国家经历 1997 年东南亚金融危机的冲击

① 单劼、甄翔:《缅北果敢地区军事冲突再起,大量边民涌入中国云南》,环球网,2017 年 3 月 8 日,https://world.huanqiu.com/article/9CaKrnK15RI,访问时间:2017 年 3 月 11 日。

② "Myanmar GDP(1998-2019 Data)", TRADING ECONOMICS, https://tradingeconomics.com/myanmar/gdp,访问时间:2020 年 7 月 22 日。

这场危机也影响到亚洲其他国家。东盟国家以及亚洲其他部分国家对缅甸的投资和贸易下降,缅甸经济在随后几年发展低迷。

2008—2010 年是丹瑞政府执政时期缅甸经济较为困难的三年,因为缅甸接连经历了两次打击。一次是 2007 年 8 月和 9 月发生的缅甸"袈裟革命"冲击,其对经济的后续影响在 2008 年开始显现;一次是 2008 年 5 月超强热带风暴"纳尔吉斯"的侵袭,其对经济的影响持续了两三年。而这些不利因素也影响了缅甸政治转型的速度。

"袈裟革命"其实就是缅甸经济困境的一次总爆发,简单说,政府缺钱与民众缺钱这两大危机"撞车",产生了一次自 1988 年 9 月苏貌政府掌权以来最大的经济、社会与政治危机。2007 年 8 月 15 日,国际油价高企,政府因为承受不起长期燃料补贴带来的财政负担及其综合影响,突然宣布大幅提高柴油、汽油、天然气的价格。这也再次反映了丹瑞政府的经济政策较为简单粗暴,其政策的主要目标是减轻政府负担,并未系统评估好国家经济和百姓生活的可承受性,以及该政策的严重后果。石油、天然气是国民经济运行和百姓生活的必需物资,一时间,工业、交通等经济行业受到极大影响,产品价格暴涨,本就贫穷的百姓更买不起各种生活物资,仰光等城市很多工人的日工资也就一两美元,偏远地区的收入更低,百姓生活负担骤然提高。交通运输成本升高,导致很多百姓上班困难(甚至无法上班)、收入下降,生活乃至生存都出现巨大问题。①

百姓自己吃不上饭后,此前经常在路边给化缘的僧侣施舍食物的做法难以为继,那些靠化缘为生的僧侣也面临生活危机。而缅甸僧侣有数十万。在仰光、曼德勒等大城市,寺庙和僧侣相比偏远地区的寺庙和僧侣更为集中。缅甸佛教在社会上拥有独一无二的影响力,佛教徒占总人口85％以上,自古至今,缅甸僧侣不仅是一支强大的宗教力量,更是一支强大的政治力量,在缅甸独立运动等多次重大政治运动中发挥着重要作用。政府提高燃料价格的政策直接威胁到僧侣及其施主——广大民众的生活乃至生存,仰光的僧侣与民众一起上街抗议,示威者越聚越多,而身穿袈裟的僧侣成为示威队伍的主力,不仅数量多,而且也发挥了一定的领导和

---

① 《缅甸十万多人游行　潘基文吁缅政府继续保持克制》,中国新闻网,2007 年 9 月 25 日, http://www.chinanews.com/gj/ywdd/news/2007/09-25/1034860.shtml,访问时间:2007 年 9 月 28 日。

组织作用。后来,不仅仰光的示威者增多,示威活动还向其他城市蔓延。示威者的斗争目标从最初的抗议政府提高燃料价格,逐步扩散至政治领域,要求政府释放杜昂山素季等,要求国家实现和解与民主,示威者游行时专门路过杜昂山素季家门口。到 9 月 24 日,示威在规模层面和目标层面均愈发威胁政府统治。全国至少有 25 个城市同时有人示威,示威矛头直指丹瑞政府。9 月 25 日开始,政府在口头警告示威者的尝试无效后,开始出动军警上街武力驱散示威者,并到部分寺庙抓捕示威僧侣。到 10 月初,示威者基本散去。"袈裟革命"引发国际社会广泛关注,丹瑞政府的清场行动造成大量伤亡,引发国际社会的施压,西方国家再度增加对缅甸的政治、经济制裁。①

面对国内外巨大压力,丹瑞政府开始做出妥协。为回应示威民众的政治诉求,政府重启已经中断多年的制宪大会。此后又多次与杜昂山素季对话;并允许联合国缅甸事务特使易卜拉欣·甘巴里(Ibrahim Gambari)11 月 2 日—8 日再度访缅,会见缅甸朝野政要,在缅甸政府与杜昂山素季等在野力量之间斡旋。后来,杜昂山素季授权甘巴里发布一份声明,称欢迎政府委任吴昂基(U Aung Kyi)部长与之对话的举措,两人的对话具有建设性,期待与政府进行经常性对话。②这些举措使丹瑞政府内外政治高压有所缓解,因为缅甸国内外很多人把杜昂山素季视为缅甸民主的象征,杜昂山素季政治命运的些许改善,都会影响国内外对丹瑞政府的看法。

2008 年 5 月,纳尔吉斯强热带风暴横扫缅甸伊洛瓦底三角洲和仰光南部地区的 5 个省邦(缅甸共有 14 个省邦以及内比都特别行政区),造成约 14 万人死亡或失踪,19 359 人受伤,79 万多所房屋被毁,735 万人受灾,其中 240 万人的生活受到严重影响。被风灾侵蚀的地区是缅甸重要的农业和工业区,也是人口密集区。据缅甸、东盟、联合国三方同年 7 月 21 日发表的缅甸风灾评估报告,该热带风暴造成的经济损失达 40.3 亿至 41.3 亿美元,占缅甸当年国内生产总值的 21%。报告预计未来 3 年的灾区重建需要 10 亿美元。③这是缅甸遭受的史无前例的自然灾害,是令缅

---

① 贺圣达、孔鹏、李堂英编著:《列国志:缅甸》,社会科学文献出版社 2018 年版,第 106 页。

② 贺圣达:《缅甸:军人执政的 20 年(1988—2008)的政治发展及趋势》,《东南亚纵横》2008 年第 8 期,第 3—12 页。

③ 张云飞:《评估报告称缅甸风灾损失超过 40 亿美元》,新华社仰光 2009 年 7 月 21 日电。

甸经济在 2008—2010 年发展处于低谷的重要原因。

四、2010 年大选与新政府机构建立

丹瑞政府后期实施的几大政治举措是:推动 2008 年宪法全民公投,并于 2010 年举行大选;2011 年初,依据大选结果,组建新议会;3 月 30 日,丹瑞政府解散,民选政府上台,完成"七步民主路线图"的最后步骤,初步确立立法、司法、行政三权分立的政治体制。

大选背景与准备工作 2010 年 11 月大选距离 1990 年 5 月大选长达 20 年半,这次大选对缅甸政治发展具有转折意义。丹瑞政府在大选前已经做了长期的准备工作,除了上述制定宪法、组建亲政府的社团组织、力图整编"民地武"、软禁杜昂山素季让其无法参选等举措外,在大选前政府还集中做了其他几件更有针对性的工作,以确保军方扶持的政党稳赢大选,不再出现民盟大胜的局面。

民盟在大选前提出了其参选的一些条件,比如,修改宪法以减少军人对政治的影响力,邀请国际观察员以确保大选是自由公正的,选前释放杜昂山素季等人。政府未答应民盟这些条件,反而按照军方利益,推出关于选举的法律,将民盟置于左右为难的尴尬境地,不管参选与否,都有损失。依据 2008 年宪法,2010 年 3 月 8 日,缅甸政府正式颁布《联邦选举委员会法》《政党注册法》《议会人民院选举法》《议会民族院选举法》《省邦议会选举法》等与选举相关的专门法律。[1]这些法律让杜昂山素季和民盟处境困难。新法要求,原先已经存在的民盟等政党必须重新登记,才能参加大选,而不参加大选的政党以后就不能合法存在。政党成员不能有正在服刑之人,全国性政党成员数量不能低于1 000 人,而地方性政党成员数量不能低于 500 人。这些规定对民盟构成了极大压力:不重新登记参选的话,未来就是非法政党,而重新登记参选的话,就必须将正被软禁的杜昂山素季从党内除名,否则就不能参选。最后,民盟 4 月 6 日宣布抵制大选。这主要是杜昂山素季做出的决定,她向民盟高层解释了几条原因,并阐述其个人的政治主张:她不接受 2008 年宪法,不接受政府单方面推出的《政党注册法》,因为该法

---

[1] 范宏伟:《浅析缅甸华人的公民资格问题》,《世界民族》2012 年第 3 期,第 51—56 页。

是不民主的;她不接受或不支持民盟内部的分裂行为,不接受民盟被解散的结局(即便被政府强行解散),她会继续开展民主斗争;等等。而民盟不参选,军方扶持的巩发党就失去最大对手,胜算大大增加。民盟此次丧失了赢得大选的机会,国内外对民盟高层有一些批评的声音,认为民盟高层不理性,争一时之气,而丧失东山再起之良机,毕竟这是 1990 年大选之后 20 年来的首次大选。而民盟呼吁民众抵制大选,呼吁其他政党也抵制大选。①

但由于这次大选对于很多政党和政治人士的政治前途非常重要,不仅很少有政党听从民盟呼吁而放弃参选,很多立场中庸或者理性的人士也参与了大选,不管是作为议员候选人去竞选,还是作为选民去投票。民盟内部有些人不同意杜昂山素季关于民盟弃选的决定,民盟原中央执委吴钦貌瑞(U Khin Maung Shwe)等人脱离民盟,组建全国民主力量党,参加大选,这是民盟的又一次分裂。然而,全国民主力量党成员后来几年因为脱离民盟,政治前途不被看好,要想重回民盟,又被民盟高层拒绝。在压制民盟参选的同时,军方扶持的巩发党正式登上舞台。因为新法规定,政党成员中不能有军人,所以,2010 年 4 月 29 日,总理登盛(Thein Sein)将军以及吴泰乌等 20 多名部长级、副部长级军官从军队退役,成为文职官员,仍继续担任丹瑞政府的职务。5 月 8 日,巩发党成立,该党是在政府扶持的联邦巩固与发展协会基础上转化而来的,协会的大部分成员成为巩发党党员。吴登盛出任该党主席,吴泰乌担任总书记(相当于秘书长),领导该党备战大选。2010 年 8 月,原丹瑞政府三号人物、三军总参谋长瑞曼(Shwe Mann)将军等又一批军官退役,加入巩发党,准备参加大选。

大选过程与结果 2010 年 11 月 7 日是大选投票日,这次大选共有 37 个政党参加,而 1990 年大选时有 93 个政党参选,可见,此次大选的政党活跃度比上次大选时低了很多,也可能与政府公布法律较迟而导致一些人在大选前没有足够时间组建新党有关。因为从相关选举法律公布到大选,之间只间隔 8 个月,成立政党需要办理一些手续,需要耗费钱财,需要找到办公场所,还要在短期内吸收到符合法律规定数量的党员,不是件

① 《昂山素季政党宣布抵制缅甸大选 或无法合法存在》,《东方早报》2010 年 3 月 30 日。

容易的事情。这次大选中,全国 2 900 万合格选民的投票率为 60%。①

其实,这次大选气氛比较特别。政府官员到各地视察时,呼吁选民积极参加大选。官方媒体在选前数月就开始宣传报道大选,呼吁民众积极参选。而有些反对派媒体,不管其是否支持大选,也报道选前进程,呼吁民众参选。这说明,缅甸政府在选前对媒体的管控有所放松。不过,缅甸当时总体的舆论环境还远远未达到完全自由的程度。当时缅甸交通、通信较落后,新成立政党的竞选时间仓促,民众对选举的了解不多,大选前的宣传时间短,竞选造势活动少。选民的处境和心态也比较复杂,因为很多选民长期生活在军人统治之下,对 1988 年民众示威和 2007 年“袈裟革命”的事件仍记忆犹新,对大选的自由公正性将信将疑。有些人参加投票,只是因为担心不去投票可能遭到政府报复;有些军队、政府部门、国企等机构的选民“被迫参加集体投票”,或者是迫于政府压力而参加“提前投票”,即这个单位的选民投票结果基本一致地支持政府认可的候选人;有些人参加投票,则是确实希望借助这次大选机会给国家带来一定改变;也有选民就不去投票,不相信大选的自由公正性;还有些人则因为居住偏远而未能投票;有些人则因为没有缅甸的合法身份证而无法参加投票。

不过从媒体报道的消息来看,大多数选民可以自由选择投票给哪位候选人。很多地方的票站计票工作是当着多个政党代表和大众进行的。当然,也出现了一些被外界指责的问题,比如,有的选区的计票结果出现争议。

大选投票总体是平稳的,但计票过程出现一个有惊无险的“插曲”。11 月 7 日投票结束后,8 日,东南部的“民地武”——民主克伦佛教军在妙瓦底地区与政府军发生冲突,企图借助大选计票的时间点引起各方更多关注,向政府施压。冲突造成大量缅甸民众逃至泰国避难。政府军击溃民主克伦佛教军,很快稳住局势。由于冲突区距离仰光、曼德勒、内比都等核心城市较远,而且多数地区的大选投票已经结束,因此,冲突并未对大选计票造成多少影响。

大选选举的是各级议会中 75% 的选举席位,因为有 25% 的席位是不由选举产生的军人议员。只有巩发党一个党能够几乎在所有选区都推出

---

① 《缅甸官员称全国大选投票率超 60%》,中国新闻网,2010 年 11 月 8 日,http://www.chinanews.com/gj/2010/11-08/2642175.shtml,访问时间:2010 年 11 月 9 日。

候选人,因为其有政府的强有力支持,而其他政党缺乏这样的条件。11月17日,缅甸联邦大选委员会公布大选最终结果:巩发党大胜。该党共赢得近77%的联邦议会(人民院和民族院)和省、邦议会的选举议席,即总共获得883个议席,包括259个人民院议席、129个民族院议席和495个省、邦议会议席,在各级议会中均为多数党;而另一个亲政府的政党——民族团结党(也就是1990年大选时获得军方支持但惨败者)在联邦议会及省、邦议会共赢得62个席位(联邦议会17席,省、邦议会45席),是第二大党;多个较大的少数民族政党不仅赢得了不少地方邦议会的席位,也赢得了联邦议会的一些席位。掸邦民族民主党在联邦议会及省邦议会共赢得57席(联邦议会21席,省、邦议会36席),是第三大党;若开民族发展党在联邦议会及省、邦议会共赢得35席(联邦议会16席,省、邦议会19席);还有其他一些少数民族政党赢得了一些席位。而从民盟分裂出来的全国民主力量党则表现不佳,在联邦议会及省、邦议会共赢得16席,因为其失去了杜昂山素季和民盟的支持。尽管如此,这些被法律认可、参加大选的反对党,还是获得了参政机会,获得了合法的政治影响力。①这是民盟所不及的,也引起了民盟内部人士的反思,这也是促成民盟参加2012年议会补选以争取合法政治空间的原因之一。

　　缅甸国内对大选的评价比较复杂,有的人总体肯定大选,有的人则不认可大选。大选获得部分国家和组织认可。东盟对缅甸大选总体肯定,认为这是缅甸实现"七步民主路线图"的关键一步。缅甸大选较为平稳地举行,符合东盟利益。同时,缅甸政治转型的成果也与东盟长期以来对缅甸政治转型进程采取"建设性接触"政策有一定关系,东盟确实在缅甸政治转型进程中发挥了一定的积极作用。②中国、俄罗斯、印度等国也总体对缅甸大选持肯定态度。丹瑞政府和西方国家的关系本来就对立,也不希望在大选问题上给予西方干涉缅甸内政的机会,并未邀请西方观察员观摩和监督大选,只是允许少量西方记者在缅甸报道大选。大选的国际开放性较低,其在西方的认可度自然也低。美欧官方和媒体否认这次大

① 《缅甸大选最终结果公布》,财新网,2010年11月18日,http://international.caixin.com/2010-11-18/100199690.html,访问时间:2010年11月19日。

② 《东盟声明欢迎缅甸大选　称是发展进程"重要一步"》,中国新闻网,2010年11月9日,http://www.chinanews.com.cn/gj/2010/11-09/2643697.shtml,访问时间:2010年11月10日。

选的合法性,认为大选不是自由公正的,而受西方支持的杜昂山素季和民盟没有参选,让西方既对缅甸政府不满,也对杜昂山素季和民盟的"不理性"有所失望。①不过,西方国家和组织并未因此立即加重对缅甸的制裁,反而是基于缅甸政治发展现实和本国利益等因素的考量,增加与缅甸的互动。这也说明,西方国家对缅甸的政策也开始在慢慢调整,并不像以前那样一味施压和制裁,而是增加了灵活度。

缅甸政府确认巩发党胜选的大局已定后,在 11 月 13 日解除了对杜昂山素季的软禁,以缓解国内外的压力,改善缅甸与西方的关系,为未来新政府运作创造更好的国际环境。而且,这次解除软禁给了杜昂山素季长期的自由,并未再度将其软禁。杜昂山素季在经历了多次共计 15 年的软禁之后,开启了新一轮的政治活跃期。

大选之后,新的议会、政府、法院等机构成立起来,新的政治体制确立了。2011 年 1 月 31 日上午,缅甸新议会在首都内比都召开首次会议,选举前三军总参谋长吴瑞曼为人民院议长,选举丹瑞政府文化部部长吴钦昂敏(U Khin Aung Myint)出任民族院议长。在议会五年任期内,由两院议长各兼任两年半的联邦议会议长,一般先是民族院院长兼任联邦议长。随后,新的宪法法院法官等一批高级司法官员被议会任命。2 月 4 日,缅甸联邦议会全体会议选举丹瑞政府总理、巩发党主席吴登盛为缅甸联邦共和国总统,选举丹瑞政府高官吴丁昂敏乌(U Tin Aung Myint Oo)及民族院议员赛貌康(Sai Mauk Kham,也曾译为"赛貌坎")为副总统。3 月 30 日,丹瑞政府解散,吴登盛领导新政府宣誓就职。至此,新的政治体制和政府机构全部建立起来,"七步民主路线图"全部完成。该路线图从 2003 年公布到 2011 年完成,整个过程持续 8 年,跌宕起伏,其中不乏挑战与风险,也充满着国内外各种势力的博弈。

缅甸政府形式从军人政府改为民选政府,也带来领导人姓名和着装的变化。比如,吴登盛此前作为丹瑞政府的总理,曾是军官,多身着军装上班和参加国内各种活动,通常是出国访问时才穿西装,其名字叫"登盛"。而他当选民选政府的总统之后,则着平民服装或西装上班和参加国

---

① Hillary Rodham Clinton, "Burma's Elections: Press Statement", November 7, 2010, https://2009-2017.state.gov/secretary/20092013clinton/rm/2010/11/150517.htm,访问时间:2010 年 11 月 11 日。

内外活动,不再穿军装参加政治活动。他的名字也跟随缅甸民间习俗,在"登盛"前面冠之以对男性的尊称——"吴",以彰显其民选身份,尽量消除以前的军人色彩。新议会、新政府、新法院等中的退役军官,基本也像吴登盛总统一样做了类似改变。

五、外交:东边日出西边雨

苏貌政府以及后来的丹瑞政府连续执政了约23年,可谓内忧外患:内部长期面临杜昂山素季领导的民盟等反对派的挑战,外部长期面临西方高压。当时的缅甸政府性质决定了它与西方的关系基本是对立的,因为西方对缅甸的军政府非常不满,长期孤立和制裁缅甸。但这种敌对、施压的政策,并未能真正迫使缅甸政府屈服,反而恶化了缅甸百姓的生活。而东盟及其成员国等亚洲一些国家和组织,以及俄罗斯等亚洲之外的一些国家,尊重缅甸政治发展现状,奉行不干涉别国内政的政策,也与缅甸开展务实交往与合作,以缓解缅甸国内经济困难和民生艰难的状况。东盟及其成员国还对缅甸政治转型进程采取"建设性接触"政策。这种建设性的政策一定程度上让缅甸民众避免陷入严重的经济与生存危机。此外,还有一些国家和地区也与缅甸开展交往与合作,甚至建设性引导、协助缅甸转型与发展。

总体看,苏貌政府、丹瑞政府很难广泛参与世界事务,当时缅甸在世界事务中的作用很小,这与缅甸独立初吴努总理执政时期缅甸在国际舞台上的活跃局面有着很大差别。但由于缅甸1997年加入东盟,和东盟成员国关系总体尚可,并与亚洲多国的关系也尚可,因此,缅甸在东南亚和亚洲的事务中,有一定的参与度和影响力。但其外交受制于多种因素的影响,总体不是很活跃,主要是靠拓展与亚洲国家的关系来抗衡西方施加的压力。

缅甸与东盟关系在曲折中前进 1997年,缅甸加入东盟,正式成为东盟大家庭的一员,这是缅甸外交中的大事,对缅甸缓解国际困局和发展经济社会有着重要意义。自1967年8月成立以来,东盟与缅甸的关系长期不很紧密,甚至存在嫌隙。东盟刚刚成立时,其成员国有五个:菲律宾、马来西亚、印度尼西亚、泰国和新加坡,都是资本主义国家,而且当时东盟及其成员国与美国关系非常密切,菲律宾和泰国更是美国缔约盟国。东盟成立时宣称的宗旨是推动区域经济社会发展,但在当时美苏冷战已经波及东南亚的情况下,东南亚的国家也开始明显分化,东盟国家站在美国一边。缅甸当时宣称建设缅甸式社会主义,与苏联有交往与合作,不过与美国也有交往与合作。当时,缅甸意识形态与美国和东盟国家不同,甚至存在对立,缅甸仍奉行中立主义外交原则,不允许缅甸有外国驻军。因此,奈温执政时期,一直到 20 世纪 80 年代中后期,缅甸与东盟的关系都较为冷淡,双方有交往与合作,但不多。在冷战中的部分时期,缅甸与东盟有嫌隙乃至互相排斥。

但冷战结束后,泰国等国提出了将中南半岛"化战场为商场"的口号,与越南等国关系有所缓和,同时,东盟也积极与联合国(尤其是安理会五个常任理事国)合作推动柬埔寨国内和平与和解进程,整个中南半岛的局势明显好转,中南半岛各国主要精力逐步转向经济社会发展,彼此间扩大合作的愿望增强。东南亚一些国家间的意识形态斗争的色彩明显降低,国家间合作阻碍减少。1988 年之后,缅甸问题成为地区热点问题,东盟尽量参与解决缅甸问题,而不想让域外大国取代东盟成为缅甸问题的主要解决方。1991 年,东盟针对缅甸国内政治问题提出"建设性接触"的务实政策,希望在缅甸问题解决上发挥独特而积极的作用。尤其是东盟最大成员国印度尼西亚,在走出 20 世纪 90 年代末民主转型的痛苦期后,在21 世纪初日益成为从威权政府统治的国家向民主国家转型的样板,想向缅甸介绍印度尼西亚政治转型经验。此时,缅甸面临西方的严厉制裁,经济困难,并受到西方孤立,其外交与对外经贸合作的重点只能是东盟成员国等亚洲国家。而且,当时缅甸实行资本主义制度,正在建设市场经济,与东盟成员国的意识形态差异已经不复存在,与东盟成员国的经济体制的接轨程度也在提高。缅甸也迫切需要学习东盟国家的发展经验,加快经济发展。因此,基于上述因素的综合作用,缅甸此时愿与东盟成员国拓展关系。丹瑞也多次公开表示,缅甸愿意加入东盟。而东盟此时正在推进其建立"十国大东盟"的计划,印度尼西亚、新加坡、泰国、马来西亚等东盟老成员国支持缅甸入盟,也想拓展在缅甸的经济利益。当然,菲律宾仍经常批评缅甸政府,但其不像西方那样极力阻挠缅甸加入东盟。①

①　李晨阳:《缅甸与东盟关系:1988 年以来的回顾与展望》,《东南亚纵横》2000 年增刊,第 88—89 页。

于是,缅甸 1995 年加入《东南亚友好合作条约》,成为东盟观察员国,1997 年成为东盟成员国。"大树底下好乘凉",被西方孤立的缅甸,亟须靠上东盟这棵大树。总体而言,加入东盟,缅甸获得了多重收益。在经济层面,虽然缅甸加入东盟恰逢东南亚金融危机爆发,在随后数年里,缅甸从东盟国家获得的投资并不理想,与东盟成员国的贸易也较难有持续的快速增长,但到了 21 世纪,东盟的泰国、印度尼西亚、马来西亚、新加坡等主要经济体的经济慢慢恢复活力,和缅甸的经贸往来日益活跃起来。比如,泰国在 21 世纪初曾经多次是缅甸的最大外资来源国与最大贸易伙伴国,而新加坡等东盟国家也长期是缅甸外资的重要来源国,是缅甸的重要贸易伙伴国。与东盟国家的经贸合作使缅甸缓解了经济困难的局面。在外交层面,缅甸在政治转型进程饱受西方批评的情况下,却获得了东盟一定程度的支持。东盟对缅甸采取的"建设性接触"政策使缅甸的外交困境有所缓解。当然,东盟在缅甸问题上,既需要维护成员国的利益,维护东盟大家庭的团结,也需要去应对西方在缅甸问题上对东盟的压力,需要从中做好平衡和协调,有时在缅甸问题上与西方有所斗争,有时也需要向西方妥协,不能因为缅甸一个成员国而导致与美欧关系破裂。

按照东盟轮值主席国依据成员国英文国名首字母排序轮流担任的原则,2006 年,应该由缅甸出任东盟轮值主席国,但因为当时杜昂山素季仍被软禁,缅甸国内政治问题遭受西方强烈批评,西方强烈反对缅甸出任东盟轮值主席国。东盟此时也协调缅甸,促使其放弃担任主席国,从而避免了东盟因为缅甸问题而与西方关系发生危机。如果缅甸出任东盟轮值主席国,欧盟代表极有可能不会出席亚欧首脑会议,美欧还可能会减少与东盟的其他互动与合作。单就亚欧首脑会议而言,如果因为缅甸问题而出现欧盟首脑缺席的窘境,会令东盟十分难堪,因为,东盟是亚欧首脑会议的首倡方,也是首次会议的东道主:1994 年,新加坡总理吴作栋倡议召开亚欧会议,1996 年 3 月,首届亚欧首脑会议在泰国曼谷举行,标志着亚欧会议这个跨区域对话机制正式成立。亚欧会议还包括外长会、高官会等会议。东盟及其成员国是亚欧会议的重要参与者,东盟借助亚欧会议提升了全球影响力。①

2007 年缅甸政府驱散参加"袈裟革命"的示威群众时造成较大伤亡,

① 贺圣达、孔鹏、李堂英编著:《列国志·缅甸》,社会科学文献出版社 2018 年版,第 363 页。

西方强化制裁,缅甸陷入更严重的外交危机。东盟此时一方面向缅甸施压,另一方面也并未完全追随西方制裁缅甸,而是积极协调缅甸国内各派力量,以及缅甸与西方、联合国的关系,避免缅甸政府走向自我封闭并更激烈地打压国内反对派、缅甸政治转型进程停滞乃至后退。缅甸政府在2007年下半年和2008年加快政治转型进程,推出新宪法,明确2010年举行大选,与东盟对缅甸的"建设性接触"政策有一定关系。东盟不仅较为认可缅甸出台新宪法的举措,还积极协调国际社会救助遭受纳尔吉斯强热带风暴侵袭的缅甸,例如灾后美国运输救灾物资的飞机自1988年以来首次降落仰光机场,就与泰国居中协调有关。而2010年11月缅甸大选后,东盟对大选结果也总体认可。

缅甸与印度、日本、俄罗斯关系的发展 缅甸与邻国印度的关系经历了由坏到好的转变过程。从1988年9月军人平息民众示威、建立"恢委会"后的大约四年时间里,缅甸与印度的关系总体较差,印度政府采取与西方类似的对缅政策,批评缅甸军政府,指责缅甸国内不民主。其中的原因,既有意识形态的因素,也与缅甸知名反对派人物对印度官员和精英的影响较大有关,比如,杜昂山素季及其母亲杜钦芝(Daw Khin Kyi)曾在印度长期生活过,杜钦芝女士曾担任过缅甸驻印度大使,她和杜昂山素季同印度很多名流熟悉,因此,杜昂山素季反抗缅甸政府的斗争及其遭遇,博得了印度不少人的同情和支持。前总理吴努一派的人也积极游说印度精英对缅甸采取强硬态度,吴努女儿杜丹丹努(Daw Than Than Nu)20世纪80年代末90年代初,曾在印度一家国有电台——"全印度广播电台"工作,并利用该电台来抨击缅甸苏貌政府。①

从1993年开始,印度调整对缅甸的强硬政策,因为印度看到,缅甸政府的地位日益巩固,其此前带有"较高道德标准"的对缅政策几乎没有取得多少战略利益,而印度要实施"东向政策"绕不开缅甸,需要缅甸的合作。而且,中国因素也是印度改善与缅关系的原因之一。因为,中国奉行不干涉别国内政政策,与缅甸的关系友好,印度日益重视中国在缅甸影响力的增长,重视平衡中国在缅甸的影响力,尤其是在战略安全层面。因

---

① Renaud Egreteau, and Larry Jagan, *Soldiers and Diplomacy in Burma: Understanding The Foreign Relations of The Burmese Praetorian State*, Singapore: National University Press, 2013, pp.150－151.

此,印度 1993 年开始重视发展与缅甸的友好关系,拓展合作。同时,缅甸也要尽力拓展大国平衡外交格局,不过度依赖任何一个大国,要尽量与更多大国搞好关系。随后,两国签署《缅甸印度边境贸易协定》,两国贸易逐渐发展起来,在此后多年里,印度长期是缅甸的重要贸易顺差来源国之一。缅甸和印度的军队还多次合作打击流窜在两国边境的武装叛乱分子,这些武装分子主要是活跃在缅甸与印度邻近的钦邦等边境地区。①

进入 21 世纪,缅甸与印度的关系逐渐热络起来,多层面互动与合作日益紧密。2000 年,缅甸"和发委"副主席貌埃两度访问印度,其中的重要议题是维护两国边境稳定,两国军队在随后一年左右时间,联合开展了三次打击两国边境非法武装的行动。两国军队也开展了联合军演等合作,印度还向缅甸出口武器。后来,两国元首进行了互访。2006 年印度总统阿卜杜勒·卡拉姆(Abdul Kalam)访问缅甸,2010 年缅甸"和发委"主席丹瑞访问印度,其目的之一是寻求印度对缅甸未来新大选和新政府的支持。总体来看,缅甸与印度在经贸、能源、军事等方面开展了一些合作,印度也给予缅甸一些援助,印度企业也去缅甸投资,不过,印度的投资和援助执行速度很慢,效果也不尽如人意。②

缅甸与日本的关系也总体尚可,因为日本较重视缅甸,长期是缅甸的最大外援来源国。尽管日本是美国盟国,但其曾经殖民过缅甸,"二战"后仍长期拓展在缅甸的利益。因此,1988 年之后,日本并未跟随西方一味制裁和施压缅甸,而是与缅甸保持着交流与合作,并长期援助缅甸,支持缅甸经济社会发展,支持缅甸改善民生。而缅甸人对日本的态度复杂,尽管缅甸人痛恨日本法西斯的统治,但缅甸一些精英认为,"二战"时期,是亚洲的日本人帮助缅甸人赶走了西方的殖民者。而且,昂山将军早年接受过日本军事培训,杜昂山素季 1985 年和 1986 年在日本京都大学东南亚研究中心当过访问学者。因此,缅甸朝野多个阶层的人士与日本有着很深的渊源。日本的对缅政策与西方不同,只是在 1988 年 9 月苏貌政府执政后短暂停止了部分对缅援助,后来没多久就又逐渐恢复了。20 世纪90 年代,日本对缅甸援助较多,尤其是 1995 年,杜昂山素季一度获释,成

---

① 邹应猛:《印度的"东向政策"与东北部治理》,《南亚研究季刊》2018 年第 3 期,第 61—68 页。

② Renaud Egreteau, and Larry Jagan, *Soldiers and Diplomacy in Burma: Understanding The Foreign Relations of The Burmese Praetorian State*, Singapore: National University Press, 2013, pp.297 – 302.

为刺激日本增加对缅甸援助的关键因素。1998年,日本再度恢复对缅甸的贷款,以帮助缅甸发展基础设施等,包括支持缅甸整修仰光的敏加拉洞机场。[①]

日本与缅甸各派力量的关系也比较微妙,既要维护好与缅甸政府的关系,也要努力不与杜昂山素季和民盟等在野反对派的关系闹僵,还要与缅甸反对派搞好关系。因为,杜昂山素季的国际知名度很高,西方都支持她,日本不能与西方公然唱反调。从1988年9月苏貌政府上台到后来的丹瑞政府执政的20多年里,日本总计援助缅甸数十个基础设施项目,并高价收购缅甸罂粟替代种植项目出产的农产品。其中,日本对缅甸较大的援助事件有:1990年向缅甸提供3.5亿日元的无息贷款,1995年向缅甸提供10亿日元援助,1998年向缅甸提供1100万美元援助;日本还多次免除缅甸所欠日本的债务,如,1994年免除缅甸50亿日元债务,两年后又免除缅甸40亿日元债务,等等。[②]

不过,在此时期,缅甸与日本的关系也经历过几次波折。比如,杜昂山素季在2003年5月30日的政治旅行途中遇袭,在国际和国内引发轩然大波,日本也表示强烈不满,一度暂停对缅甸的援助。再如,2007年9月,日本50岁的记者长井健司在采访缅甸"袈裟革命"示威时,被清场的缅甸军人打死,在日本引发轩然大波,日本10月16日宣布中止对缅甸470万美元的经济援助。[③]尽管日本对缅甸的援助较多,但由于缅甸投资环境差,民众购买力低,又遭受西方制裁,投资风险太大,盈利预期差,所以,日本企业对缅甸的实际投资很少。

同期,缅甸与俄罗斯的关系较好,但经贸领域合作较少,主要在军事领域开展合作,其中有几个较大的军购合同。2001年,缅甸与泰国在边境发生武装冲突后,发现其空军远远落后于泰国,较难与泰国军机抗衡,因为泰国空军装备了从美欧进口的先进战机,于是,缅甸当年就从俄罗斯购买了12架米格-29战机。2009年底,缅甸与俄罗斯签订了一笔军购合同,斥资5.7亿美元从俄罗斯购买20架米格-29战机,其中包括10架米

---

① 贺圣达、孔鹏、李堂英编著:《列国志:缅甸》,社会科学文献出版社2018年版,第311—313页。

② 白如纯:《日本对缅甸经济援助:历史、现状与启示》,《现代日本经济》2017年第5期,第11—14页。

③ 刘柠:《日本叫停对缅经援:人权高于国家利益?》,《南方都市报》2007年10月17日。

格-29B、6 架米格-29SE 歼击机以及 4 架米格-29UB 教练战斗机,俄方从 2011 年 3 月开始陆续向缅方交付战机。此外,据国际媒体报道,在苏貌政府以及后来的丹瑞政府执政时期,缅甸一些科学家曾经到俄罗斯进修。①

中缅关系好中有忧　苏貌政府和丹瑞政府时期,中国与缅甸的关系总体较好,中缅经贸、政治、军事、科教文卫等领域的合作总体向前发展,中国长期是缅甸重要的贸易伙伴和外资来源国。

缅甸一直在努力处理好与中国和印度这两大邻国的关系。1988 年 9 月缅甸"恢委会"上台后,遭受印度施压,因此在此后四五年时间里,缅甸与印度的关系并不好,此时缅甸也还没有加入东盟,缅甸在邻国和地区外交中的重点是中国。中国与缅甸(还有印度)是和平共处五项原则的首倡国,该原则的重要一条是国家之间交往应该奉行"不干涉内政"原则。此时,缅甸与中国的关系发展较快。1993 年之后,即便缅甸与印度关系改善,缅甸加入东盟,缅甸与美国关系改善,中国仍然是缅甸重要的邻国,缅甸仍然高度重视对华友好合作关系。

中缅在 1988 年 9 月至 2011 年 3 月之间的高层互动较为密集。如缅甸"恢委会"副主席丹瑞 1989 年 10 月率团访华,"恢委会"主席苏貌 1991 年 8 月率团访华;1992 年中国国务院总理李鹏率团访缅,2001 年中国国家主席江泽民率团访缅。2003 年,缅甸"和发委"主席丹瑞率团访华,签署多项经济技术合作协定。2009 年,时任中国国家副主席习近平访缅,两国在经贸、交通、金融、电力等领域签署多个合作协议,将中缅友好合作关系推上新的高度。②2010 年 9 月,丹瑞再次率团访华,这是 2010 年 11 月大选前丹瑞最后一次访华。此次访华的团员中有吴瑞曼等"接班团队成员",显示其有意提前让缅甸新领导层与中国领导人进行接触和了解。双方多次高层互动推动了两国经贸、科技、文化等诸多领域的合作,持续推动中缅"胞波"友好关系的发展。

在经贸合作方面,中国在丹瑞政府执政后期,已经取代泰国成为缅甸

---

①　贺圣达、孔鹏、李堂英编著:《列国志:缅甸》,社会科学文献出版社 2018 年版,第 344—345 页。

②　焦莹:《习近平与缅甸国家和平与发展委员会副主席貌埃会谈》,中国广播网,2009 年 12 月 21 日,http://china.cnr.cn/news/200912/t20091221_505784853.shtml?d=123,访问时间:2009 年 12 月 22 日。

重要的外资来源国和最大贸易伙伴国。根据中国商务部和海关总署的数据,1991 年和 1992 年的中缅贸易额均仅仅为 3.9 亿美元左右,到了 2010年,则增长到约 44.4 亿美元,是 20 年前的 10 多倍。①缅中贸易额经常约占缅甸外贸总额的 1/4—1/3。

2009 年 8 月 8 日,缅甸政府军与缅北掸邦果敢地区的果敢同盟军发生激烈武装冲突,给中缅关系造成了一定影响,因为果敢冲突造成了大量缅甸边民涌入中国云南境内避难,最高峰时超过 3 万人,中国多位边民因冲突而受伤甚至遇难。总之,果敢冲突冲击了中缅边境稳定,给中国部分在果敢的企业、人员造成了较大损失,给部分中国人造成人身安全威胁,也引发中国舆论的不满。果敢冲突后,缅北掸邦与克钦邦的多支"民地武"与缅甸政府和军队的关系紧张,也对中国在缅北的企业造成了较大压力,给中缅边贸造成了后续影响,给中国在缅北的罂粟替代种植项目运行带来不利因素。②

中国与缅甸关系发展越来越好,自然也遭到其他一些国家的排挤。比如,西方媒体、非政府组织等经常污蔑中国在缅甸的企业、人员的形象,企图煽动缅甸人的反华情绪,挑拨中缅关系,但最终难以得逞。中缅互惠互利、总体友好合作的关系不会受到外界干扰。

缅甸与西方关系差 缅甸与西方国家的关系整体较差,但在丹瑞政府后期,有所改善。西方国家孤立缅甸和制裁缅甸,其主要目标就是推翻缅甸军政府,在缅甸推广所谓的"西方式民主"。美国、欧盟、澳大利亚、加拿大等国家和组织,从 1988 年 9 月苏貌政府上台之初,就开始孤立缅甸,随后多方制裁缅甸。西方国家谴责缅甸政治状况,谴责缅甸政府长期打压杜昂山素季等反对派人士,谴责缅甸毒品危害国际社会,谴责缅甸政府1990 年大选之后不交权的行为,谴责缅甸 2008 年宪法制定过程不民主,谴责缅甸 2010 年的大选有失公平。西方国家基本不进口缅甸的产品,也不与那些与缅甸政府关系密切的商人和企业来往,多数西方企业从缅甸撤离,西方游客也很少去缅甸旅游。西方国家严格限制缅甸政府高层入

---

① 中国商务部亚洲司:《2010 年 1—12 月中国对亚洲国家(地区)贸易统计》,2011 年 1 月 30日,http://yzs.mofcom.gov.cn/article/date/201101/20110107385479.shtml,访问时间:2011年 1 月 31 日。

② 《沉着应对果敢难民事件》,中国青年网,2009 年 9 月 24 日,http://xibu.youth.cn/zyzlt/200909/t20090924_1033550.htm,访问时间:2019 年 8 月 2 日。

境,对缅甸实行武器禁运,除美国外的西方国家基本撤销驻缅甸的武官处,等等。而美国制裁缅甸的法案有多部,比如,美国 1997 年开始实施的针对缅甸的《国家应急法》、2003 年实施的《2003 年缅甸自由与民主法案》等。①

　　而民盟遭遇缅甸政府打压、杜昂山素季被软禁甚至遇袭等事件经常会引发西方批评缅甸并增加对缅甸的制裁,加剧缅甸经济困难状况和外交困境。缅甸政府则不满西方制裁,不向西方制裁低头。在苏貌政府和丹瑞政府执政的 20 多年里,其外交的重要目标是缓解乃至尝试去突破西方的孤立与制裁,虽然取得一些成效,但不算成功,缅甸与西方国家的关系总体并未根本性好转。其实,西方制裁带给缅甸的压力很大,因为,制裁导致缅甸较难得到国际金融机构的援助,缅甸产品也较难出口到西方市场,导致缅甸很多企业破产,很多工人失业,尤其是出口型企业。尽管西方制裁的最终目标没有实现,但西方国家的外交与经济压力始终犹如戴在缅甸政府头上的"紧箍咒",令其非常难受。

　　西方支持缅甸国内外反对缅甸政府的斗争令缅甸政府愤怒。西方把杜昂山素季"捧得很高",大力支持杜昂山素季及其领导的民盟开展反对缅甸政府的斗争,还以各种方式资助缅甸流亡分子,允许他们在西方国家生活、工作和开展反对缅甸政府的活动。西方这种干涉别国内政的方式与缅甸奉行的"和平共处五项基本原则"不符,刺激了缅甸执政者的民族主义情绪。

　　不过,美国与缅甸也有少许官方交往。2008 年 5 月缅甸遭遇纳尔吉斯强风灾侵袭,损失惨重,亟须国际援助,但此时缅甸与美国并没有多少官方的直接沟通渠道,尤其是在军方层面。美国向缅甸提供资金和物资援助,但运输方式是个大问题,因为此前缅甸长期担心美国入侵缅甸。最终,在泰国等国斡旋之下,缅甸与美国达成了一致的救灾物资运输方案。缅甸罕见地允许美国空军运输机携带救援物资降落仰光机场。这是自 1988 年 9 月以来美国军机首次降落仰光机场。这次救灾行动让美缅长期对立的关系有了一些改善。

　　奥巴马总统 2009 年执政后,美国与缅甸的关系明显缓和,美缅的互

---

① 赵毅、蒋国鹏:《美国延长对缅甸的经济制裁》,中国新闻网,2009 年 5 月 17 日,http://www.hi.chinanews.com/hnnew/2009-05-17/21167.html,访问时间:2009 年 5 月 20 日。

动明显增加,双方对彼此的态度更加友好。因为奥巴马政府意识到,西方制裁缅甸多年,并没有压垮缅甸政府,反而引发缅甸政府的抗争,让美国经常失去影响缅甸政治发展的渠道和机会。而一些和缅甸保持交往的国家,则对缅甸的影响力上升,也在缅甸获得了多种收益。因此,奥巴马政府上台后,开始重新评估此前美国的对缅政策,得出的结论是要调整对缅政策,即在保持制裁和施压的同时,也要增加接触,拓宽交往渠道,增加对缅甸政治转型的影响力。而此时,丹瑞政府推动的政治转型也进入最后的关键期,更迫切地需要改善与西方国家的关系,希望西方国家能够放松制裁,认可其政治转型进程及其取得的成果。双方对彼此的利益需求和态度转变在奥巴马执政后有了更多的契合点。①

早在 2008 年 11 月,缅甸最高领导人丹瑞将军曾致函奥巴马,祝贺他就任美国总统,期望"他能最终改变美国对待缅甸的强硬态度并解除制裁"。②这说明,丹瑞将军希望抓住奥巴马政府执政之机,改善缅美关系。在奥巴马 2009 年 1 月就职后,缅甸于 2 月 21 日开始大赦全国各地共6 313 名犯人,以向美国和西方其他国家展示其正在采取切实行动来改善国内人权状况,呼应西方的人权要求。此后,双方的高层互动明显多了起来。3 月底,美国国务院东南亚大陆地区(中南半岛)事务负责人斯蒂芬·布莱克(Stephen Blake)访问缅甸,受到缅甸外长吴年温(U Nyan Win)等官员接见,缅甸高官给予美国低级别官员极大礼遇。8 月 14 日—16 日,美国参议员吉姆·韦布(Jim Webb)访问缅甸,受到丹瑞将军接见,并被允许会见杜昂山素季。他离开缅甸时还带走此前因为闯入杜昂山素季住宅而被缅甸判刑的美国人耶托。韦布与奥巴马关系密切,其访缅改善了两国关系。

9 月 18 日,美国 9 年来首次允许缅甸外长吴年温抵达华盛顿探访缅甸驻美国大使馆,参观白宫和林肯纪念堂,韦布再度与之讨论如何推进两国关系。9 月 26 日,美国又允许缅甸总理登盛将军赴纽约出席联合国大会,这是 14 年来得以出席联合国大会的最高级别缅甸官员。③这说明,美

① 杜兰:《美国调整对缅甸政策及其制约因素》,《国际问题研究》2012 年第 2 期,第 40—42 页。

② "Senior General Than Shwe Sends Congratulatory Message to Mr. Barack Obama on the Occasion of His Election as 44th US President", *The New Light of Myanmar*, November 8, 2008.

③ 宋清润:《美缅关系改善的现状、动因及前景》,《亚非纵横》2010 年第 2 期,第 52—58 页。

国对缅甸高官的入美签证禁令有所放宽。11 月 3 日,美国负责东亚及太平洋事务的助理国务卿库尔特·坎贝尔(Kurt Campbell)率领 14 年来首个最高级别代表团访问缅甸,会见登盛将军等缅甸高官。11 月 15 日,奥巴马在与东盟领导人会晤时,会见登盛将军,这是双方高级领导人自 1988 年 9 月以来的罕见会晤,可以说是两国高级领导人多年来终于对彼此有了某种"认可"。但是两个人只是少许交谈,并未握手。

2010 年 5 月,美国国务院助理国务卿库尔特·坎贝尔再次访缅。而缅甸也抓住机会,投桃报李,向美国再度示好。同年 11 月 13 日,在缅甸结束 11 月 7 日大选之后近 1 周,杜昂山素季被缅甸政府释放。此举让美国看到缅甸在推进政治和解方面的更大善意,此后美国政要更加密集地访问缅甸。2010 年 12 月,美国国务院助理国务卿帮办约瑟夫·云(Joseph Yun)访缅。

总体看,自 1988 年 9 月苏貌政府上台到 2011 年 3 月丹瑞政府解散,缅甸与美国的关系曾经长期处于对立、斗争状态,但从 2008 年开始,双方关系有所解冻,随后两年的官方互动明显增多,不过还谈不上友好的程度。

同时,缅甸与欧盟及其成员国、澳大利亚、加拿大等西方国家和组织的关系也与缅美关系逐步改善的情况相似,这些西方国家和组织基本追随美国施压与制裁缅甸的步伐,也支持杜昂山素季和缅甸流亡分子反对缅甸政府的活动。后来在美缅关系松动后,其他西方国家对缅甸的态度也有所软化。

作者点评:

1948 年独立后,缅甸的几次政治发展或转型均在激烈的政治斗争或者动荡中以失败告终。1988 年 9 月苏貌政府执政,1992 年 4 月丹瑞将军取代苏貌将军成为政府最高领导人;1997 年,"恢委会"改称"和发委";2011 年 3 月"和发委"解散。这些期间缅甸最重要的事件是推进新一轮的政治转型进程。

苏貌政府领导的政治转型进程遭遇重大挫折,1990 年大选中,政府扶持的民族团结党惨败,而反对派民盟大胜,苏貌政府拒绝依据大选结果交权,而是继续执政,并打压民盟。这次仓促的转型给缅甸造成了较大的内外困境,一度出现乱局。

在缅甸这个充满着复杂矛盾的国家,政治转型首先要保证进程本身的稳定性,这对缅甸而言,非常重要。丹瑞政府主导的缅甸政治转型尽管过程充满挑战,但最终出台了新宪法,举行了新大选,新旧政府权力交接是以和平方式进行的,比较顺畅,而且是朝着进步的方向前进,这在缅甸独立之后的历史上是比较罕见的。而丹瑞将军也得以全身而退,他不仅能安全地过上退休生活,还可以在幕后对政局产生较大影响。当然,缅甸国内外也有批评丹瑞政府的声音。

第十一章 吴登盛政府推动
"转型旋风"

　　吴登盛是前政府总理,退役军人出身,因此,他 2011 年 3 月 30 日宣誓就任新总统后,新政府也面临国内外质疑,有人说新政府是"新瓶装旧酒""换汤不换药",因为新政府部长级以上高官多数为退役军人和少量现役军人,文官较少,且较难掌握核心职位。不过,吴登盛自身较为开明,他当时受到内外多种因素的综合影响,在继承此前"和发委"推进的政治转型基础上,领导缅甸加快政治、经济、社会、外交等领域的"改变",推动政治改革与民族和解进程,推动国家发展,并且取得较大成效,也逐步获得国内外的认可。当然,缅甸民间俗语常说:"缅甸有16 000 个问题。"面对如此复杂的缅甸,吴登盛政府自然也面临诸多内外挑战。

一、"转型旋风":进展与挑战

　　有人质疑缅甸 2010 年大选之后的新政治权力架构,也不是没有一点道理的。因为新政府的立法、司法、行政机构的核心高层基本由退役军人以及少量现役军人担任,或者由军方认可的文人担任。

　　总统(吴登盛)、第一副总统(吴丁昂敏乌,后下台,由前海军司令吴年吞①接任)、多数部长和副部长等为退役军人,内政部、国防部、边境事务部三个部的部长则由现役军人担任,另一位副总统(赛茂康)是医学界和文化界名人,尽管非军人出身,但他是执政党巩发党成员,为军方认可。

---

①　英文名字为 U Nyan Tun。

他出任副总统另外的原因之一是:他是掸族人,掸族是缅甸主要少数民族之一,按照缅甸独立之初的惯例,联邦政府高层中要有适当的少数民族高官。在联邦议会里,25%的议员席位留给非选举产生的军人议员。议员数量较多的人民院议长是由前三军总参谋长吴瑞曼担任,议员数量较少的民族院院长则由前"和发委"文化部部长吴钦昂敏担任,他也曾是军官。法院等司法机构高层官员也大致与政府和议会高官的履历背景相似。也就是说,尽管缅甸此时已经在形式上基本建立了立法、司法、行政三权分立的制度,但在国家主要政治机构的核心高层人事安排上,退役军人和现役军人仍发挥主导作用,即便是位居高位的文官,也是获得军方认可的官员,是与军方在一个政治阵营的。

政治、社会、经济等领域的改革 不过,正是吴登盛、吴瑞曼等一批出身军方的开明派领导人,在取代前军政府执政后,领导着缅甸加快政治、社会、经济等多层面的"改变",掀起了一阵"转型旋风",引发缅甸国内外的瞩目,得到国内外的认可和支持。当然,除了吴登盛等领导人较为开明之外,当时政府面临的内外压力也是政府必须尽快改善自身形象的重要外部推动因素。尤其是,2011年吴登盛政府上台时,正值"阿拉伯之春"席卷中东之时,埃及等多国的强势政府轰然倒塌,一批领导人遭遇审判。这也警醒了缅甸政府。

在政治层面,吴登盛政府采取了诸多举措来推动政治和解。1988年以来的20多年里,在"恢委会"以及后来的"和发委"统治期间,政府严厉打压反对者,监狱里有很多政治犯,很多反对政府的人士逃亡到缅泰边境乃至流亡国外。政治对抗事关社会稳定。为了安抚成千上万的政治犯及其家属,平息国内外舆论的同时也减少西方制裁(释放政治犯也是西方为缅甸设定的解除对缅甸制裁的前提条件之一),吴登盛政府表示,在其任期内,要释放大批政治犯,其核心宗旨是缓解社会矛盾。2011年3月吴登盛上台后,依据宪法赋予他的"特赦权",先后多次特赦罪犯,其中包括前总理钦纽和吴奈温外孙等知名罪犯。这些罪犯获释后,只要不再从事违法活动,生活基本是自由的,可以经商,可以从事其他职业,甚至可以参政。缅甸总统充分利用这些特赦行动来争取外交分。多次特赦犯人的时间是在缅甸与西方国家开展外交互动的前后,以便借此改善缅甸在国际社会的形象,改善其外交局面。吴登盛多次大赦犯人之举总体上赢得国内外的肯定和好评。①

　　此外,吴登盛政府还承诺"善待"流亡在外的缅甸人士,允许甚至邀请他们回国参与国家建设,这也使很多缅甸家庭在时隔 20 多年后能够实现团聚,也为政府争取到一些流亡精英的支持,因为缅甸历经长期国际制裁和教育凋敝之后,太缺乏国际化人才了。这些流亡人士回国后,有的成了大学老师,有的则在缅甸成立非政府组织和智库,有的则在缅甸运营其早年在国外创办的反政府媒体,有的则成为政府顾问,等等。他们中的大多数人希望为国效力,因而也犹如"久旱逢甘霖",时隔 20 多年终于有了用武之地,在多个领域为缅甸改革与发展做出一定贡献。当然,在吴登盛政府 2016 年 3 月 30 日届满时,缅甸国内外一些人权组织仍批评政府未能释放全部被判刑的政要,因为还有部分被判刑的政要在押。而政府则称,已经全部释放所有被判刑的政要,剩下的犯人是因为他们触犯了民法、刑法等而被关押的。同时,也有人指责,吴登盛政府同时特赦了许多普通罪犯,一度导致仰光等地的犯罪率有所上升,治安有所变差。

　　在"恢委会"以及后来的"和发委"统治期间,甚至再向前回溯至奈温统治期间,缅甸在长达约半世纪的时间里,社会被严格管控,民众缺乏充分的自由空间,压抑已久,怨声载道。到了吴登盛政府时期,政府必须对此进行调整,因为政府是"民选产生的",必须回应民意诉求。2011 年开始,议会陆续通过《和平集会与和平游行法》《劳动组织法》和《劳工争议解决法案》等。政府也快速放松了对社会的管控,放松对媒体的管控,取消出版审查。很快,缅甸媒体格局发生了质的变化,从以前以官办媒体为主、少量国内外私营媒体为辅的局面,转变为官办媒体数量占总媒体数量的少数、国内外私营媒体数量占总媒体数量多数的局面,连以前被禁的流亡分子主办的媒体,如《伊洛瓦底江》杂志及其网站、"缅甸民主之声"网站等也可以在缅甸合法运营。因此,缅甸迅速拥有数百家媒体,网络媒体也日益活跃,新媒体影响力也日增,"脸书""推特"等新媒体日益成为缅甸人日常交际的重要渠道,上至议长、总统、国防军总司令等高官,下至普通民众,越来越多的人使用新媒体。缅甸民众也基本可以畅通无阻地接触西

---

① 韩硕:《缅甸总统吴登盛签署特赦令　释放 70 名政治犯》,中国新闻网,2013 年 7 月 24 日,http://www.hi.chinanews.com/hnnew/2013-07-24/313043.html,访问时间:2013 年 7 月 26 日。

方媒体,因为吴登盛政府解禁了数万家西方媒体。这也使西方的政治社会思潮日益在缅甸散播,成为影响社会的重要因素。

在政府放开社会管控的大气氛下,民众权利意识迅速增强,开展了更多的社会活动,从以前的对军政府"敢怒不敢言",到经常可以合法地上街示威,表达权利诉求,表达对政府和前政府的不满,表达对现役军官的不满,表达对雇主的不满,等等。因此,在吴登盛政府时期,经常出现抗议示威此起彼伏的局面,疏解了很多社会矛盾。但有些人居然把示威当成一种"职业",靠此谋生,破坏了社会稳定。如有些所谓示威头目(或叫"工头")专门在不同工厂间撺掇工人示威,当一家工厂的工人通过示威提高工资待遇后,这些示威头目便从中抽取收益,再到下家工厂搞示威活动,循环往复,赚取钱财。

政府通过多种方式加强与民众的沟通,经常倾听各个阶层的民意,也允许民众通过多种渠道来参政议政,监督政府和议会运作。2011 年 9 月初,缅甸成立国家人权委员会,其主要的两项工作是保护国民人权和提高国民人权待遇。该委员会接受民众关于人权的一些申诉、投诉等,并向政府反映,以帮助改善国内人权状况。委员会还公开呼吁吴登盛政府加快释放被判刑的政要,并针对国内一些重大武装冲突事件、重大警民冲突事件等发表声明,提醒多方注意保障人权,甚至直接公开要求政府加强对警察行为的约束,避免发生暴力流血事件。这说明,缅甸的人权状况正在得到改变,民众在维护权益方面也有了渠道,不再一味受政府压制。

2011 年初,缅甸建立联邦及地方议会,议会成为国家权力机构中的重要组成部分,在国家政治生活中发挥较大作用。议会尤其是联邦议会,日益注重回应民众诉求,在电视上经常现场直播议员们的辩论情况,官方媒体也经常刊发议会运作情况,公布议会通过的法案,很多新议案和新法律的内容涉及国计民生。民众通过向各自选区的议员表达诉求,有了更直接的参政议政渠道。议会地位较高也与吴瑞曼担任人民院议长有一定关系,因为他此前是"和发委"和军方的三号人物,有较高的威望和政治资历。因此,议会要求政府更多公布施政举措,议会的诸多委员会经常质询政府部长,以便监督施政,这在当时也引发缅甸政坛上的轰动。当然,政府高官有时也有不满,因为他们心理上对此难以接受和适应,其在级别上也似乎比议员要高,在应对质询时不愿"随叫随到",或者应付了事。议会质询高官一度引发议会和政府的博弈。但总体而言,议会在政治生活中日益发挥重要作用,是加快推进缅甸政治转型的重要力量之一。

吴登盛政府还象征性地开展了反腐败工作。"恢委会"以及"和发委"统治时期的 20 多年里,甚至一直到更早的奈温政府时期,缅甸腐败问题长期比较严重。腐败渗透到生活的方方面面,商人办事需要用钱财疏通,百姓办事也不例外,就连外商投资缅甸也需要向官员行贿,或者是找官员的裙带公司合作,总之,官员经常借机伸手要钱,否则不给办事。因此,不仅普通百姓对腐败意见很大,就连和缅甸有联系的国际企业、组织等也对此非常不满。

吴登盛政府在反腐败问题上面临非常严峻的局面。一方面,政府必须有所作为,给百姓一个交代,否则,民怨太大,影响政府威望和民意支持度;另一方面,腐败也已经严重影响缅甸政治、经济、社会的正常运作,必须有所遏制。因此,政府、议会和司法机构重视反腐败工作。议会 2013年通过《反腐败法》,政府则成立由副总统赛茂康领导的 9 人反腐败委员会,开始查处一些腐败官员。比如,轰动一时的前通信部部长吴登吞(U Thein Tun)等人因为腐败案被查,而部长级官员因为腐败被法办在此前20 多年时间里不太常见。因此,此案一度让缅甸国内外舆论认为政府反腐败要"动真格",还会有更多腐败高官落马。[①]然而,后来的反腐动静并不太大。因为政府受到权力与利益网络的束缚很大,动静太大就会触动更多前任和现任高官的利益,也可能会让政府运作陷入瘫痪,因为腐败实在是太严重。所以,查处前通信部部长后,基本没有部长级或以上的官员再被查。在此届政府五年任期结束时,缅甸仍是东南亚乃至世界上腐败问题较为严重的国家之一。

吴登盛政府在加快推动缅甸政治转型的同时,也注重发展经济,改善民生。缅甸长期是"世界最不发达国家之一",百姓长期贫穷,民怨沸腾,影响社会稳定。在 1988 年、2007 年等年份,缅甸发生重大示威活动的主要原因是百姓民生艰难。经济长期恶化经常威胁军人政府的统治地位。吴登盛政府中的有识之士均认识到,没有成功的经济改革与较好的经济发展,缅甸政治转型进程也可能遭遇经济恶化的冲击。吴登盛政府首先

---

① "Burmese Ex-Telecoms Minister Faces Graft Probe", The Irrawaddy, January 25, 2013, https://www.irrawaddy.com/news/burma/burmese-ex-telecoms-minister-faces-graft-probe. html,访问时间:2013 年 1 月 28 日。

提升经济部门官员的现代经济意识和管理能力,组建经济特区中央委员会和中央工作委员会,组建促进中小企业发展的委员会,优化经济管理方式。政府还注重农业、工业、服务业等不同产业的均衡发展,重视消除贫困,重视消除区域发展失衡的状况。还将此前长期的黑市与官方汇率并存的扭曲汇率机制并轨,增强金融流通便利性,因为长期以来缅甸官方汇率和黑市汇率并存,官方汇率一直固定在 6.4 缅元兑换 1 美元,2012 年 3 月黑市汇率则是 800 缅元兑换 1 美元,二者相差 120 多倍。2012 年 4 月 1 日起实行有管理的浮动汇率制,官方参考汇率为 815—820 缅元兑换 1 美元,后来缅币持续贬值,需要 1 000 多缅币才能兑换 1 美元。[1]

政府还促成军人企业按照法律像其他社会企业一样缴纳税费,这是个较大进步。议会通过《缅甸小型金融业法》、新的《外商投资法》等法律来优化经济发展环境,优化国内外招商引资环境,给予外商优惠税率。

总体来看,吴登盛政府释放了缅甸压抑已久的经济活力,外部投资也持续进入缅甸,西方市场也逐渐向缅甸开放,在多种利好因素的影响下,吴登盛五年任期内,缅甸经济年均增长率在 7% 左右,民生状况持续改善。[2]

为打消国内外对缅甸政治转型进程是否能长期持续的疑虑,政府多次公开在国内外表示,缅甸政治转型进程是不可逆转的,而且是多管齐下的,政府将切实推动政治转型进程总体保持前进。

多种问题或挑战犹存 当然,缅甸仍是一个矛盾复杂的国家,在政治转型取得积极进展的同时,仍旧有着很复杂的矛盾和挑战,很多旧矛盾和问题在过去数十年都没有得到解决,一些新问题又出现了,新老问题交织。

人事矛盾层面,吴登盛与人民院议长吴瑞曼的矛盾一直存在于两人的五年任期内,而吴登盛与第一副总统吴丁昂敏乌的矛盾则以吴登盛胜利、吴丁昂敏乌下台为结局。这两大人事矛盾是吴登盛任期内较为引人瞩目的政治事件。

吴登盛曾是前政府总理,是前军方四号人物。吴丁昂敏乌曾是缅

---

① 何桂全:《缅甸吴登盛政府改革评析》,《国际问题研究》2012 年第 6 期,第 22—29 页。

② 张云飞:《新闻分析:政经利好助缅甸发展前景领跑全球》,新华网,2016 年 4 月 14 日, http://www.xinhuanet.com/world/2016-04/14/c_1118621364.htm,访问时间:2016 年 4 月 20 日。

甸"和发委"第一秘书,是军方五号人物。在 2011 年 3 月 30 日宣誓就职的新政府中,吴登盛是总统,吴丁昂敏乌是第一副总统。但在新政府的运作中,两人出现较大矛盾。吴登盛是缅甸最高行政首脑,在政府决策中有主导地位,但吴丁昂敏乌却显得较为强势,经常对部长、副部长下达与吴登盛总统不一致的命令,不仅挑战了吴登盛的权威,也令下属无所适从,导致政府运作出现问题。最终,2012 年 7 月 4 日,缅甸联邦议会宣布,缅甸副总统吴丁昂敏乌出于健康原因辞职。8 月 15 日,联邦议会选举缅甸前海军司令吴年吞为副总统,以填补吴丁昂敏乌辞职后留下的空缺。

在国家不同机构的高层权力架构中,吴登盛和人民院议长吴瑞曼也有激烈的权力争斗。

政府和议会是缅甸新政治权力架构中非常重要的两大支柱。在新建立的缅甸权力架构中,依据宪法规定,总统是国家最高行政首脑,议会对总统和政府有监督权力。不过,在新权力架构建立后,政坛的实际情况是,总统活跃在内政外交一线,代表国家处理很多重大国内外事务,在国家高层领导人序列中,实际是排在第一位的。议长的舞台主要是议会。

2015 年,吴登盛和吴瑞曼在巩发党主席职位、谁代表该党在 2015 年 11 月大选出任总统候选人等问题上发生激烈矛盾。依据宪法,吴登盛在出任总统后,不能再直接领导党务,因此,吴瑞曼出任巩发党主席,而且,他公开活动时就用党主席的名义。但随着两人的矛盾公开化,尤其是在 2015 年 11 月大选前的选举准备工作中,吴瑞曼与反对派领导人杜昂山素季走得很近。吴瑞曼还安排其诸多亲信作为议员候选人,极力排挤吴登盛一派人员出任议员候选人,排挤其他一些想参选议员的军方将领,导致一些退役的将领因为无法作为巩发党议员候选人参选而只能作为独立候选人参选。

吴瑞曼作为巩发党高层却与对手杜昂山素季走得过近,引发军方部分将领和吴登盛一派不满,于是他们联合起来。2015 年 8 月 12 日夜,军警对巩发党总部突然采取安全措施,该党一些领导人连夜开会,而党主席吴瑞曼和秘书长吴貌貌登(U Maung Maung Thein)的家中却驻守了军警,两人分别被废除党主席和秘书长职务。从 12 日起由该党副主席吴泰乌取代吴瑞曼行使巩发党主席职责。该党中央执行委员会大幅改组。吴登盛一派重新掌握党内大权。吴瑞曼此后继续担任议长职务至 2016 年 3 月任期届满,并未遭遇清算。他在 2015 年 11 月 8 日大选中,败给民盟议员候选人,并未成为议员。而巩发党因为内部分裂、形象不佳,在大选中败给民盟。

此外,吴登盛和吴瑞曼的矛盾还延伸到宪法法院人事变动上,因为宪法法院一度积极支持吴登盛总统和政府,而惹怒了吴瑞曼及其领导的议会,引发了政府和议会的激烈"冲撞"。缅甸宪法规定,实行立法、司法和行政三权分立的制度,但在初期运行时,政府和议会之间的权力制衡问题并未解决好,时而引爆权力斗争。吴瑞曼和议会都想通过强力制衡政府而凸显其政治地位和影响力。联邦议会陆续设立了诸多专门委员会,要求政府高官前往接受质询,这些部长等高官大都是(退役)高级军官出身,对此十分反感。双方矛盾愈发凸显。而宪法法院出于政治立场和自身利益,也被卷入此政治博弈,坚决站在吴登盛和政府一边。宪法法院的一项裁决称,联邦议会下属的各委员会以及议会组建的专门委员会,都不是联邦级别的机构,因此无权监督联邦级别的政府机构,这就否定了议会监督政府机构和传召部长的权力。而宪法法院在缅甸三权分立架构中是实力最弱的,受到联邦议会和政府的挤压。宪法法院此举惹怒联邦议会,9 月初,联邦议会民族院和人民院以高票通过议案,弹劾宪法法院九名法官。①

上述激烈的权力斗争说明,在新权力架构建立后,军人集团内部的人事和利益矛盾仍然较为激烈,机构之间的权力博弈也非常激烈,新的权力架构尚未实现顺畅运行。

在社会稳定层面,由于西方思潮渗透过快,民众被长期压抑的不满瞬间爆发,各种新旧社会矛盾交织,各地民众的示威活动此起彼伏。市场经济的观念日益深入人心,部分人更加注重金钱和物质享受,而有些人的职业技能差,找不到满意的工作,于是走上偷盗、抢劫、杀人的犯罪道路,使得缅甸仰光等大城市的犯罪率有所增加。同时,仰光等大城市的汽车数量迅速增多,而道路建设跟不上,导致大城市的交通拥堵非常严重,交通事故增多,汽车尾气等污染日益严重。

---

① 张雪:《新媒称缅九法官被弹劾致总统与议长权争白热化》,环球网,2012 年 9 月 10 日,https://world.huanqiu.com/article/9CaKrnJx1UJ,访问时间:2012 年 9 月 12 日。

仰光严重堵车情形

为缓解拥堵,仰光交通信号灯多了

缅甸现代化超市

经济层面,吴登盛政府五年任期内,宏观经济确实有了较大增长,但问题仍旧不少。通胀率一直不低,年均通胀率在 4%—5%,2015 年一度超过 10%。而且,因为此前经济基础太弱,据国际货币基金组织数据,2015 年(吴登盛政府 2016 年 3 月卸任)缅甸 GDP 仅约 595 亿美元,人均 GDP 仅约 1 147 美元,政府总债务占 GDP 比重接近 35%,长期存在财政赤字。①总体来看,吴登盛政府任期五年时间,缅甸经济确实有了持续较快的发展,但由于底子太薄,经济发展水平总体较低,民生依然艰难。腐败、交通、安全等问题还导致缅甸未出现外资大举涌入的状况。

二、杜昂山素季和民盟与政府既合作又斗争

杜昂山素季当选议员　杜昂山素季是缅甸核心政要之一,其在民众中的声望不亚于甚至超过政府执政者。从 1988 年参政直到 2010 年抵制

---

① "Myanmar GDP(1998-2019 Data)", Trading Economics, https://tradingeconomics.com/myanmar/gdp,访问时间:2020 年 7 月 22 日。

大选的 20 多年间,其政治斗争有时缺乏务实精神。后来,跌宕起伏的政治生涯使她慢慢成熟起来,在政治上也愈发务实。2011 年吴登盛政府成立以后,在主客观多种利好因素的综合作用下,杜昂山素季也当选为议员,与政府既合作又斗争,在政坛上发挥更大作用。

杜昂山素季当选议员是缅甸政府和杜昂山素季共同努力的结果。丹瑞政府末期,在 2010 年 11 月 7 日大选结果大局已定后,同月 13 日,杜昂山素季软禁期满获释,政府并未再以新罪名继续软禁她。这是丹瑞政府在确定军人扶持的巩发党赢得大选后,通过给予杜昂山素季自由来缓解国内外压力,为新政府上台创造更好的环境,因为杜昂山素季在国内外的支持者甚多,包括西方国家的很多政要都支持她。

2011 年开始,新政府和新议会也支持杜昂山素季合法参政,把她纳入合法政治框架中,这样也有利于缓解政治矛盾,因为一味将其强行隔离在合法政治轨道之外,则会激化朝野矛盾,让局势不宁。于是,议会修改相关法律,放宽政党注册条件和参政条件,让民盟可以在不开除杜昂山素季的情况下重新注册为合法政党,为杜昂山素季领导民盟参加 2012 年议会补选创造条件。杜昂山素季也投桃报李,称其父亲是缅甸军队缔造者,自己从小就与军方有着深厚感情,愿意参与国家政治转型进程。她不再提清算军人之类的敏感话题,并和吴登盛、吴瑞曼多次会晤,磋商政治和解问题,磋商朝野如何合作推动缅甸政治转型与国家发展,从媒体公布的会晤图片看,相关会晤气氛较好。吴登盛与杜昂山素季会晤时,身后的墙上还挂着杜昂山素季的父亲——昂山将军的画像,说明吴登盛政府高层对昂山家族的尊重。而此前在奈温、丹瑞执政时期,公开悬挂昂山将军画像是大忌。①

由于有些议员成为政府官员后必须放弃议员职位,所以,2012 年 4 月缅甸举行议会 45 个空缺席位的补选,这次补选较为自由公正,民盟等政党可以自由参选。杜昂山素季个人以高票在仰光高穆选区当选人民院议员。而且,杜昂山素季领导民盟共赢得 43 个议席,执政的巩发党仅赢得 1 个议席,另外 1 个议席被其他政党斩获。这说明杜昂山素季和民盟的实际民意支持率很高。2012 年议会补选成为一场缅甸国内外较为认可的自由公正的补选。不过巩发党和军方在大选后牢牢控制联邦议会大

---

① Wai Moe, "Suu Kyi 'Satisfied' with Thein Sein Talks", The Irrawaddy, August 20, 2011, https://www2.irrawaddy.com/article.php?art_id=21932,访问时间:2011 年 8 月 26 日。

多数席位,即便民盟在议会补选中大胜,也无法威胁执政党和军方在议会中的地位,因为联邦议会共有 660 个席位,民盟议席占比很小。杜昂山素季出任人民院的"法制与安宁委员会"主席,这是她首次出任公职。

不过,杜昂山素季就职程序出现风波。议员就职时需要宣誓效忠宪法,但杜昂山素季最初不愿依照程序进行,因为她认为宪法是前军方主导制定的,很多条款并不民主。在经历一番博弈后,杜昂山素季最终宣誓就职。①她利用议员身份做了不少实事:在议会努力推动相关部门听取民意,改善民生;多次出访东盟、美国、欧盟、日本、中国等国家和地区,帮助缅甸改善国际环境,帮助政府宣传缅甸政治转型与发展情况,为缅甸争取更多国际支持。

杜昂山素季推动修宪　杜昂山素季踏入政坛,其目标绝对不仅仅是当个议员,而是谋求成为总统,这是她从政的最终目标。而要成为总统,她必须突破宪法有关总统任职资格条款的限制,要推动修改宪法的这些条款。其实,在成为议员之前,她曾经多次批评宪法不民主,她的一些支持者也认为,宪法的总统资格任职条款,是军方针对杜昂山素季量身定做的。

当选议员后,杜昂山素季明显加大了推动修宪的力度。从修宪程序而言,宪法规定,修宪必须获得联邦议会 75% 以上的议员同意,修改宪法重要条款还需要在议会批准后交付全民公投,公投通过后才算完成修宪程序。这就意味着,只要占 25% 议席的军人议员不同意,修宪议案在议会就无法通过,况且,当时,军人议员和巩发党议员的总席位占了联邦议会的大多数席位,民盟议席太少。因此,民盟通过常规程序在议会推动修宪,是根本行不通的。于是杜昂山素季和民盟采取"争取民间支持,然后向议会施压"的策略来推动修宪,力图用强大的舆论压力来迫使议员,尤其是军人议员做出让步。

由于宪法主要是保护军人集团利益,因此,除了军方及其支持者满意宪法之外,其他多数在野政党、团体和很多民众对宪法均不满意,吴登盛政府和联邦议会履职后,面临的修宪呼声和压力越来越大。2013 年,各界的修宪压力迫使政府做出重大反应。2013 年 12 月 31 日,联邦议会的宪法评估联合委员会发布公告,从政府机构、社会组织、政党、民众中征集到的宪法修改意见共 323 110 条,对宪法全部 15 章均提出修改意见和建议。②杜

---

① 于景浩、候涛:《昂山素季妥协宣誓进议会　开启缅甸"新政治时代"》,环球网,2012 年 5 月 3 日,https://world.huanqiu.com/article/9CaKrnJvfGy,访问时间:2013 年 2 月 6 日。

② 宋清润:《缅甸军人与政治关系的现状与趋势》,《东南亚研究》2016 年第 5 期,第 12—22 页。

昂山素季和民盟主要希望修改限制总统任职资格的条款，①降低修宪议案通过所需议员数量，从3/4的联邦议员同意降至2/3的联邦议员同意，以降低宪法修改门槛，并通过修宪限制军方权力，等等。有些党派与民盟有类似修宪主张，有些党派则有其他修宪诉求，比如，少数民族政党和人士则希望宪法增加保障少数民族高度自治权等权益的更细化条款，等等。也有人反对修宪，反对修改总统任职资格的条款。而军方支持者甚至还表示，宪法对军人权益的保护还不够，要修宪来强化对军方权益的保护。围绕修宪的斗争显示，当缅甸社会高度自由化、快速多元化之后，各种各样的观点井喷式爆发。②

杜昂山素季和民盟就是要联合那些和自己修宪意见较为一致的党派，引导其支持者制造强大的社会舆论压力，来共同向政府和议会施压。与杜昂山素季和民盟在修宪问题上合作最密切的组织是敏哥奈(Min Ko Naing)等领导的"88年代学生组织"(该组织后来注册为政党，党名几经更改，2018年8月正式成功注册为"人民党")，该组织是由1988年参加反对军政府的青年学生等活跃人士组成，很多人后来

民盟2015年在总部老楼旁建设新总部大楼

① "Roundup: Constitutional Amendment Issue to Highlight Myanmar Parliamentary Debate in 2014", Myanmar Times, January 1, 2014, http://www.china.org.cn/world/Off_the_Wire/2014-01/01/content_31059967.htm，访问时间：2014年1月6日。

② Htet Naing Zaw, "USDP Announces Surprise Constitutional Amendment Proposal", The Irrawaddy, December 31, 2013, http://www.irrawaddy.org/burma/usdp-announces-sur-prise-constitutional-amendment-proposal.html，访问时间：2014年1月6日。

长期入狱,当吴登盛政府执政时,这些当时的青年骨干已经四五十岁。他们对军人非常不满,修宪是他们发泄不满的一个机会。民盟和"88年代学生组织"发动的修宪声势从2013年开始明显增大,一直持续到2015年年中。这两个组织联合到全国各地宣传修宪主张,发动支持者进行修宪的联署签名,最后征集到近500万人的签名,提交给议会。而且,杜昂山素季和民盟通过不同渠道,争取美国等国际社会对其修宪诉求的支持,试图通过国内外双重压力来迫使缅甸政府妥协。①

不过,军方和巩发党总体上是阻挠修宪的,因为宪法是保障他们权益的。尽管军方、政府高层与杜昂山素季等各派人士于2015年1月举行过讨论重大政治议题的会议,但其形式大于实质,各方无法在修宪等重大问题上达成一致。同年6月25日,联邦议会就民盟等提交的宪法修改议案进行表决,由于军方议员和部分巩发党议员反对,未通过有关总统任职资格等重要条款的修订案。杜昂山素季仍旧无法参选总统。不过,她在政治上已经较为成熟,即便没有成功推动修宪,她和民盟也未抵制同年11月举行的大选,而是参与大选,借此来扩大政治空间和影响力。这其实也使缅甸避免了一场修宪危机,如果杜昂山素季和民盟因为修宪不成而再度抵制大选,那么,当年大选的包容性和公正性便会再度受到质疑,缅甸政治转型进程势必遭遇困扰。由此可见,在吴登盛任期五年内,朝野各方在维护缅甸政治转型进程,确保其不被逆转这个层面是有共识的。因此,各方在这五年内,尽管存在诸多博弈,但基本上斗而不破,保证缅甸国家政治总体稳定。

三、民族和解进程曲折前进

吴登盛政府一方面要推动缅族内部政治和解,即执政的巩发党、军方与民盟等以缅族为主体的军政力量的和解,另一方面要推动缅族与诸多少数民族尤其是约20支"民地武"的和解进程,因为,如果国防军与"民地武"关系紧张、冲突频发的状况不能从根本上缓解,那么,缅甸就不能完全走上和平、发展之路,缅甸的国际形象也较难彻底好转。

---

① 王天乐:《缅甸修宪全民公投获总统批准》,人民网,2015年2月13日,http://zj.people.com.cn/n/2015/0213/c186982-23896684.html,访问时间:2015年2月16日。

　　吴登盛政府执政初期，面临着复杂的民族矛盾和冲突频发的难题。在前"和发委"时期，国防军力图整编"民地武"实现"一国一军"，其目的没有达到，却导致国防军与"民地武"的关系紧张，这种紧张局势一直延续到吴登盛政府执政时期。而吴登盛政府上台初期，缅北掸邦、克钦邦等部分地区的冲突还有所加剧。尤其是，2011年6月，克钦邦再度燃起战火，因为缅甸国防军与克钦独立军为利益争夺而发生激烈冲突，双方曾经实行了17年的停火协议毁于一旦。此后数年，双方冲突区成为缅北冲突的主战场之一，此次冲突以及此后绵延不断的冲突，导致当地长期存在大量流离失所的难民。同时，缅甸国防军与果敢同盟军、德昂民族解放军、北掸邦军、若开军等活跃在缅北的其他武装组织也冲突不断。这些地区的冲突给吴登盛政府造成了很大困扰，也影响了中缅边境的稳定和缅甸在国际社会的形象，影响缅甸吸引外资，等等。

　　因此，吴登盛政府在重点实施推动政治转型、对外开放、与杜昂山素季和解等举措之后，也高度重视推动民族和解进程，重视推动缅甸多个冲突地区实现和平。2012年5月，缅甸成立以总统为主席的联邦和平中央委员会和以副总统为主席的联邦和平工作委员会，加快推动政府与"民地武"的和谈进程。政府还成立了缅甸和平中心作为重要的咨询机构。很多"民地武"在"和发委"时期不愿和政府和谈，要等民选的新政府成立后再实质推进和谈进程，可见，他们曾对持续推进政治转型的吴登盛政府寄予一定希望。

　　然而，缅甸民族矛盾由来已久，古代就有，1948年独立后的数十年也没解决好，冰冻三尺非一日之寒。吴登盛政府尽管重视解决民族矛盾问题，但其过程也非常艰难，政府、国防军与部分"民地武"之间是"谈谈打打、边打边谈、边谈边打"。

　　吴登盛政府曾力图在五年任期内实现缅甸和平，其推动民族和解与实现和平的主要框架就是推动政府、国防军和"民地武"签订全国停火协议。为达成全国停火协议，2013年11月至2015年8月，政府与"民地武"举行了九轮大规模和谈，最终敲定全国停火协议文本。而在这些大规模和谈的间隙，政府中负责和平的官员则与大大小小的"民地武"举行成百上千次双边或多边的正式或非正式会谈。由于缅甸政府、国防军和克钦独立军等缅北武装相互缺乏互信，他们有时把会谈放在中国瑞丽或泰国清迈等地。这些会谈为敲定全国停火协议文本发挥了重大作用。

不过,在和谈同时,国防军与多支"民地武"的冲突也在频发。国内外对和平的呼声甚高,期望甚大,给政府也带来了一定压力和紧迫感。由于宪法规定,军队是自我管理,不必听从总统指挥,因此和平进程时常出现尴尬局面,那就是,一方面政府在积极奔走,想方设法减少冲突,另一方面,国防军和"民地武"的矛盾复杂,冲突频频,又加剧了双方之间的仇恨,双方不断发生袭扰战、遭遇战甚至阵地战。吴登盛多次喊话要求停止冲突,但他既管不了国防军,也管不了"民地武"。

在和平进程方面,吴登盛政府任内最大的成绩就是推动 8 支"民地武"在其任期末签署全国停火协议。2015 年 10 月 15 日,缅甸全国停火协议签署仪式在首都内比都隆重举行。总统吴登盛、国防军总司令敏昂莱(Min Aung Hlaing)以及 8 支"民地武"领导人在全国停火协议上签字。协议的签署在缅甸和平进程中具有里程碑式的意义,受到国际社会肯定。

此前,吴登盛政府基本都是与各个"民地武"签署双边的停火协议或和平协议,此次正式的全国层面的停火协议在一定程度上约束各个缔约方的军事行动,减少冲突,有利于促成政府和其他"民地武"达成更广泛的停火协议,从而开启涉及更多问题的政治谈判,最终解决缅甸独立以来就延续不断的冲突问题。

此外,协议的签署对缅甸 2015 年 11 月 8 日的大选也产生影响。这次大选是吴登盛政府 2011 年加快推进民主转型以来的首次大选,被认为是检验民主转型是否稳定的"试金石"。选前签署停火协议,降低了选举前后武装冲突的频率和烈度。

然而,这只是缅甸和平进程中的阶段性成果,尽管称之为全国停火协议,但实际上只有 8 支"民地武"签约,仅约占缅甸 20 支"民地武"的 1/3,代表性不足。此前,缅甸政府曾公开表示邀请官方认可的 15 支"民地武"参加签署协议,但多支"民地武"认为,如果全国停火协议不包括果敢同盟军等几支武装,便不具有广泛的包容性,他们不签字。缅北第二大武装克钦独立军也以停火协议未包括果敢同盟军等武装为由,未参与签署。签署协议的"民地武"都属于中小武装组织,缅甸北部几个较大的武装组织都未参与。除克钦独立军外,实力最强的"民地武"佤邦联合军也未签署全国停火协议。

政府和签署协议的 8 支"民地武"举行政治对话,以解决复杂的民族问题,但需要时日,并有难度。首先,停火协议能否得到所有缔约方遵守尚待观察,因为一旦有人破坏停火协议,势必阻挠政治谈判的推进。其次,那些没有签署停火协议的武装以何种方式参与之后的政治谈判也是一个问题。再者,缅甸的主体民族缅族与134个少数民族间的矛盾冲突有着几百年乃至更长的历史,独立以来,大大小小的武装冲突始终未息。政府希望加强对地方的管理,认为自然资源都是国家的,而诸多少数民族则希望中央政府给予其高度自治,让其获得更多管理地方事务的权力,从资源开发中获得更多收益。

2016年1月中旬,吴登盛政府在卸任前的两个月举行全国和平政治对话,议题包括联邦制度、安全、民族平等、民族自决、军队地位、冲突难民安置、土地与自然资源等问题,但对于此对话,朝野各方都非常清楚,仅仅是吴登盛政府在卸任前的程序性姿态。因为不仅吴登盛政府将要卸任,就连当时执政的巩发党在2015年11月大选中也已惨败,民盟已经赢得大选,正在推动组建政府事宜,多方已把和平的新希望放在新民盟政府身上,放在杜昂山素季身上,所以,这次政治对话难以针对政府和诸多少数民族区域的各种权益划分以及冲突区的稳定与重建等重大问题谈出结果。

总体来看,吴登盛政府推动的和平进程政绩主要是使8支"民地武"签署了全国停火协议,但还有很多艰难工作尚未完成,只能留给下届政府。

四、外交:旧貌换新颜

缅甸与西方关系改善 1988年9月之后,缅甸遭遇西方20多年的外交孤立、经济制裁、政治施压,缅甸外交长期处于非常糟糕的状态。而到了吴登盛政府时期,其推动国内政治转型,放松社会管控,对外扩大交往与开放,赢得了国内外日益增多的肯定。这种状况也推动了缅甸外交的发展,尤其是,缅甸与西方的关系逐渐解冻,并开展一些合作。

缅甸与西方关系的改善是吴登盛政府时期较为显著的外交成果,当然,这也是多种因素综合作用的结果。从缅甸方面而言,在吴登盛政府之前以及吴登盛政府执政初期,西方国家长期的制裁与孤立政策导致缅甸长期与西方国家对立,得不到西方国家的认可和支持,而这给缅甸政府的合法性、经济社会的发展、民众生活均带来了严重的影响,这也是缅甸发展长期滞后的重要原因,毕竟,美国、欧盟、澳大利亚、加拿大等经济体较为发达,跨国公司林立,民众消费能力强,有较大的市场。因此缅甸非常需要与西方国家改善关系,争取其对缅甸政治转型的认可,争取对方解除对缅甸的经济制裁和外交孤立政策,争取到西方国家的投资和市场等,进而让缅甸更快融入国际社会,加入被西方主导的国际组织,争取国际货币基金组织、世界银行等组织的更多支持。

而对美欧而言,它们在缅甸丹瑞政府执政后期便开始反思对缅政策的得失,也做了一定的政策调整。比如美国总统奥巴马 2009 年上台后,高度重视与东南亚的外交,与缅甸关系不好是美国与东南亚外交的短板之一,因而他着手改变美国与缅甸的关系,增加与缅甸的接触。美国决策层意识到,美国此前长期与缅甸对立的政策导致美国对缅甸政府和政治转型进程的影响不大,因为美国较难和领导缅甸政治转型的军方高层接触,美国非政府组织也较难在缅甸开展活动,美国精英也较难在缅甸社会开展活动。这种状况导致美国在缅甸的影响力下降。而在政策调整过程中,奥巴马政府的缅甸事务特使(后来出任美国驻缅大使)米德伟(Derek Mitchell)等人发挥了较大作用。奥巴马重视他们的政策主张。米德伟多次出访缅甸等国家,协调美国与缅甸等国的关系,推动美国对缅接触。当然,美国对缅政策调整还与缅甸政治转型成果有关,吴登盛政府的一系列内外改革举措得到美国朝野各界的基本认可,使奥巴马政府可以有更好的理由和环境来改善对缅政策。比如,缅甸吴登盛政府和议会推动修改涉及政党注册和选举的法律,让杜昂山素季领导的民盟得以重新注册与合法活动,得以参加 2012 年 4 月的议会补选;再如,2015 年 11 月大选结果显示,巩发党惨败,吴登盛政府和军方认可大选结果,向民盟交权。缅甸那几年发生的重大政治变化使奥巴马政府和美国各界更加坚定了增加与缅甸接触和支持缅甸政治转型进程的决心。

在这种背景下,缅甸与美国、欧盟等国家与组织的互动多了起来,与西方的关系得到缓和。

2012 年 7 月 11 日,美国驻缅甸大使米德伟正式赴仰光就任,他是美国 22 年来首位派驻的驻缅大使,而缅甸也派遣了驻美大使。大使级外交关系的恢复说明两国关系正常化迈出了标志性的一步。美国总统奥巴马 7 月 11 日宣布放松对缅甸的制裁,包括解除对缅甸的部分经济制裁,解除对缅甸部分高官赴美访问的签证制裁,允许美国企业到缅甸投资。2012 年 11 月,奥巴马访问缅甸,成为美国首位访缅的在职总统。2014 年 11 月,奥巴马再次赴缅出席东盟轮值主席国缅甸主办的东亚峰会。奥巴马也是访缅次数最多的美国总统。此外,奥巴马政府第一任国务卿希拉里·克林顿(Hillary Clinton)以及其他美国官员也访问过缅甸。2013 年 5 月,缅甸总统吴登盛访美,这是 1966 年缅甸领导人奈温将军访美之后,时隔半世纪缅甸最高领导人再次访美。美缅签署《双边贸易投资框架协议》等合作文件。这次访问成为美缅首脑互动关系史上的里程碑事件之一。

不过,此时,美缅的互信还未达到高水平,美国仍在观察缅甸政治转型进程,因此仍保留了一些制裁举措,比如对缅甸的武器禁运就没有取消。

同时,奥巴马政府也仍积极与杜昂山素季互动,2012 年 11 月,奥巴马访缅时,与杜昂山素季会晤。同年,杜昂山素季访美时,不仅领取了美国授予平民的最高奖章——国会颁发的国会金质奖章,还受到总统奥巴马、重量级议员、重要媒体等朝野各界的热烈欢迎。美国国务卿希拉里·克林顿访缅时也与杜昂山素季展开亲密互动。当杜昂山素季领导的民盟推动修宪时,奥巴马政府向缅甸政府施压;当杜昂山素季和民盟赢得缅甸 2015 年 11 月大选后,奥巴马亲自致电缅甸总统吴登盛,祝贺缅甸成功举行大选,这也是美方在敦促缅甸尊重大选结果。①

美国在西方国家中实力最强,美国与缅甸改善关系在西方国家或组织中具有一定示范作用,也带动了欧盟及其成员国、西方其他国家与缅甸改善关系。欧盟也认识到缅甸政治转型与改革的成绩,欧盟也需要在资源丰富、经济前景看好的缅甸增加投资,扩大与缅甸的贸易。况且,英国等少量欧盟国家此前就长期在缅甸开展投资等活动,需要借缅甸扩大开放之机拓展与缅甸的经贸合作,以获得更多经济收益。2012 年 2 月,欧盟取消包括总统吴登盛在内的 87 名缅甸高级官员的签证禁令,允许他们赴欧洲访问。当年 4 月,欧盟外交和安全政策高级代表凯瑟琳·阿什顿(Catherine Ashton)访问了缅甸,磋商提升与缅甸多领域合作的水平。欧盟 2012 年也解除军事禁运之外的对缅制裁,增加对缅的人道主义援助和发展援助,欧盟非政府组织也日益参与到缅甸的和平进程、发展进程中去,做了一些惠及缅甸基层民生的项目,以增加对缅甸政治转型与发展进程的影响力。而缅甸也需要争取欧盟在制裁和外交层面的"松绑",争取

---

① 《奥巴马致电缅甸总统吴登盛　祝贺缅政府成功大选》,环球网,2015 年 11 月 12 日,https://m.huanqiu.com/article/9CaKrnJRqFO,访问时间:2016 年 3 月 10 日。

欧盟的投资和开拓欧盟市场,争取欧盟的援助,为缅甸发展争取更好的外部环境。吴登盛总统 2013 年 2 月 25 日到 3 月 8 日对挪威、芬兰、奥地利、比利时和意大利展开正式访问,这是吴登盛就任缅甸总统以来第一次访问欧洲。①缅甸与欧盟此后的双向高层互动不断,在吴登盛五年任期内,缅甸与欧洲的外交互动层级和频率处于缅甸独立以来的较高水平。

西方国家还协同帮助缅甸发展。"巴黎俱乐部"2013 年免除缅甸近60 亿美元债务(相当于缅甸所欠外债的 60%),②德国 2014 年再度免除缅甸 5 亿欧元债务。西方国家对缅甸援助也明显增多,但在吴登盛政府时期,西方国家对缅甸的投资增量仍较少,未出现西方国家投资大举涌入缅甸的情况。因为缅甸投资环境较差,电力不足,基础设施差,缺乏足够的"熟练工人",且腐败较为严重,金融系统落后,整个国家的国际化程度差。

缅甸与亚洲部分组织和国家、俄罗斯的关系持续发展 缅甸与东盟关系也有较大发展。因为缅甸是东盟成员国,东盟曾经长期为缅甸在外交上"遮风挡雨",帮助缅甸顶住西方国家一些压力,东盟国家企业投资缅甸的数额也远远超过西方国家对缅甸的投资数额,东盟国家是缅甸重要的贸易伙伴,缅甸与东盟国家的贸易额远远超过缅甸与西方国家的贸易额。吴登盛政府在此基础上又深化和拓展了缅甸与东盟国家的合作关系,与印度尼西亚、新加坡、越南、老挝和柬埔寨等国高层密集互动。而缅甸与东盟关系发展的里程碑事件则是缅甸 2014 年成功担任东盟轮值主席国。缅甸 1997 年加入东盟后,2006 年曾有机会按照东盟国家英文名首字母排序方式出任东盟轮值主席国,但因为西方强烈反对,缅甸只好放弃担任东盟轮值主席国。当吴登盛政府积极推动国内转型与发展之时,东盟也再次提供了强大的支持,2011 年 11 月在印度尼西亚巴厘岛举行的东盟峰会上,东盟十国领导人一致同意缅甸担任 2014 年东盟轮值主席国。③这种提前两年多就确定下个主席国的例子在东盟非常罕见,而且按照国家英文名首字母排序,老挝应该排在缅甸前面,但老挝因故不能出任,就由缅甸先行担任东盟轮值主席国,这也再度显示了东盟对缅甸的信任,因为西方舆论一度质疑缅甸是否能胜任东盟轮值主席国。最终,事实证明,

① 廖亚辉:《缅甸:2013 年发展回顾与 2014 年展望》,《东南亚纵横》2014 年第 3 期。
② 《多个债权国同意注销缅甸一半外债》,国际在线,2013 年 1 月 29 日,http://news.cri.cn/gb/27824/2013/01/29/6611s4005968.htm,访问时间:2013 年 1 月 30 日。
③ 汤先营:《缅甸赴东盟峰会取经》,《光明日报》2012 年 11 月 24 日。

缅甸可以胜任东盟轮值主席国,缅甸举办了千场左右的各种层级的区域合作会议,包括东亚峰会等高级别会议,受到各方的肯定。此外,2013 年,缅甸还成功举办东南亚运动会,这是吴登盛政府首次主办国际重大赛事。

缅甸与邻国中国的关系在吴登盛政府任期内总体友好。在认可和支持缅甸吴登盛政府及其领导的政治转型与发展进程方

内比都举办东南亚运动会的体育场大门

面,中国走在了西方前面。吴登盛政府采取了很多比前任政府更多、更大幅度的对内改革与对外开放的举措,中国对缅甸的改革与发展给予迅速而有力的支持,而西方国家则是后来才认可缅甸转型进程确实是向好的方向发展的。2011 年 4 月 2 日至 5 日,中国全国政协主席贾庆林应邀对缅甸进行正式友好访问,成为吴登盛政府成立后访缅的首位外国政要。双方还签署了经济技术合作协议、人民币贷款协议以及农业、机械等领域的合作文件。此访深化了两国传统的"胞波"情谊。对于当时内外处境不佳的吴登盛政府及其推进的缅甸政治转型进程而言,对于百废待兴、急于发展的缅甸而言,这次访问中两国达成的合作犹如雪中送炭。它给予缅甸政府及其转型发展进程以有力支持,增进了缅甸民众的福祉。[1]

2011 年 5 月 26 日—28 日,也就是在贾庆林访缅约 50 天后,吴登盛总统对中国进行国事访问,此访将两国关系从传统的"胞波"情谊又提升到了新的历史高度——全面战略合作伙伴关系。

---

[1] 《贾庆林圆满结束对缅甸的访问》,国际在线,2011 年 4 月 5 日,http://news.cri.cn/gb/ 27824/2011/04/05/5187s3208466.htm,访问时间:2011 年 4 月 8 日。

尽管中缅关系在吴登盛政府时期也因双方投资项目事宜出现了一些波折,但总体良好。2013 年 6 月,双方签署《落实中缅全面战略合作伙伴关系行动计划》,涉及政治、经济、人文、安全、国际和地区事务等各领域,该计划成为指导双方未来关系发展的路线图。①2014 年,两国高层互动密集。4 月中旬,缅甸联邦议长兼人民院议长、执政的巩发党主席吴瑞曼访华,双方签署《中国全国人大和缅甸联邦议会合作备忘录》。6 月,吴登盛访华,出席"和平共处五项原则发表 60 周年纪念大会",强调缅甸与中国的长期友好关系,表示缅甸作为东盟轮值主席国会致力于加强东盟与中国的合作,呼吁中国、缅甸、印度等国共同推动"和平共处五项原则"获得更广泛认可。②11 月 8 日,吴登盛来华出席"加强互联互通伙伴关系对话会",吴登盛表示,缅甸支持并将积极参与孟中印缅经济走廊、"一带一路"和亚洲基础设施投资银行的建设,缅方感谢并支持中方举办加强互联互通伙伴关系对话会,相信会议一定能够推动地区国家共同发展。③此外,缅甸副总统吴年吞 4 月和 9 月两度访华,努力推动两国关系、中国—东盟关系发展。11 月中旬,中国总理李克强赴缅甸参加东亚峰会,并对缅进行正式访问。双方签署双边经贸、农业、金融、能源等领域的 20 多个务实合作文件,合作项目金额约 80 亿美元。④2015 年 4 月 22 日,吴登盛再次访华,中国成为他本人、吴瑞曼等缅甸高层领导人出访次数最多的国家,远远超过其分别访问美国、日本、印度等其他大国的次数。同时,在吴登盛五年任期内,中国始终是缅甸最大的贸易伙伴国,缅甸木姐—中国瑞丽边贸口岸始终是缅甸最大的边贸进出口贸易通道,人流物流量较大。

在吴登盛政府时期,缅甸与另一大邻国印度的关系也较好。2011 年 10 月 12 日—15 日,吴登盛前往印度访问,双方签署了两国技术合作协

① 《专访:李克强总理访缅将推动两国全面战略合作伙伴关系发展——访中国驻缅甸大使杨厚兰》,新华社仰光 11 月 11 日电(新华社记者张云飞)。

② 钱彤、郝亚琳:《习近平出席和平共处五项原则发表 60 周年纪念大会并发表主旨讲话》,新华网,2014 年 6 月 28 日,http://www.xinhuanet.com/politics/2014-06/28/c_1111364117.htm,访问时间:2014 年 6 月 29 日。

③ 刘华:《习近平会见缅甸总统吴登盛》,新华网,2014 年 11 月 8 日,http://www.xinhuanet.com/world/2014-11/08/c_1113169333.htm,访问时间:2014 年 11 月 9 日。

④ 吴小忆:《细数总理访缅"情"节 道一句"胞波"情深》,人民网,2014 年 11 月 15 日,http://politics.people.com.cn/n/2014/1115/c1001-26029775.html,访问时间:2014 年 11 月 16 日。

定、仰光儿童医院和实兑医院改造合作谅解备忘录,印度同意向缅甸提供3亿美元的贷款帮助。[1]同年 12 月 11 日—17 日,缅甸人民院议长吴瑞曼率团访问印度,向印度议会学习运作经验。2012 年 5 月 27 日,印度总理曼莫汉·辛格(Manmohan Singh)访缅,这是印度总理自 1987 年来首次访缅。辛格带去庞大的商务代表团,此次访问为印缅两国未来合作勾勒出清晰的路线图,推动印缅两国在贸易、投资和外交领域不断增进合作。

此外,缅甸与俄罗斯的关系也持续发展,两国的军事合作持续推进。在缅甸军队的装备中,俄罗斯武器也占有一定比重,因为缅甸无法从西方进口武器。俄罗斯 2011 年完成了两项向缅甸交付二手直升机的合同,分别是 10 架米-24 和 12 架米-2 直升机。2015 年,俄罗斯和缅甸签署了供应雅克-130 教练战斗机的合同,2016 年开始陆续分批交货。

作者点评:

自 1948 年 1 月独立至 2016 年 3 月吴登盛政府任期结束,缅甸历经多轮跌宕起伏的政治转型与发展进程。在吴登盛政府上台之前,不管是从吴努政府到奈温政府,还是从奈温政府到苏貌政府(1992 年之后是丹瑞政府),缅甸都未能实现平稳的权力交接。而从丹瑞政府到吴登盛政府,缅甸则实现了权力的平稳过渡,政治和社会未发生剧烈动荡。而且,具有开明理念的吴登盛等一批退役将领领导新政府加快政治转型,也受到国内外一定肯定。丹瑞将军等一批退休的前"和发委"领导人,基本也未受到清算。在吴登盛政府时期,缅甸经济增速较快,社会比较自由,外交局面较好,是缅甸独立以来发展总体较好的时期。

不过,在加快推动政治转型与国家发展的同时,吴登盛政府也面临复杂的新旧矛盾和内外挑战。内部方面,缅甸民族和解与国内和平进程在磕磕绊绊中前进,最终只有 8 支"民地武"签署了全国停火协议;缅甸经济在高度增长的同时,也有很多问题,通胀率较高,基础设施落后,民生依然艰难。外部层面,缅甸也仍未能促使西方取消全部制裁。

---

① 李志强:《缅甸总统访印　两国各取所需》,光明网,2011 年 10 月 18 日,http://epaper.gmw.cn/gmrb/html/2011-10/18/nw.D110000gmrb_20111018_7-14.htm?div=-1,访问时间:2011 年 10 月 20 日。

第十二章 民盟执政:喜忧参半

在 2015 年 11 月 8 日大选中,民盟获得压倒性胜利,赢得联邦议会 75％的选举议席中约 70％的席位,巩发党失利。吴登盛政府和军方都认可大选结果,实现执政党更替。①民盟执政一度给缅甸多数民众带来较大期望。不过,国情复杂,不管是军人还是文人执政,都面临着极大的挑战,民盟也不例外。而且,民盟从在野党一跃成为执政党,要管理有着五千多万人口的国家,执政经验匮乏也导致一些人不满。

一、杜昂山素季:不是总统的政府实际领导人

民盟政府成立 自 2015 年 11 月大选后到 2016 年 3 月 30 日民盟政府就职,是新旧政府的权力过渡和交接期。在这个过程中,缅甸政坛也经历了一些波澜,先是缅甸国内外一度担心军方是否会像 1990 年大选那样再次否定大选结果。当军方公开认可大选结果后,杜昂山素季领导民盟在修宪问题上再次和军方博弈,此举存在政治风险,不过好在最后未引发局势动荡。最终,民盟新政府上台。

民盟胜选后,杜昂山素季是否能当选总统的问题再度凸显出来。大选结果显示她和民盟确实有着强大的民意支持,二者在国际上也有美国等西方国家的大力支持。因此,杜昂山素季再度领导民盟与敏昂莱领导的军方磋商修改宪法中关于总统任职资格条款的问题。然而,军方及其支持的巩发党已经在选举中失败,如果再在修宪问题上让步,那么,军方

---

① 《缅甸民盟称赢得 70％选票,执政党官员称赢得大选机会较小》,澎湃新闻网,2015 年 11 月 9 日,https://www.thepaper.cn/newsDetail_forward_1394584,访问时间:2015 年 11 月 12 日。

就很难保障其政治经济权益了。杜昂山素季为了能留出更多时间说服军方同意修宪，把新议会召开时间从 2016 年 1 月推迟到 2 月，但是，军方始终未答应修宪。杜昂山素季只能作罢，把工作重点放在了保证新政府顺利执政上。缅甸内外人士再次意识到，军方在修宪问题上，不可能让步。而且，如果军方让杜昂山素季当了总统，那么，军方可能就比较难制衡她，军方在国家政治格局中的地位势必下降。

新联邦议会在 2016 年 2 月 1 日召开。由于杜昂山素季受制于宪法不能参选总统，3 月 15 日，联邦议会选举杜昂山素季助手吴廷觉(U Htin Kyaw)为 1962 年 3 月以来首位真正的文人总统(他后来在 2018 年 3 月辞职)，选举退役军官吴敏瑞(U Myint Swe)为第一副总统，选举民盟钦族议员亨利班提育(Henry Van Thio)为第二副总统。3 月 30 日，吴廷觉总统领导新政府高官宣誓就职，吴登盛政府卸任，完成新旧政府权力交接。①吴廷觉当选总统除了他很有才能之外，还有一个重要原因是他对杜昂山素季非常忠诚，此前长期辅佐杜昂山素季。

权力交接过程平稳是多种因素综合作用的结果。从民盟方面而言，虽然赢得了选举，但其汲取 1990 年大选后表示要清算军方而导致军方不敢交权的教训，在这次大选后尽力避免刺激军方。杜昂山素季和军方谈判修宪未能成功，也未过于纠结此事。为了国家利益，双方寻求和解与合作，在权力过渡问题上举行过多次谈判，杜昂山素季还会晤时任总统吴登盛、联邦议长吴瑞曼等高官。最为关键的是，杜昂山素季摒弃前嫌，专门拜访"和发委"前主席丹瑞将军，因为丹瑞将军卸任后仍有较大影响力。杜昂山素季和丹瑞将军会晤气氛良好，丹瑞将军表示，为了国家利益，支持杜昂山素季和民盟执政。②由此可见，杜昂山素季和民盟在政治上已经较为成熟和稳重，为了实现执政目标，他们愿意做出妥协，不计前嫌，与军方开展和解与合作。从军方而言，其意识到，选举结果说明民心所向，民意不可违。而且，这次政治转型进程的框架是军方最初设计和推动的，他们也不能因为己方政党败选而否定大选结果，不应逆转进程。缅甸在经历数年政治转型进程后，国内公民社会非常活跃，国际社会对缅甸转型进

---

① 宋清润:《缅甸军人与政治关系的现状与趋势》,《东南亚研究》2016 年第 5 期,第 12—22 页。

② 王天乐、冯国川:《缅前军方总司令称支持昂山素季　曾长期软禁昂山》,环球网,2015 年 12 月 7 日,https://world.huanqiu.com/article/9CaKrnJS34x,访问时间:2015 年 12 月 10 日。

程的参与也日益增多,此时的形势已经不再允许军方轻易发动政变去夺取政权了,因为夺取政权后势必遭遇内忧外患的恶劣局面,难以为继。民盟和军方各具自己的优势,也各有自己的劣势:军方是国之重器,掌握着"枪杆子",但其劣势是缺乏广泛的民意支持;而民盟则有广泛的民意支持,掌握行政权,但其劣势是不掌握军队。因此,双方既合作又斗争,尽量做到斗而不破。再从国际环境看,美国为首的西方国家公开表示支持杜昂山素季和民盟执政,向缅甸军方公开喊话,要求其尊重大选结果,也在多方向军方施加压力。国际上对缅甸政治转型进程的支持,尤其是西方国家对杜昂山素季和民盟的支持,也是促成缅甸民盟政府最终能执政的重要原因。

杜昂山素季成为政府实际领导人　此时,如何让杜昂山素季在无法出任总统的情况下能合理合法地领导民盟政府运作,变成了一个重要问题。杜昂山素季和民盟政府在此问题上可谓颇费思量,最终,民盟凭借在联邦议会占据多数席位的优势政治地位,让杜昂山素季身兼数职,成为民盟政府实际最高领导人。杜昂山素季担任总统府部长,而且是唯一的总统府部长(上届政府有多位总统府部长,每人分管一些事务),这有利于她掌管总统府事务。杜昂山素季出任外长,掌控外交事务,而且,依据宪法,外长是国防与安全委员会的成员之一。民盟还推动议会强行推动议案,专设国务资政(也译为"国家顾问")一职。在总统府网站上,国务资政的职位排序在政府领导人排序中仅次于总统,高于两位副总统,这也算是民盟政府的特色,后来政府还专门增设了国务资政府部。杜昂山素季还出任缅甸民族和解与和平委员会主席等职务。加之,她还是民盟主席,其威望无人能及。因此,杜昂山素季最终实际掌控了民盟政府的内外决策大权,总统其实是听从杜昂山素季行事,各部部长(三个军人部长除外)也是听从杜昂山素季行事。为她专设国务资政一职也引发军方和巩发党的不满,但军人议员和巩发党议员的总人数仅占联邦议会总席位约 1/3,无法在议会层面否决相关议案。

民盟政府上台后,缅甸从约半个世纪的由军人及其政党主导政治的一元权力结构,转变为由民盟掌握行政权和军方独自管理军务的两大政治中心并行的局面。民盟及其认可之人掌握着联邦政府多数的部长、副部长及以上的高级职务,14 个地方省邦的行政长官也由民盟认可的人士出任,并未由军人认可的人士出任。当然,军方也有不少政治权益,依据宪法,联邦政府的内政、国防和边境事务三个部的部长是军官,由国防军总司令敏昂莱任命。部分军人也参与各个地方政府的治理。军人议员还占据联邦及各省邦议会 25％的议席。总体来看,民盟政府和军方在权力分配上各有优劣。军方掌握着一些强力部门的权力,而民盟则掌控经济、社会、科教文卫、外交等部门。

二、民盟政府的"新政"与困境

尽管有着强大的民意支持,有着西方的支持,国内外形象也较好,民盟政府上台伊始,仍面临着比较恶劣的执政环境,要在各种矛盾与挑战中艰难前进。从权力架构来看,民盟在很多方面较难掌握国家所有管理大权,必须与军方分享国家权力,协同处理一些事务,共同治理国家。比如,在处理国内治安、国防、民族和解与国家和平等领域的事务管理方面,民盟需要与军方协商与合作,因为此前都是军人主管上述事务。从国家面临的处境来看,可谓难题缠身,比如长期遗留的民族矛盾与国内冲突问题,政府财政赤字高企问题,营商环境差问题,长期外贸逆差、科教文卫落后、人才匮乏等问题。这些问题长期存在,到民盟政府执政时,基本没有实质改观。

政府换"新颜" 杜昂山素季领导的民盟政府采取了诸多"新政",也收获了新气象。

杜昂山素季和政府高层让各部门做细致的档案整理,以便了解国情,这是其施政的基础。面对一个复杂的国家,他们必须尽快了解国情的方方面面。

前吴登盛政府共 36 个部门,机构臃肿,高官也多。民盟执政伊始便采取裁撤、合并方式,将政府部门减为 21 个,节省约 420 万美元开支,联邦议会以 611 票赞成、3 票反对的压倒性票数通过部门改革提案。杜昂山素季还要求政府部门增加透明度,要求民盟的一些议员、部长上交部门工资作为政府公用资金,部长官邸的家具不再由政府出资配备,要由居住者自己出钱,高官要上报个人财产情况等。①

2016 年 3 月 30 日,总统吴廷觉在就职时表示要改善大多数百姓生

---

① 张云飞:《解局│缅甸权力交接 新政府现五大特点》,新华网,2016 年 3 月 30 日,http://www.xinhuanet.com/world/2016-03/30/c_128849359.htm,访问时间:2016 年 3 月 21 日。

活。随后,政府成立由总统等官员牵头的国家计划委员会、省邦计划委员会、私有化委员会、建设项目审核委员会、土地征用审核委员会等统筹协调委员会,力图解决关系国计民生的问题。

杜昂山素季敦促各部委 5 月开始陆续推出"百日计划"或者叫"百日新政",这是民盟政府仿效西方部分国家政府推出的重大"创新",此前的政府各部门几乎不会如此集中地推出这么多发展国家、惠及民生的举措。

"百日计划"推出了诸多"以民众为中心的发展政策"。如,财政部计划给予中小企业注册费优惠,开设金融和投资培训班;边境事务部计划在缺水村庄维修和新建水井与水池,修路搭桥,让少数民族妇女参加该部开办的职业技术培训班并安排工作,与其他政府部门和国际组织合作向难民提供住房和粮食等;交通和通信部在 36 处地点修建河堤防护工程,制作带有芯片的驾照,发展 2 600 兆赫宽频网络等。2016 年 7 月 29 日,民盟政府公布"12 项经济政策",要改善基础设施,实施稳健的公共财政政策,发展农业、制造业等,支持中小企业发展。2018 年 3 月 30 日,民盟政府第二位总统吴温敏(U Win Myint)在就职演说中表示将以提升民众生活水平作为施政要务,提升民众生活水平排在民族和解、修宪等目标之前。[1]5 月 14 日起,缅甸将工人每日最低工资从 4 000 缅元升为 4 800 缅元(近 4 美元)。为使证券市场交易量增加,政府 2018 年推出投资促进计划,决定自同年 8 月 1 日开始允许外国投资者参与缅甸股票市场,但不能持有缅甸一家公司 35％以上股票。同年下半年开始,缅甸扩大外国游客落地签的国家范围,以提振旅游业。2019 年 1 月,政府还组织承办了首次缅甸投资峰会,同年开始推进 5G 通信技术的发展。

民盟政府还着力加强法治。前军政府曾独揽行政、立法、司法权,社会法治较差。在吴登盛政府时期,缅甸在形式上确立行政、立法、司法三权分立格局,但在实际政治运行中,行政权和立法权较大,司法权较弱。缅甸在独立后的 70 多年里,始终未能成为一个运转良好的法治国家。2018 年 1 月,最高法院正式公布缅甸 2018—2022 年司法战略计划,要在全国加大司法判决方面的系统性改革。3 月,国务资政杜昂山素季在法治协调会议上强调,要强化立法和执法,强化法治文化和法律援助。3 月

---

① 《缅甸新总统温敏宣誓就职》,新华网,2018 年 3 月 31 日, http://www.xinhuanet.com/world/2018-03/31/c_1122618070.htm,访问时间:2018 年 4 月 2 日。

30 日,新总统吴温敏就职时表示,将巩固法治作为施政首要任务,必须整改薄弱的司法制度。①

政府多管齐下,加强反腐败。在法律与机构层面,在 2016 年、2017 年和 2018 年,联邦议会三改《反腐败法》,强化反腐败委员会权威。如,修法前,反腐败委员会在接到证据确凿的举报后才能调查腐败官员;修法后,反腐败委员会可自主调查"暴富"官员,可在更多省邦设分部,增强覆盖面。2018 年 1 月,缅甸重组反腐败委员会,让更多退休官员或退役军官担任委员会高职,委员会主任吴昂基是前丹瑞政府和前吴登盛政府部长。这些前高官资历比在职官员和现役军官资历更深,更敢查处在职腐败官员。反腐败委员会主席吴昂基 2018 年初宣布启动"两年期计划"以系统性打击腐败。

最终,民盟政府反腐败也打到了一些"老虎"和"苍蝇"。不仅民盟党内反腐败处理了一批党员,在政府层面还处理了林业局等部门的一批腐败官员。新总统吴温敏 2018 年 3 月底上台后,更是持续加大反腐败的力度,大到部长、副部长,小到基层官员,均有被查处者。

民盟政府遇到诸多挑战 然而,民盟是一个此前毫无执政经验的政党,其执政后面临的问题多,挑战大。

前吴登盛政府基本把较容易的改革完成,民盟政府"接棒时",面对"改革深水区",要解决更复杂的政治、民族、宗教、经济、社会矛盾,遭遇巨大挑战,施政艰难。而且民盟政府持续推进政治转型也较难借鉴此前政府的成功经验,或者说此前政治转型方面也没有很多好的经验可借鉴,民盟政府只能摸着石头过河。

民盟政府反腐败就受到各种利益集团的掣肘。内政部、司法机构等反腐部门本身就腐败案高发,让腐败官员反腐很难成功。从整个国家而言,官商勾结是个普遍社会现象,腐败已经渗透到社会各个角落。政府如何处理反腐败与政治、经济正常运行的关系,较难拿捏好力度。不加大反腐败力度,百姓不满,国外投资者不满;若掀起反腐风暴,政府运作可能出现乱象乃至局部瘫痪,经济和社会运行都会出问题。另外,政府如何处理军队的一些腐败问题,如何处理好军政关系、军民关系,如何既能安抚百

---

① 《缅甸新总统温敏宣誓就职》,新华网,2018 年 3 月 31 日,http://www.xinhuanet.com/world/2018-03/31/c_1122618070.htm,访问时间:2018 年 4 月 2 日。

姓对军队的不满，又能避免刺激军队、稳住军队，保证民盟执政地位，这些都是棘手问题。

因而，在执政前三四年的运作中，民盟政府出现不少问题。

首先是选人用人方面遭遇难题。民盟的选人用人思路之一是，让那些当官者不仅不要再把官职作为"捞取利益"的平台，还要把自己的部分收入"充公"。如此一来，民众自然非常高兴，缅甸的国内外形象也改善了。但是好的人才就打退堂鼓了，不愿意在政府当官。因为以他们的才能，去私营机构和跨国机构，收入更高。而且，民盟选择总统、副总统和部长等高官的标准之一是后者要对杜昂山素季和民盟非常忠诚，这就导致有些岗位负责人忠诚有余，才能不足。

即便杜昂山素季等高官想奋发有为，但他们在整个官僚体系中占极少数，绝大多数公务员还是前政府时期遗留下来的，加之民盟政府推动部委合并，新的高层官员和旧的庞大公务员队伍的磨合也是个问题，而且，大多数公务员素质不太高，缺乏符合现代社会管理的一些技能，缺乏足够的国际视野，不具备足够的能力来配合高层官员施政。多种因素造成民盟政府的决策效率不高，官员队伍现代化程度低，即使是好政策，其实施效果有时也不佳。

执政后两年左右，民盟的运转出现问题。民盟和政府高度依赖杜昂山素季一人，而且，民盟高层领导整体老化严重，民众愈发担心民盟长远发展。因此，在 2018 年 3 月下旬，民盟政府调整了高层。吴廷觉辞去总统职务，人民院议长吴温敏接任总统。人民院选举原副议长吴迪昆妙（UT Khun Myat）为人民院议长，接替转任总统的吴温敏。民盟内部领导层也做了较大调整，一些"老人"卸任高层党职或"退居二线"。如吴温腾（U Win Htein）等几位元老"退居二线"，成为民盟主席团成员，发挥参谋作用。民盟主席仍为杜昂山素季，而吴温敏成为民盟第一副主席，曼德勒省行政长官吴佐敏貌（U Zaw Myint Maung）为第二副主席，部分中央执委也换上五六十岁的人士。民盟新领导层给民众更多希望。

各方对吴温敏寄予厚望。他是位政治经验丰富的"干将"，杜昂山素季给他较多权力，让其处理更多政务并力推改革、反腐败等工作，让其参加东盟峰会等重大外交活动，而以前一直是杜昂山素季参加东盟峰会等重大外交活动。这能让吴温敏分担杜昂山素季的压力。

吴廷觉就职演说时的施政目标主要有：民族和解，国内和平，修宪，改善民生。吴温敏在总统就职演说中的施政目标改为:巩固法治与提高民众生活水平,实现民族和解与永久和平,修宪。[1]吴温敏出任总统后,还推动政府重视解决土地纠纷、加快电力生产、保障工人合法权益。这说明民盟政府务实地调整了施政目标,要确保在 2020 年大选中胜出,因为民族和解困难重重,修宪难推,而民众对经济放缓和腐败犹存的不满增加。

此外,民盟 2018 年也调整多位省邦行政长官(相当于省长、邦长)和联邦政府部长的人选,以安抚民众。杜昂山素季也逐渐向一些部长放权,以增强政府运作效率。

军人和民盟政府的博弈持续存在,民盟政府在处理军政关系时始终小心翼翼,有时如履薄冰。缅甸 1948 年独立后,影响政治发展的最大因素是军人和政府的关系。民盟执政后,政府权力结构变为"文官领政的文军共治"局面,使政治格局从此前军人"独大"的"一元权力中心"转为民盟与军人并立的"二元权力格局",这是民盟执政带给缅甸政治发展历程的最大改变。在缅甸民族和宗教冲突频发的形势下,军人对国家稳定和统一的作用至关重要,民盟政府也深知此点。尤其是,2017 年 8 月后,若开邦冲突导致军方再度强势,在稳定局势中发挥关键作用,而冲突引发的人权问题导致缅甸军方遭遇西方制裁。民盟政府在这种情况下,与军方基本站在一起,但其在西方国家眼中的形象一落千丈,杜昂山素季也因此受到西方指责。若开邦事件发生后,直到 2019 年底,杜昂山素季很少去西方访问或者参加会议。总体看,尽管民盟政府与军方关系并未出现大问题,但民盟权力扩张与军人权力收缩难免引发双方的政治博弈。

双方政治博弈集中在以下方面。

修宪。吴廷觉和吴温敏两位总统均强调要修宪,建立民主联邦,这是民盟要兑现的竞选承诺。但修宪意味着损害军人利益,宪法是军队在丢失执政权后维护利益的"护身符"。民盟在修宪问题上也不敢触怒军方,积极宣传修宪的民盟法律顾问吴哥尼(U Ko Ni)2017 年 1 月遇刺,更凸显修宪博弈之激烈。2019 年 2 月,缅甸联邦议会批准成立修宪委员会,以研究修改宪法条款的方案。修宪委员会由民盟、国防军、巩发党以及少数民族政党代表组成,共有 45 名成员。修宪委员会收到各方诸多修宪建议后,于 7

---

[1] 《缅甸新总统温敏宣誓就职》,新华网,2018 年 3 月 31 日,http://www.xinhuanet.com/world/2018-03/31/c_1122618070.htm,访问时间:2018 年 4 月 2 日。

月15日向联邦议会提交修宪报告，报告中共有3 765点建议。①8月9日，联邦议会投票表决通过了修宪报告，随后起草修宪草案。修宪进程再度引发朝野各界的轩然大波，军方和巩发党总体上抗议修宪，而民盟等政党则主张修宪，并提出一些逐步减少军人议员数量、削减军人权益的议案。而支持修宪和反对修宪的民众也各自发动了多次示威游行，表达诉求。

议会。民盟议员数量超过联邦议会半数，而占议员总数25％的军人议员加上巩发党议员总数仅约占联邦议会总议席1/3左右，导致民盟推动议案表决时(修宪案等个别议案除外)，军方挡也挡不住，而军方提出的议案在议会难以通过。双方的斗争难以解决。

国家稳定。在民族和解与教派和解等问题上，杜昂山素季和民盟政府控制不了军队。依据宪法，军队可独立行动。军队也想借在稳定问题上发挥关键作用来凸显其政治地位，维护自身权益。而民盟政府在解决民族和宗教冲突等问题上依赖军方，且军方掌控的军人和警察掌握着一线情报，且在一线打击暴力分子，政府还要倚重军队来维护稳定。

经济。上文说到，民盟政府出台了一些经济发展政策，但部分政策较为宏观，缺乏针对性和可操作性。而且，由于杜昂山素季和民盟政府前两年的施政重点是推动民族和解，其思路是力图尽快实现国内和平，有了好的国内环境，经济发展才会好。但是，缅北掸邦、克钦邦等部分地区的武装冲突始终未停，和平始终未能实现，经济发展也被耽误了。这就导致民盟执政时期的前四年，2016—2019年平均经济增长率约6％(或略高)，比上届政府时期的年均经济增长率总体要低1％左右。缅甸一些重要经济指标下滑。比如，民盟执政的前三年，缅币总体持续贬值，这与缅甸持续出现贸易逆差、政府财政常年存在赤字、美元升值等综合因素有关。在吸引外资方面，据缅甸投资与公司管理局数据，2016—2017财年缅甸共吸引外资66亿美元，2017—2018财年共吸引外资61.15亿美元，2018—2019财年吸引外资仅为40多亿美元。总体看，民盟政府时期吸引的外资相比上届政府时期下降不少。②民盟政府时期外资流入不升反降的原

① 《3765点修改建议　修宪报告正式向议会提交》，[缅甸]《金凤凰报》2019年8月1日，http://www.mmgpmedia.com/local/31725-3765，访问时间：2019年8月3日。
② 参见缅甸公司与投资管理局(Directorate of Investment and Company Administration)网站相关信息：https://www.dica.gov.mm/en/data-and-statistics，访问时间：2020年5月10日。

因主要是：腐败仍较为严重，政府效率不高，保护外资不力；基础设施差；工人劳动生产率低，罢工示威多；若开邦、掸邦、克钦邦等地安全形势恶化；与西方关系变差等。简单说，就是缅甸的营商指数较差，据世界银行2019年10月发布的《营商环境报告2020》(DOING BUSINESS 2020)数据显示，缅甸营商环境排名第165位，①在东盟十国中处于较低水平。

宏观经济层面，缅币贬值，进口成本提升，提高了企业生产和百姓购物消费的成本。国内通胀率总体较高，民众工资上涨的部分也被高生活成本给基本抵消了。微观经济层面，不管是百姓还是企业，都感觉压力较大。这直接影响了民众对民盟政府的态度。

民盟在2017年4月和2018年11月的两次议会补选中得票率下降，均占所有补选议席的半数席位左右，而2015年11月大选时，民盟赢得了所有选举议席的70%。尤其是在少数民族地区，民盟候选人在这两次补选中难敌少数民族政党候选人，说明其民意支持率有所下降。当然其民意基本盘还在，仍是缅甸最强大的政党。不过，反对党频频借助各种议题"发难"，经济放缓，通胀较高，舆论管控加强，外交压力巨大，这些因素也给缅甸政治发展带来阴影。缅甸政治转型并未加快，而是减缓，军人退出政治的时间表被拉长，极端民族主义和极端宗教主义盛行，政治极化现象严重。民盟政府在2020年大选时面临的压力比2015年大选时要大很多。

三、民族和解：在希望与失望之间徘徊

和平进程有进展　杜昂山素季非常高调地推动民族和解进程。她和民盟政府在民族和解方面的最重大规划性举措便是：大概每半年至一年，举办一次"21世纪彬龙会议暨联邦和平大会"，作为推动和平进程的主要渠道。杜昂山素季把父亲昂山将军协同部分少数民族领导人于1947年联合签订《彬龙协议》的重大历史遗产给搬了出来，力图用其父亲的政治遗产来助力其推动民族和解进程。这是非常有政治智慧的。一方面，她利用其父亲在民族和解方面留下的美名和政治影响力来感染少数民族人

---

① World bank，"DOING BUSINESS 2020"，October 24，2019，https://openknowledge. worldbank.org/bitstream/handle/10986/32436/9781464814402.pdf，p4，访问时间：2019年11月25日。缅甸2015—2020年营商便利度排名分别为：182位、167位、170位、171位、171位、165位，各年数据可参见世界银行营商环境报告。

士；另一方面，她一再强调，她所推动的民族和解是基于"1947 年彬龙会议所展现的民族和解精神"，而非原原本本地按照《彬龙协议》文本来推动民族和解，因为，该协议文本以及体现该协议内容的 1947 年宪法，赋予掸族(掸邦)等部分少数民族"退出联邦权"，这是杜昂山素季、民盟政府、军队等主要代表缅族利益的人士和机构所不允许的。简单说，杜昂山素季倡导民族和解，但不允许国家出现分裂，因为一些少数民族，尤其是部分"民地武"频频向民盟政府提出"退出联邦权"的问题。①

杜昂山素季本人的威望及其推动的民族和解进程一度给很多少数民族以很大希望。2015 年 11 月 8 日大选投票时，民盟议员候选人在很多少数民族选区都胜出了，不仅打败了同样主要代表缅族利益的巩发党议员候选人，还打败了一些当地的少数民族政党议员候选人。这说明，很多少数民族人士把民族和解的希望寄托在杜昂山素季身上，因为他们对此前军方主导的民族和解进程较为失望，希望倡导"变革"的杜昂山素季和民盟执政后能开启民族和解的新局面。少数民族人士投给民盟的票数较为集中，而民盟当选议员增多之后，在联邦及省邦议会的主导力增强，有利于民盟更有力地推动民族和解进程。

杜昂山素季和民盟政府重组前政府的缅甸和平中心，更名为缅甸民族和解与和平中心，杜昂山素季任中心主席。政府协调国防军、"民地武"、其他组织和国内外一些要人参加"21 世纪彬龙会议暨联邦和平大会"。大会声势浩大，一度在推动民族和解与实现国内和平方面给了国内外很大希望。2016 年 8 月 31 日至 9 月 3 日，首届"21 世纪彬龙会议暨联邦和平大会"举行，这算是缅甸 1948 年独立以来规模超前的和平大会，也算是一次带有国际色彩的国内和平大会，因为，共约 1 600 人出席大会首日开幕式，联合国秘书长潘基文等国际要人也应邀出席。9 月 1 日—3 日，约 750 名来自缅甸政府、国防军、"民地武"、议会、各政党的代表参会，70 多名代表先后发言。到 2019 年年底，"21 世纪彬龙会议暨联邦和平大会"已举行三届。其中，2017 年 5 月 24 日—29 日，第二届和平大会召开，就政治、经济、社会、土地环境与安全等五大问题、41 项小问题共达成 37 项协议，政府、议会、国防军、政党、"民地武"就已达成的协议条款签署联邦协议文件，其将成为未来最终版"联邦和平协议"的第一部分。2018 年

① 李晨阳：《21 世纪彬龙会议与缅甸民族和解的前景》，《世界知识》2017 年第 14 期，第 73 页。

7月中旬,第三届和平大会召开,政府、议会、国防军、政党、"民地武"等机构或组织共700多名代表出席。各方在大会上就4项政治条款、1项经济条款、7项社会条款、2项土地与自然资源条款共14项协议条款达成共识,由政府、议会、国防军、政党、"民地武"分别指派代表签署协议文件,这份文件将成为"联邦和平协议"的第二部分。①此外,民盟政府执政三四年来,新孟邦党和拉祜民主联盟两支"民地武"在2018年2月签署全国停火协议,使签署该协议的"民地武"增加到10支。

2019年9月,政府代表团和已签署全国停火协议的10支"民地武"在仰光举行会议。而且,当年,政府与缅北未签署停火协议的"民地武"也举行过多次会谈。2020年,"21世纪彬龙会议暨联邦和平大会"举行第四届会议。民盟政府的宏伟目标是,实现全国和平。尽管杜昂山素季和民盟官员一再申明这点,但实际上,2020年无法实现全国持久和平。

和平进程遭遇多个难题 尽管民盟政府推动的民族和解与国家和平进程取得一定成绩,缅北7支未签署全国停火协议的"民地武"也都参加了第二次和第三次的"21世纪彬龙会议暨联邦和平大会"。但是,民族矛盾尖锐,和解与和平进程面临的问题不少,难度很大,遇到了很多挑战。比如,民盟政府原定是每半年召开一次"21世纪彬龙会议暨联邦和平大会",但第二届会议与第一次会议间隔大约9个月,而第三届会议则数度推迟,与第二届会议大约间隔14个月,2019年则未能召开第四届会议,且当年下半年缅北、若开邦等地的冲突一度有所激化,给停火与和谈进程蒙上阴影。推动和解与和平的主渠道出现了问题,其效果可想而知。而且,大会表面看起来声势很大,但内部运转问题不少。那些签署全国停火协议的"民地武",具有完全的代表权,参会发言、参与讨论以及最后签署会议文件都没有问题,但是,那些未签署全国停火协议的"民地武",参会是形式大于内容,发言权受限,更没有签署大会协议的权利,他们参会时非常不满。如此,会议本身就造成了和平进程出现"两个并行的轨道",一个轨道在向前拓展,而另一个轨道则难以实质前行。这两个轨道难以并轨。而且,那些签署全国停火协议的10支"民地武",其在辖区面积、人口

---

① 庄北宁:《缅甸第三届21世纪彬龙会议闭幕 签署14项和平协议条款》,新华网,2018年7月16日,http://www.xinhuanet.com/world/2018-07/16/c_1123134308.htm,访问时间:2018年7月18日。

数量和武装实力方面,相比未签署协议的"民地武"总体都要逊色。

"民地武"对"21 世纪彬龙会议暨联邦和平大会"还有一个不满,那就是与会者太多、太杂,有媒体、非政府组织、社会人士等,会议场面宏大但实际效果差。因此,有的"民地武"要求召开其与缅甸政府和国防军的三方高层会谈,排除其他组织和人士,以提高会谈效率。2018 年 10 月 15 日—16 日,缅甸政府、国防军以及签署全国停火协议的"民地武"召开高层会议,以加快推进和平进程。但是,新的问题又来了:这一三方会议和"21 世纪彬龙会议暨联邦和平大会"的关系是什么? 是互补关系,还是前者要削弱和平大会? 如何协调两者的关系? 会议要不要区分签署和未签署全国停火协议的"民地武"的权利?

和平进程出现上述难题的原因很复杂。

前文说到,吴努政府时期没有实现民族和解与国家和平,奈温政府时期也没有实现,丹瑞政府时期也没有实现,吴登盛政府曾经力图在其五年任期内实现民族和解与国内和平,但最终却没有实现。现役军人或退役军人执政时,可以方便地协调国防军行动,具有这么大的资源优势,都未能实现民族和解和整编"民地武"的目标,足以说明这一目标的实现有多难。杜昂山素季和民盟政府从前任政府接过这一重任,其劣势非常明显,因为此前长期是国防军在主导民族和解与和平事务,民盟人士缺乏与"民地武"沟通的经验,而且,最不利的是,民盟政府和国防军很大程度上是政坛对手,民盟政府指挥不了国防军,国防军在前线和"民地武"打仗,民盟政府管不了,无法下令停火。民盟政府和国防军在民族和解与和平事务上存在主导权竞争。国防军想继续掌控民族事务,由军官掌控边境事务部(很多少数民族在边境地区),而民盟政府则新设少数民族事务部,杜昂山素季亲任民族和解与和平中心主席,把民族和解作为要务来处理。本来此事军政齐心协力都未必能处理好,何况军政双方在此问题上处于"既合作又斗争"的状况,处理起来就更难了。而吴登盛政府时期负责民族和解事务的总统府部长吴昂敏(U Aung Min)没能担任民盟政府中协调和谈事务的要职,前政府在和谈进程中所积累的经验,以及他们与多支"民地武"建立起来的人脉网络,民盟政府并未能很好地继承下来。

杜昂山素季、民盟政府和国防军在对待"民地武"问题上存在较大分歧。杜昂山素季一直希望和平大会和整个和平进程具有包容性,让所有

"民地武"参加,但国防军最初只同意那些签署全国停火协议的武装参加,只是在多方压力和游说之下,国防军才同意缅北7支未签署该协议的"民地武"与会。而未签署全国停火协议的部分"民地武"认为其在和平大会上遭遇不公正待遇,比如,不具有正式代表身份,不能在大会开幕式上发言等,这些均与军方阻挠和施压有关。

而和平进程进展缓慢的最重要原因,则与联邦层面与"民地武"层面的利益划分困难、双方缺乏互信有关。联邦层面,包括民盟政府和国防军,在保证国家不分裂、维护联邦对地方政府资源控制权等方面的立场是坚定的,而"民地武"对地方权益要求很多,联邦和地方层面对"缅甸联邦制"具体是什么样子的分歧很大。在政治体制上,宪法规定,国家名称为缅甸联邦共和国,其实,这个国名的字面意思有两个重点:一个层面是"联邦",新宪法在这方面做出了一定程度的尝试,赋予部分少数民族和合法的"民地武"以地方自治权;另一方面,缅甸独立以来,缅甸政府在少数民族地区自治的问题上政策多变,政策有时不是很明确,即便2008年宪法有条款给予部分少数民族以及合法的"民地武"自治,但也非常模糊。而且,从宪法公投后10多年的实践看,一直到2019年,联邦政府、国防军与少数民族和"民地武"仍在讨论如何实行真正的联邦制,如何实现少数民族地方高度自治。议会并未在少数民族区域自治方面制定非常明确的专门法律。而且,从缅甸联邦政府和国防军长期的治国思路来看,其非常重视防止少数民族地方势力坐大或分裂国家,不可能在联邦制层面走得太远,或者说短期难以在缅甸实施真正的联邦制,只会允许少数民族有一定的自治,很难允许少数民族邦或者更低层级的自治单位有权力各自制定"宪法"并享有除货币、国防、外交等国家事权之外的管理地方绝大多数事务的权力。

总之,在民族和解层面,民盟政府取得了一定成绩,但在民盟政府推动民族和解与和谈进程的同时,大缅族主义和少数民族地方民族主义博弈仍激烈。诸多少数民族认为联邦政府和国防军主要代表缅族利益,他们一旦交枪接受国防军整编,就会面临不利的地位,不仅经济利益难保,安全恐怕也会受到威胁。这种互信较差和利益对立的局面,引发政府、国防军与诸多"民地武"的激烈斗争,国防军与多支"民地武""边谈边打"的状态持续至今,尤其是在缅北的掸邦与克钦邦部分地区,冲突频发。联邦层面和所有"民地武"何时能真正达成政治、经济、资源、军事等层面的一揽子和解与和平协议，即便是个总体原则性的框架协议，也尚未可知。即便达成协议，从此前和平协议经常被冲突破坏的历史情况来看，和平协议能否得到各方遵守，也是问题。因此，缅甸要彻底实现"一国一军"，彻底实现民族和解，实现持久和平，仍将是个漫长的过程。

四、外交：与亚洲关系密切，与西方有所疏远

民盟政府外交政策 民盟政府的外交局面也是喜忧参半。杜昂山素季和民盟在执政前的 20 多年时间一直受到西方国家的支持，民盟政府成立初期继续受到西方一贯的支持。但是，2017 年 8 月后，双方关系经历了剧烈波动。另外，民盟政府与中国的关系一直向好，与其他亚洲国家的关系也总体较好。

民盟政府的外交理念和决策机制，在对前任政府有所继承的同时也有创新发展。

国务资政兼外长杜昂山素季对民盟政府外交政策决策的影响很大。杜昂山素季不仅在国内威望甚高，在西方国家也具有强大影响力，其访问西方国家时不仅受到官方最高礼遇，西方民众和舆论对她也很赞赏。在民盟执政之前的 20 多年，杜昂山素季在西方获得数十个荣誉奖项。因此，在缅甸，只有杜昂山素季最适合领导民盟政府改善与西方国家的关系，拓展与西方国家的合作。

杜昂山素季出任外长后，2016 年 4 月 22 日首次集体会见缅甸外交官和外国驻缅外交官，阐释了民盟新政府的外交政策，这些政策既有继承缅甸外交传统原则的一面，也有民盟政府的新特色。第一，杜昂山素季指出，民盟政府延续缅甸 1948 年独立以来的"独立、不结盟、积极的外交政策方向"，不仅与邻国友好，还要与世界所有国家友好；缅甸在致力于自身发展的同时，要积极参与地区和国际事务，尽管缅甸不是强国，但要本着善意，真诚和友好地参与解决一些世界问题。这意味着，相比前政府时期，民盟政府的外交要更加活跃，要更积极地融入国际社会。第二，杜昂山素季强调人民在国家发展中的关键作用，强调人民在外交中具有重要作用，民众（的交往）可以促进国家间建立最好的关系，只有民间亲密友好，国家间的关系才会持久。民盟政府将奉行以民众为中心的外交政策，重视发展与各国的民间友谊，建立缅甸民众与他国民众的友好合作关系。

第三,杜昂山素季既强调缅甸发展需要外国帮助,又强调缅甸地缘位置的重要性,也强调缅甸面临的地缘政治挑战:缅甸地处东南亚和南亚的交会点,这种独特的地理位置使其面临许多地区性和全球性挑战,民盟新政府要通过外交克服缅甸面临的一些地缘政治挑战,同时也要利用好缅甸的一些地缘优势,为国家发展争取更多外部支持,将地缘资源转化成更多的发展资源。①

缅甸与西方国家和组织的关系"先热后冷" 民盟政府执政初期,外交环境比前政府要好。一是吴登盛政府已经拓展了缅甸外交格局,缅甸的国际形象好转。二是杜昂山素季的国际形象好。三是美国奥巴马政府2016年还在任,其与杜昂山素季和民盟政府交好。因此,民盟政府的外交开局良好。

民盟政府与西方国家的关系,大致以2017年8月25日若开邦冲突和大量难民出逃事件为界。在此之前,2016年3月民盟政府上台后的一年多时间里,缅甸与西方国家关系总体较好。而若开邦冲突后,缅甸与西方国家关系急转直下,双方互相指责,甚至时而因为若开邦冲突问题而出现对立态势。

民盟政府上台后,与奥巴马政府在2016年的互动非常多。民盟政府首位总统吴廷觉宣誓就职后,奥巴马便向吴廷觉、杜昂山素季表示祝贺,承诺美国将继续支持缅甸政府和人民创造和平、繁荣的未来。②4月11日,美国国务卿约翰·克里(John Kerry)祝贺缅甸人喜迎泼水节。美国财政部5月17日宣布,取消对缅甸的部分制裁,如缓解对缅甸金融机构的制裁,将7家缅甸国企移出制裁名单,并允许美国货物使用缅甸港口及机场。③此举旨在支持缅甸政治改革并推动其经济增长。美国放松部分对缅制裁,加强两国经贸合作,为随后美国国务卿克里访缅创造了良好气氛。这标志着奥巴马政府对缅甸政策有了更大的积极变化。5月22日,克里访缅,成为民盟政府成立后到访的美国最高级别

---

① 庄北宁:《昂山素季会见外国使节介绍缅外交政策》,新华网,2016年4月22日,http://www.xinhuanet.com/world/2016-04/22/c_1118712539.htm,访问时间:2016年4月26日。

② 王莉兰:《奥巴马祝贺昂山素季 赞缅民主化的历史性阶段》,环球网,2016年4月7日,https://m.huanqiu.com/article/9CaKrnJUVok,访问时间:2016年4月8日。

③ 周而捷:《美国宣布放松部分对缅甸制裁措施》,新华网,2016年5月18日,http://www.xinhuanet.com/world/2016-05/18/c_128991733.htm,访问时间:2016年6月10日。

官员。他在与缅甸国务资政兼外长杜昂山素季会晤时，称赞缅甸政治转型取得的成就，称赞缅甸实现了新旧政府的顺利交接，称赞民盟政府短期内取得了较大成绩。双方会谈的议题广泛，两人还举行联合记者会，回答记者的提问。美方表示，愿意与缅甸共同努力解决若开邦冲突问题等。①

杜昂山素季9月对美国进行了"历史性访问"，在推动缅美关系方面取得了突破性进展，推动了奥巴马政府对缅甸政策的历史性调整。如前文所述，缅甸曾经遭受美国等西方国家的长期制裁。在吴登盛政府时期，缅甸国际形象转好，争取让美国解除了一些制裁，但未能让美国取消全部经济制裁。而民盟政府2016年3月执政后，受到美国高度认可。同年9月中下旬，杜昂山素季率团访美，美缅宣布建立"有活力的伙伴关系"。奥巴马政府认为缅甸民主转型取得显著成绩，对民盟政府高度赞赏，送给杜昂山素季本人和缅甸一个"大礼包"，包括：美国将终止实施针对缅甸的《国家应急法》，并将撤销总统行政命令框架下的经济制裁措施，给予缅甸"贸易普惠制"（随后奥巴马还就此问题专门致函国会寻求支持）；培训缅甸1 500名英语教师，培训缅甸官员；增加1 000多万美元小额信贷，支持缅甸中小企业；派"和平队"赴缅甸开展民生项目，教授中小学生英语，增进两国人文交流。②10月7日，奥巴马签署行政命令，当日起终止针对缅甸的《国家应急法》，解除对缅甸的金融制裁和经济封锁。③缅甸产的玉石、宝石等可以向美国出口。不过，美国未解除对缅甸毒品犯罪相关人士和组织的制裁，未解除对缅甸国防军的制裁。杜昂山素季和民盟政府执政不到半年，便基本破解了缅甸自1988年苏貌政府以来长期遭遇美国经济制裁的状况，极大地缓解了缅甸的外交困境，大大拓展了缅甸的对外经济合作空间，为缅甸加快发展创造了良好的外部条件，提振了民盟执政威望。

① 《美国国务卿克里访问缅甸　与昂山素季会面》，中国新闻网，2016年5月22日，http://www.chinanews.com/gj/2016-05-22/7879251.shtml，访问时间：2016年5月28日。

② 《奥巴马会见昂山素季　宣布美国将解除对缅甸制裁》，第一财经网，2016年9月15日，https://www.yicai.com/news/5105130.html，访问时间：2016年9月20日。

③ 《奥巴马宣布美国解除对缅甸制裁》，新华网，2016年10月8日，http://www.xinhuanet.com/world/2016-10/08/c_1119670889.htm，访问时间：2016年10月15日。

为深化两国刚刚建立的伙伴关系,2016 年 11 月 15 日,在缅甸首都内比都,两国官员举行首次跨部门的美缅伙伴关系会晤。缅方代表团由外交、商务、国防军等部门的官员组成,美方代表团由外交、经贸、援助、国防部等部门人员组成。双方讨论的议题广泛,涉及缅甸民主、和平进程、若开邦局势、人权与法治、负责任投资、包容性发展、人力资源开发、经贸合作、人文交流等议题,旨在深化两国伙伴关系。双方商定,该会晤以后每年举行一次(但随后上台的特朗普政府并未继续积极推动此事)。①紧接着,11 月 16 日—19 日,美国国务院负责禁毒和执法合作事务的助理国务卿威廉·布朗菲尔德(William Brownfield)访缅,与缅方磋商如何更好地预防和打击贩毒,如何更好地提升缅甸执法水平,如何帮助缅甸建设法治体系等议题。

此前,两国商会大规模互动很少,而民盟政府上台后,美国不仅逐步解除对缅甸的经济制裁,双方商会也积极开展交流与合作。比如,2016年 6 月 6 日,缅甸与美国共 100 多名企业家在仰光举行座谈会,讨论电脑、石化、农业、工业等领域的合作。同月,缅甸阿波罗基站公司从美国海外私人投资公司(OPIC)获得 2.5 亿美元贷款,成为缅甸首家获得美国政府开发融资机构融资支持的公司。②

但 2017 年 1 月美国特朗普总统上台后,美国与缅甸的关系开始冷淡,后来有所恶化。

在特朗普政府执政后约一年半时间里,缅美高层在一些重要时刻的礼节性互动还是基本维持着,但高层领导人之间的关系并不密切,两国开展的重大合作也不多。两国关系密切程度已经远远不如奥巴马总统时期。

特朗普政府高度关注缅甸若开邦冲突产生的难民等问题,但其施压举措引发缅方反弹。2017 年 8 月 25 日,若开罗兴亚救世军袭击军警引发当地激烈冲突后,特朗普政府对缅甸政府、国防军处理若开邦冲突的举

---

① "1st US-Myanmar Partnership Meeting Held in Nay Pyi Taw", *The Global New Light of Myanmar*, November 16, 2016.

② 《缅甸电信基站建设公司将获美国投资机构 2.5 亿美元贷款》,中国驻缅甸大使馆经商参赞处,2016 年 6 月 23 日,http://www.mofcom.gov.cn/article/i/jyjl/j/201606/20160601344499.shtml,访问时间:2016 年 6 月 26 日。

措总体持批评态度,甚至公开指责缅甸政府限制国际人员和援助进入若开邦,同时限制美缅军事交流活动,对缅甸部分军官实施制裁。①12月,缅甸逮捕了路透社的两名缅甸籍记者,理由是他们非法获取机密文件。而美国等西方国家媒体则频频批评缅甸侵犯媒体自由报道权。随后,2018年9月,缅甸仰光北部地方法院开庭审判这两名记者,以"非法取得涉及安全部队的情报及重要机密文件",判处两人7年监禁。此事引发美欧长期施压缅甸。②后来,在国内外多方压力下,缅甸又特赦这两名记者。在2018年11月的东亚峰会间隙,美国副总统迈克·彭斯(Mike Pence)针对若开邦难民等问题再度施压杜昂山素季,杜昂山素季则反驳,我比你们更了解缅甸国情。两人的简短会面气氛不佳。③

美国此前在若开邦问题上频频向缅甸施压,已让缅甸民盟政府和舆论均不悦,后者经常驳斥美方言行,双方关系一度对立。由于多方因素的综合影响,两国这一博弈态势在2017年因为若开邦冲突危机而更加明显,成为两国关系不睦的最重要因素。

2018年8月下旬,在上年的若开邦冲突事件一周年后,联合国调查小组就"罗兴亚人问题"公布了一份达444页的报告,西方国家政要、舆论再度猛烈向缅甸施压,联合国人权理事会内部通过投票决定成立一个"独立机构",专门用来收集缅甸国内的"侵犯人权的证据",并为日后"起诉缅甸部分军官工作"做准备。④2018年和2019年,美国、欧盟等西方国家和组织多次制裁缅甸多名高级军官,并限制缅甸高级军官入境,基本断绝与缅甸国防军的交往与合作。因此,美国对缅甸的投资以及赴缅甸的美国游客,都有所减少。根据缅甸投资与公司管理局的数据,截至2019年7

---

① 刘乐凯:《美国务卿就若开邦问题发最强硬声明,缅孟协议两月内启动遣返》,澎湃新闻网,2017年11月24日,https://www.thepaper.cn/newsDetail_forward_1878259,访问时间:2017年11月26日。

② 谷智轩、周远方:《两名路透社记者在缅甸被判7年 西方媒体舆论轰炸》,观察者网,2018年9月4日,https://www.guancha.cn/internation/2018_09_04_470742.shtml,访问时间:2018年9月8日。

③ 鹿文:《昂山素季当面反驳彭斯批评:我比你更了解自己的国家》,环球网,2018年11月15日,https://world.huanqiu.com/article/9CaKrnKeR3c,访问时间:2018年11月18日。

④ 徐乾昂:《联合国拨款成立独立机构调查缅甸"人权问题"》,观察者网,2018年9月28日,https://www.guancha.cn/internation/2018_09_28_473733.shtml,访问时间:2018年9月30日。

月底,美国企业对缅甸协议投资总额仅仅约为 4.33 亿美元。①

民盟执政后,缅甸与欧盟及其成员国、澳大利亚、加拿大等西方国家和组织的关系也大致经历了类似的由好到坏的转变。在 2017 年 8 月若开邦冲突事件发生前,杜昂山素季访问英国、加拿大等西方多国,加拿大外长等西方国家政要也一度纷纷访问缅甸。然而,若开邦冲突后,欧盟及其成员国、澳大利亚、加拿大等国家和组织也像美国一样,纷纷向缅甸施压,而缅甸则极力反对后者干涉内政。杜昂山素季在西方国家的形象逐渐失去光环,西方国家取消了曾经给予她的多个荣誉,比如,英国牛津市撤销杜昂山素季的"荣誉市民"称号,加拿大撤销杜昂山素季的"加拿大荣誉公民"称号,等等。②而杜昂山素季自 2017 年 8 月若开邦冲突事件后,很少访问西方国家,偶尔访问西方国家也是出席一些多边会议。比如,2018 年 3 月,应澳大利亚总理马尔科姆·特恩布尔(Malcolm Turnbull)邀请,杜昂山素季访问澳大利亚,参加了澳大利亚—东盟特别高峰论坛,但她取消了在悉尼的演讲,因为当地人抗议她和缅甸政府在若开邦冲突上的政策。

缅甸和亚洲国家、俄罗斯的关系密切 不过,杜昂山素季和民盟政府推动缅甸与亚洲多个国家的关系总体"更上一层楼"。

民盟政府的外交政策高度重视"区域主义",其外交重点以东盟为依托,因为缅甸加入东盟以来,随着东盟共同体建设进程的推进,缅甸在政治、经贸、外交等领域获益颇丰,而且,未来缅甸要想在国际舞台上发挥更大作用,仍需要借助东盟这个平台。

2016 年 5 月 6 日,缅甸总统吴廷觉、国务资政兼外长杜昂山素季等民盟新政府官员的首次出访国是时任东盟轮值主席国的老挝。两国领导人讨论了旅游业、投资、卫生、贸易、航空等领域的合作,也就重大地区和国际问题交换了看法。这显示缅甸高度重视与邻国以及东盟的关系。8 月 5 日,老挝总理通伦·西苏里(Thongloun Sisoulith)访缅,磋商加强双边多领域合作。

---

① 详情参见缅甸公司与投资管理局(Directorate of Investment and Company Administration)网站相关信息:https://www.dica.gov.mm/en/data-and-statistics,访问时间:2019 年 8 月 30 日。

② 谷智轩:《第七个,昂山素季又被西方剥夺奖项》,观察者网,2018 年 8 月 22 日,https://www.guancha.cn/internation/2018_08_22_469236.shtml,访问时间:2018 年 8 月 26 日。

2016年6月下旬,杜昂山素季独自率团出访的首个国家是泰国,因为泰国是缅甸重要外资来源国、重要贸易伙伴,而且,缅甸有大量劳工在泰国。7月下旬,杜昂山素季率团参加东盟系列外长会,9月上旬又率团赴老挝参加东盟峰会、东亚峰会及东盟与多个对话伙伴国的峰会,充分利用这些多边外交场合阐述缅甸的外交理念,争取国际社会对缅甸发展的支持。9月30日—10月3日,缅甸承办第37届东盟议会联盟大会,杜昂山素季呼吁东盟及其成员国给予缅甸"建设性支持"。2017—2019年,杜昂山素季或吴温敏(吴廷觉2018年3月辞职,吴温敏接任总统)多次率团参加东盟峰会、东亚峰会等地区会议,并访问东盟国家,加强合作。

民盟政府也高度重视与印度的关系。缅甸总统吴廷觉在8月27日—30日对印度进行了为期4天的友好访问。双方就缅印两国加强经贸和文化领域的合作、印度向缅甸提供相关技术和在缅甸开设培训班、促进两国边境地区发展和加大边境地区安全力度、重新测量边界等事宜进行了会谈。缅印签署了4项合作谅解备忘录:关于传统医药领域的合作谅解备忘录,关于可再生能源领域的合作谅解备忘录,关于三国高速公路缅甸段加列瓦—亚吉路段兴建桥梁的合作谅解备忘录,关于三国高速公路缅甸段加列瓦—亚吉路段兴建和升级公路的合作谅解备忘录。两国发表联合声明称,印度领导人支持民盟施政,支持民盟政府推动和平进程。两国领导人同意在边境安全事务上加强合作,不允许任何组织利用一国领土反对另一国。双方同意在农业、贸易、能源、医疗、通道建设、地区事务等多领域加强务实合作。印度企业拟在缅甸医院、汽车等领域进行投资。[1]同年10月16日—19日,杜昂山素季访问印度,出席了在印度果阿市举行的金砖国家会议和"环孟加拉湾多领域经济技术合作倡议"领导人会议,并与印度总理纳伦德拉·莫迪会晤,双方就国防、安全等领域的事务进行了讨论,并在能源、银行以及保险等3个领域签署了3个合作谅解备忘录。2018年两国签署谅解备忘录,加快合作建设缅甸实兑港的进程。根据缅甸投资与公司管理局的数据,截至2019年7月底,印度对缅甸总投资额约为7.69亿美元。[2]

---

[1] 《总统吴廷觉访印签署4项合作备忘录》,[缅甸]《金凤凰报》2016年9月8日。

[2] 详情参见缅甸公司与投资管理局(Directorate of Investment and Company Administration)网站相关信息:https://www.dica.gov.mm/en/data-and-statistics,访问时间:2019年8月30日。

缅甸民盟政府也重视与日本的合作。昂山家族与日本关系也十分密切,昂山将军早年受过日本的军事和政治训练,杜昂山素季曾在日本做过访问学者,专门在日本搜集其父亲的资料。日本是缅甸独立以来的最大外援国,在民盟政府时期,日本与缅甸合作建设仰光迪洛瓦特区和缅泰边境的土瓦特区。而且,当时缅甸民盟政府因为若开邦冲突问题与西方国家关系闹僵,外交困境凸显,日本虽然是美国盟国却并未完全追随西方国家和组织施压缅甸,而是一如既往地发展与缅甸的关系,一如既往地与缅甸开展多种合作。因此,日本对缅甸发展而言非常重要。民盟政府与日本的交往十分密切。日本外相岸田文雄 2016 年 5 月初访缅,与杜昂山素季在缅甸首都内比都举行会谈,并邀请其尽早访问日本。9 月 7 日,在东亚峰会间隙,杜昂山素季同日本首相安倍晋三会晤时,双方就日本在农业、减贫、促进省邦发展等领域对缅甸提供帮助,日缅加强电力与能源领域合作等事宜进行了会谈。会谈时安倍晋三向杜昂山素季表示,日本政府支持缅甸的民主化改革和"21 世纪彬龙会议暨联邦和平大会"的召开,日本作为缅甸的友好国家,为了缅甸发展,将继续在多个领域增加投资。他邀请缅甸总统吴廷觉和杜昂山素季访问日本。杜昂山素季 2016 年 11 月访日时,日本承诺未来五年在民主化、经济、基础设施、民族和解等诸多领域向缅甸提供 8 000 亿日元的援助。①2018 年 10 月,杜昂山素季赴东京参加第 10 届"日本与湄公河流域国家峰会",日本再度给予缅甸基础设施等方面的援助。根据缅甸投资与公司管理局的数据,截至 2019 年 7 月底,日本对缅甸协议投资总额约 12.08 亿美元,是缅甸较为重要的外资来源国之一。②

民盟执政以来,缅甸与中国的关系可谓"芝麻开花节节高"。杜昂山素季认为两国必须发展互惠互利的关系。因为,中国是缅甸最大邻国、重要外资来源国、最大贸易伙伴国和重要的外援国。2017 年 8 月后,在民盟政府与西方国家关系闹僵的情况下,中国的资金和

① 沈靓:《昂山素季访日获巨额援助,中方希望国际社会多提供真心帮助》,澎湃新闻网,2016 年 11 月 3 日,https://www.thepaper.cn/newsDetail_forward_1554612,访问时间:2016 年 11 月 6 日。

② 详情参见缅甸公司与投资管理局(Directorate of Investment and Company Administration)网站相关信息:https://www.dica.gov.mm/en/data-and-statistics,访问时间:2019 年 8 月 30 日。

市场对缅甸经济社会发展的重要性更加凸显。而且,缅甸民盟政府还有其他施政难题需要中国协助。比如,缅甸民族和解进程挑战重重,民盟政府多次请求中国说服缅北多支"民地武"积极参与和平进程等。①

民盟执政后,中缅高层互动创了几个"第一"或者"首次"。2016 年 4 月初,民盟政府成立一周内,应缅甸外长杜昂山素季邀请,中国外长王毅访缅,成为民盟政府成立后首个到访的外国高官。这显示两国关系密切,也显示了中国对民盟政府的支持。2016 年 8 月 17 日—21 日,杜昂山素季率团访华,这是她出任国务资政兼外长后首次出访东盟之外的大国,此次访华选在她出任国务资政兼外长之后、访问美国和日本之前,说明民盟政府高度重视对华关系。2017 年 4 月 6 日—11 日,缅甸总统吴廷觉对中国进行国事访问,他感谢中方支持缅甸政府为民族和解、经济社会发展、改善民生等所做的努

中国云南德宏州第十六届中缅边境贸易交易会

力,缅甸支持并愿积极参与"一带一路"建设,加强双方在基础设施建设、边境经济合作区等领域的重点项目合作。②2017 年 5 月中旬,杜昂山素季来华参加第一届"一带一路"国际合作高峰论坛。同年 11 月底,杜昂山素季来华参加中国共产党与世界政党高层对话会。缅甸总统府 2018 年 12 月 7 日发布通告,宣布成立实施"一带一路"指导委员,委员会由国务资

---

① 庄北宁:《昂山素季访华传递哪些信号》,新华社仰光 2016 年 8 月 16 日电。

② 侯丽军:《习近平同缅甸总统吴廷觉举行会谈》,新华网,2017 年 4 月 10 日,http://www.xinhuanet.com/politics/2017-04/10/c_1120783868.htm,访问时间:2017 年 4 月 16 日。

政杜昂山素季任主席,成员多为部长级官员。①2019 年 4 月,杜昂山素季来华参加第二届"一带一路"国际合作高峰论坛。综上所述,自民盟政府上台至 2019 年 10 月,吴廷觉访华 1 次,杜昂山素季访华 4 次,中国成为缅甸民盟政府高层两个核心领导人在 2016 年 4 月至 2019 年 10 月期间出访总次数最多的东盟外国家。

缅甸重视与中国开展经济合作。缅甸发展诉求迫切,中国是缅甸重要外资来源国和最大贸易伙伴,中国资金对缅甸基础设施改善、经济增长、就业和民生改善等方面均有重要作用。而且,缅甸要把地缘政治优势、资源优势等变为发展优势,也需要与中国倡导的"中缅经济走廊""澜沧江—湄公河合作机制""孟中印缅经济走廊""一带一路"倡议等国际合作倡议或机制搞好对接,提升缅甸的发展水平。

2018 年 9 月,中缅签署政府间共建中缅经济走廊谅解备忘录,截至同年 9 月底,双方针对走廊规划与建设,已经组建 12 个工作组。同年 10 月,中缅木姐—曼德勒铁路项目可行性研究备忘录在缅甸首都内比都举行签字仪式,中缅经济走廊旗舰项目的规划拉开大幕。2019 年 4 月,第二届"一带一路"国际合作高峰论坛期间,中国向缅甸官员递交了关于木姐—曼德勒铁路项目的可行性报告,随后,两国签署了备忘录,确认铁路工程勘测项目合作。同年年中,中缅经济走廊建设重点项目之一——缅甸仰光外海引航站竣工典礼暨移交仪式在仰光举行。②几乎同时,由中国电建承建的缅甸皎喜燃气电站项目竣工,成为缅甸最大的内燃机发电项目,预计每年产出 12.74 亿千瓦时清洁电力,可解决 270 万缅甸民众的用电问题。中缅经济走廊建设持续推进。③

中国帮助缅甸实现稳定和发展,也有利于稳定中缅边境,有利于维护中缅油气管道等既有大型合作项目的安全运营,有利于两国合作推进皎漂经济特区等大型合作项目建设,有利于两国推进"一带一路"建设合作。

---

① 《缅甸组建实施"一带一路"指导委员会》,新华网,2018 年 12 月 8 日,http://www.xinhua-net.com/world/2018-12/08/c_1210011497.htm,访问时间:2018 年 12 月 10 日。

② 武鹏飞:《共建中缅经济走廊,打造"一带一路"务实合作典范》,光明网,2020 年 1 月 17 日,https://m.gmw.cn/baijia/2020-01/17/33489963.html,访问时间:2020 年 1 月 29 日。

③ 孙广勇:《助力电力发展,中企建设缅甸最大内燃机发电项目》,人民网,2019 年 9 月 9 日,http://world.people.com.cn/n1/2019/0909/c1002-31344540.html,访问时间:2019 年 9 月 16 日。

此外，民盟政府推动缅甸继续与俄罗斯保持军事合作。2018 年 1月，俄罗斯国防部部长谢尔盖·绍伊古(Sergei Shoigu)在访问缅甸期间就缅甸购买 6 架苏-30 战机达成共识，缅甸方面还对俄产的海陆军技术装备感兴趣。缅甸军方此前几年购买了不少俄罗斯武器，如俄罗斯制造的米格-29 战斗机、雅克-130 高级教练机、米-35 直升机、伯朝拉防空导弹等。[①]这些武器提升了缅甸军队的战斗力。

作者点评：

缅甸从独立到民盟政府执政，一直在探寻符合缅甸国情的政治制度和发展道路，民盟政府肩负着继续推进政治转型进程与发展国家的历史重任。在推动缅甸政治转型与发展方面，民盟政府取得了一些成绩，但是，缅甸各种矛盾交织，此前历届政府都未能完全解决，也不可能期望民盟政府五年任期就能完全解决。何况，民盟执政的内外环境复杂，施政受到多方掣肘。

---

① 《俄防长在访问缅甸期间就出售 6 架苏-30 达成共识》，俄罗斯卫星通讯社内比都 2018 年 1月 22 日电。

主要参考文献

（以出版时间为序）

中文书目

[英]戈·埃·哈威:《缅甸史》,姚枏译,商务印书馆 1957 年版。

[苏]瓦西里耶夫:《缅甸史纲》,商务印书馆 1975 年版。

贺圣达:《缅甸史》,人民出版社 1992 年版。

姚秉彦、李谋、蔡祝生:《缅甸文学史》,北京大学出版社 1993 年版。

张锡镇:《当代东南亚政治》,广西人民出版社 1995 年版。

余定邦:《中缅关系史》,光明日报出版社 2000 年版。

余定邦、黄重言:《中国古籍中有关缅甸资料汇编》(上、中、下),中华书局 2002 年版。

中华人民共和国外交部条约法律司编:《中华人民共和国边界事务条约集(中缅卷)》,世界知识出版社 2004 年版。

贺圣达、李晨阳编著:《列国志:缅甸》,社会科学文献出版社 2005年版。

李谋、姚秉彦、蔡祝生等译注:《琉璃宫史》(上、中、下),商务印书馆 2011 年版。

钟智翔、尹湘玲、扈琼瑶、孔鹏编著:《缅甸概论》,世界图书广东出版公司 2012 年版。

刘务:《1988 年以来缅甸民族国家构建》,社会科学文献出版社 2014年版。

廖亚辉:《缅甸经济社会地理》,中国出版集团世界图书出版公司 2014 年版。

许清章：《缅甸历史、文化与外交》，社会科学文献出版社 2014 年版。

李晨阳、全洪涛主编：《缅甸法律法规汇编(2008—2013 年)》，经济管理出版社 2014 年版。

祝湘辉、张添主编：《缅甸转型研究》，中国社会科学出版社 2019 年版。

祝湘辉、孔鹏、杨祥章主编：《缅甸国情报告(2019)》，社会科学文献出版社 2019 年版。

张伟玉：《缅甸军人政权的转型逻辑》，中国社会科学出版社 2018 年版。

中文论文

许清章：《试论缅甸蒲甘王朝的兴衰》，《东南亚》1984 年第 3 期。

李天庆：《战后初期及五十年代的欧亚社会党之比较》，《当代世界社会主义问题》1986 年第 4 期。

桂光华：《试论缅甸建立的第一个统一王朝》，《南洋问题》1986 年第 2 期。

尤洪波：《冷战期间缅甸的中立外交政策》，《南洋问题研究》2002 年第 1 期。

刘利民：《试论英国殖民统治对缅甸教育的影响》，《云南师范大学学报(哲学社会科学版)》2002 年第 4 期。

林锡星：《缅甸历史分期探析》，《东南亚研究》2002 年第 5 期。

王介南：《缅中关系与我国西南周边安全》，《世界经济与政治论坛》2004 年第 4 期。

何平：《缅甸历史上的封建制与奴隶制》，《世界历史》2005 年第 1 期。

赵磊、李海英：《中华人民共和国对联合国的外交行为——建构主义的分析视角》，《学术探索》2005 年第 3 期。

贺圣达：《缅甸：军人执政的 20 年(1988—2008)的政治发展及趋势》，《东南亚纵横》2008 年第 8 期。

宋清润：《美缅关系改善的现状、动因及前景》，《亚非纵横》2010 年第 2 期。

邹怀强：《缅甸蒲甘王朝〈加苏瓦王公告碑〉刑罚方式源流研究——两

个来源:印度原始佛教与〈摩奴法典〉》,《东南亚纵横》2010 年第 9 期。

马燕冰:《缅甸大选后的外交形势及其政策趋势》,《和平与发展》2011 年第 2 期。

何桂全:《缅甸吴登盛政府改革评析》,《国际问题研究》2012 年第 6 期。

刘德会:《美缅关系的改善及对中国的影响》,《东南亚研究》2014 年第 1 期。

廖亚辉:《缅甸:2013 年发展回顾与 2014 年展望》,《东南亚纵横》2014 年第 3 期。

洪朝晖:《古代缅甸寺院经济研究》,硕士学位论文,云南大学,2015 年。

刘姝:《美国核出口管制政策的法律维度——以美国对法国核政策为视角》,《史学集刊》2016 年第 6 期。

张伟玉、宋清润:《中缅开展"一带一路"合作的机遇与挑战》,载赵磊主编《"一带一路"年度报告:行者智见》,商务印书馆 2017 年版。

李晨阳:《21 世纪彬龙会议与缅甸民族和解的前景》,《世界知识》2017 年第 14 期。

白如纯:《日本对缅甸经济援助:历史、现状与启示》,《现代日本经济》2017 年第 5 期。

梁志:《走向和平共处:中缅关系的改善及其影响(1953—1955)》,《中共党史研究》2018 年第 11 期。

邹应猛:《印度的"东向政策"与东北部治理》,《南亚研究季刊》2018 第 3 期。

翁艳、张伟玉等译:《缅甸联邦共和国公司法》(连载),《南洋资料译丛》2018 年第 4 期、2019 年第 1 期、2019 年第 2 期。

李晨阳:《缅甸 2020 年大选前瞻》,《世界知识》2019 年第 14 期。

张伟玉、史志钦、王丽:《昂山素季时代缅甸的经济战略、发展成效及对 2020 年大选影响》,《印度洋经济体研究》2020 年第 3 期。

缅文中译书目

波巴信:《缅甸史》,陈炎译,商务印书馆 1965 年版。

貌丁昂:《缅甸史》,贺圣达译,何平校,云南省东南亚研究所 1983年版。

大学盛丁:《1945 年缅甸反法西斯斗争史》,李秉年、赵德芳译,北京大学东南亚学研究中心 2007 年版。

纳茂、蓬觉:《英缅战争史》,赵德芳、李秉年译,香港社会科学出版社有限公司 2008 年版。

吴磊貌:《缅甸政治史》,仰光班薛碧书店 2012 年版。

英文文献

Martin Smith, *Burma : Insurgency and the Politics of Ethnicity* , Bangkok: White Lotus, 1999.

David I. Steinberg, *Burma : The State of Myanmar* , Washington, D. C.: Georgetown University Press, 2001.

Donald M. Seekins, *The Disorder in Order : The Army-State in Burma since 1962* , Bangkok: White Lotus Press, 2002.

Thant Myint-U, *The River of Lost Footsteps : A Personal History of Burma* , New York: Farrar, Straus and Giroux, 2008.

Michael W. Charney, *A History of Modern Burma* , Cambridge: Cambridge University Press, 2009.

David I. Steinberg, *Burma/Myanmar : What Everyone Needs to Know* , Oxford: Oxford University Press, 2009.

Ardeth Maung Thawnghmung, *Beyond Armed Resistance Ethnonational Politics : Ethnonational Politics in Burma (Myanmar)* , Singapore: East-West Center, 2011.

David I. Steinberg, and Hongwei Fan, *Modern China-Myanmar Relations : Dilemmas of Mutual Dependence* , Copenhagen: Nordic Institute of Asian Studies Press, 2012.

Egreteau, Renaud and Jagan, Larry, *Soldiers and Diplomacy in Burma : Understanding The Foreign Relations of The Burmese Praetorian State* , Singapore: National University Press, 2013.

Chris Johnson & Michael Lidauer, *Testing Ceasefires, Building*

Trust: *Myanmar Peace Support Initiative Operational Review*, Nordic International Support Foundation, 2014.

Clymer, Kenton, *A Delicate Relationship*: *The United States and Burma/Myanmar since 1945*, New York: Cornell University Press, 2015.

　　1950 年中缅两国正式建交,缅甸是首批承认中华人民共和国的国家之一,建交以来两国人民面对国际形势的风云变幻,患难与共,守望相助,创造了一段段友好交往与合作的历史佳话,加深了"胞波"(兄弟)情谊。20 世纪 50 年代,中国与缅甸、印度共倡和平共处五项原则,这些原则至今仍是国际关系的基本准则。进入 21 世纪后,中缅关系总体保持友好发展的态势。2011 年 5 月,中缅两国建立了"全面战略合作伙伴关系",加强政治、经济、人文等全方位的国际合作。近年来,中缅积极开展"一带一路"合作。2016 年 3 月,缅甸民盟政府执政后,缅甸国务资政、外长杜昂山素季也多次率团访华,出席"一带一路"国际合作高峰论坛。

　　2020 年是中缅建交 70 周年,两国共同宣布"中缅'人字形'经济走廊"从概念规划转入实质建设阶段,并决定共同构建"中缅命运共同体",开启双边关系的新时代。新的时代,两国人民续写了千年胞波情谊的崭新篇章,将两国文明互鉴、人文交流和民心相通提升至新的历史高位。

　　在中缅建交 70 周年、开启新时代的重要时刻,上海社会科学院出版社策划出版《缅甸通史》一书可谓正当其时。作为研究缅甸问题的学者,我们很荣幸能够撰写这部《缅甸通史》,希望本书能为中缅两国的世代友好和中缅关系的持久发展贡献绵薄之力。

　　本书第一章至第七章(主要是古代史、近现代史部分)由张伟玉撰写,同时张伟玉还负责了全书的统稿工作。本书第八章至第十二章(主要是缅甸独立至今的历史)由宋清润撰写。

　　本书的顺利出版要感谢上海社会科学院出版社编校人员

的鼎力支持和辛苦付出。在写作过程中,我们参考和研读了国内外丰富的文献资料,在此我们对学界前辈和同仁们表示由衷感谢。

虽然我们在写作中已竭尽所能,但囿于写作时间和学术水平,书中遗漏或错误恐难避免,恳请各位前辈、学界同仁以及读者朋友们批评指正、不吝赐教。我们将虚心听取各位专家、读者的意见,以便日后进行相关的修改与完善,逐步提升对缅甸问题的研究水平。

张伟玉　宋清润

2020 年 8 月于北京

图书在版编目(CIP)数据

缅甸通史 / 张伟玉，宋清润著 .— 上海 ：上海社
会科学院出版社，2023
ISBN 978 - 7 - 5520 - 4142 - 2

Ⅰ. ①缅⋯　Ⅱ. ①张⋯ ②宋⋯　Ⅲ. ①缅甸—历史
Ⅳ. ①K337.0

中国国家版本馆 CIP 数据核字(2023)第 103218 号

缅甸通史

著　　者：张伟玉　宋清润
出 品 人：钱运春
责任编辑：王　勤
封面设计：陆红强
出版发行：上海社会科学院出版社
　　　　　上海顺昌路 622 号　邮编 200025
　　　　　电话总机 021 - 63315947　销售热线 021 - 53063735
　　　　　https://cbs.sass.org.cn　E-mail：sassp@sassp.cn
照　　排：南京理工出版信息技术有限公司
印　　刷：上海颛辉印刷厂有限公司
开　　本：710 毫米×1010 毫米　1/16
印　　张：16.25
插　　页：1
字　　数：266 千
版　　次：2023 年 12 月第 1 版　2023 年 12 月第 1 次印刷

ISBN 978 - 7 - 5520 - 4142 - 2/K · 691　　　　　　　定价：88.00 元